기독교인 정치 세계관

기독교인 정치 세계관

Christian political worldview

장재훈 지음

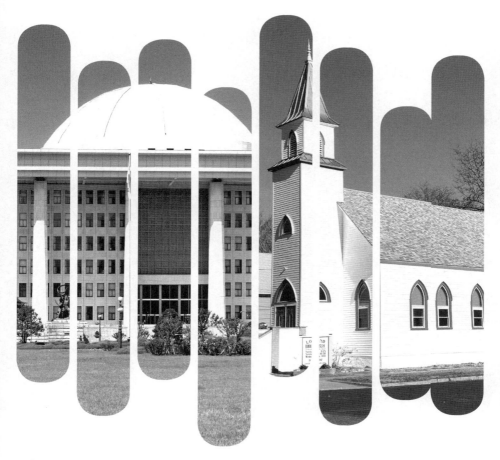

공정하고 기본적인 정치 시각과 판단을 열어 주는 책

좋은땅

기독교인들이 먼저 알아야 할 것은 정치(政治)가 세상을 변화시키거나 구원에 이르게 하지는 못하지만 우리 생활과 신앙, 그리고 우리 사회 전반에 걸쳐 직·간접적으로 많은 영향을 미치기 때문에 기독교인들도 정치가 건전하고 건강하도록 정치에 관심을 가져야 한다는 것이다. 정치는 악이나 죄가 아니다. 그런즉 정치가 바르게 되도록 노력해야 한다. 악이 아닌 정치도 하나님의 창조의 섭리 안에 존재하기 때문이다. 기독교인들 중에는 정치에 대하여 좋지 않게 여기는 자들이 있다. 그 결과 정치에 대해 무관심하다. 정치 이야기만 나오면 불편해한다. 정치 이야기는 할 것이 없다고 말한다.

이는 정치에 대한 오해에서 비롯된 것이다. 정치가 어떤 영향을 미치는지에 대한 충분한 지식이 부족하기 때문이다. 정치를 무시하고 일반생활, 경제활동, 주거문제, 물가문제, 취업문제, 교육문제, 결혼문제, 출산문제, 신앙생활 등을 논할 수 없다. 정치의 잘잘못에 따라 국민들의 생활과 신앙생활은 큰 영향을 받는다. 그래서 성경은 정치인들과 위정자들을 위해서 관심을 갖고 기도하라고 한다. 못된 정치인이 정치에 입문하거나, 무능한 정치인이 정치를 하거나, 전문성이 심히 결여된 정치인이 잘못된 정치를 하게 되면 우리의 삶은 그만큼 힘들어지기 때문이다.

디모데전서 2장 1~2절

"그러므로 내가(바울) 첫째로 권하노니 모든 사람을 위하여 간구와 기도와 도고(중보기도)와 감사를 하되 임금들과 높은 지위에 있는 모든 사람들을 위하여 하라 이는 우리가 모든 경건과 단정한 중에 고요하고 평안한 생활을 하려 함이니라"

(대통령을 비롯한 정치인 등)

따라서 기독교인들이 정치에 무관심한 것은 바른 자세나 애국이나 이웃 사랑이 아니다. 자신과 가족을 위한 것도 아니다. 투표를 잘못하면, 지도자를 잘못 세우면, 정치인들이 정치를 잘못하면 국가와 국민과 교회는 큰 피해를 입는다. 인권이 유린된다. 신앙생활도 상당히 제약을 받는다. 생활비도 많이 들어간다. 경제 위기도 온다. 이는 누구도 부인할 수 없는 역사적인 사실이고 현실이다. 전 세계 정치에서 반복해서 나타나고 있다. 일제강점기와 군사독재시대와 IMF 외환위기 때와 성경에 반하는 국가정책 등을 기억해야 한다. 전 세계적으로는 최악의 정치인들이 수두룩했다. 이들로 인하여 수많은 국민들이 엄청난 고통과 죽임과 순교를 당했다. 신앙의 자유도 박탈당했다.

가장 대표적인 자들은 푸틴, 장쩌민, 스탈린, 히틀러, 카스트로, 마오쩌둥, 티토, 호치민, 차우셰스쿠, 폴 포트, 이디 아민, 레닌, 김일성, 사담 후세인, 봉고, 가다피, 마르코스, 무바라크, 밀로셰비치, 수하르토, 피노체트 등 아주 많았다. 악랄한 정치 지도자가 통치하면 정치가 안정되지 못하고 독재정치가 되어 신앙생활도 힘들어진다. 경제생활 등은 말할 것도 없다. 정치와 정치인들이 무능하고 부실하면 국가 경제는 말할 것도 없고 가정과 생활과 신앙에 얼마나 큰 위기와 고통이 다가오는지 역사에서, 국·내외적으로 생생하게 보았고 경험했다.

대한민국의 정치와 정당과 이들을 지지하는 무리들은 매우 정쟁적이다. 그 이유는 헌법과 성경을 무시하고 자기 진영만 옳다는 확신 가운데 여야, 좌우, 보수와 진보로 갈리어 첨예하게 대립하여 죽기 살기로 싸우고 있기 때문이다. 서로에 대한 존중과 이해가 매우 부족하다. 이념과 정치를 승패의 전쟁으로 생각한다. 그러니 상대방에 대한 상생과 존중은 없고 죽기 살기로 싸우는 것이다. 이러한 모습과 행태는 정치를 잘못 배웠거나, 정치는 어떻게 해야 하는 것인지를 바르게 배우지 못했거나, 정치에 대해 오해했거나, 아니면 잘 모르기 때문이라고 생각한다.

한쪽으로 치우친 의식과 시각과 편견도 있다. 진정으로 국가와 국민을 위한 정치, 다른 상대에 대한 인정의 정치를 하지 않는다. 여기서 정치라 함은 국내 정치를 말한다. 국내 정치란 대한민국을 위해서 하는 정치이다. 그런 사람들이 누구인가? 대한민국 국민이거나 총선과 대선을 통해서 세워진 대통령과 국회의원들이다. 지자체장들이다. 공무원들이다. 그렇다면 정치를 하는 목적은 동일해야 정상이다. 무슨 일이 발생하면 같은 배를 탄 운명 공동체 국민이기 때문이다.

정치(政治)란 나라를 바로 치리하는 것을 말한다. 나라를 바로 세우고 발전하게 하는 것이다. 국민을 편안하고, 안전하고, 행복하게 만드는 일이다. 한마디로 국가와 국민의 안녕과 발전과 질서와 행복을 위해서 하는 것이 정치이다. 이런 마음으로 정치를 하는 사람이라면, 국민이라면, 국가와 국민을 위한 것이라면 서로가 힘을 합쳐 정치를 하고, 타협과 협치를 통해서 선한 뜻을 이루어 가야 한다. 당리당략이나, 국민과 세대와 지역 갈라치기나, 이기적인 자세나 승패(勝敗)의 전략으로 정치를 할 이유가 하나도 없다. 여야 모두가 승승하는 선한 경쟁을 하고, 옳은 것은 서로 지지하거나 존중하며 정치를 해야 한다. 서로 피 터지게 싸우지 않아야 한다.

　정치인들이 서로 원수처럼 피 터지게 싸우는 이유는 당리당략과 자기들 사익 추구 때문에 싸우는 것이다. 국가와 국민은 안중에 없기 때문이다. 말로만 국가와 국민을 위한다고 한다. 진정한 공리, 공익이 없기에 그렇다. 말로는 국가와 국민을 위한다고 하면서도 사실은 다른 욕심으로 한다. 진실로 국가와 국민을 위하는 정치를 한다면 상대방 정당이나 정치인들의 정책이나 의견이 더 나으면 받아들여야 한다. 무조건 반대하거나 깎아내리지 않는다. 저급하게 싸우지 않고, 협의하고, 타협하고, 합의하여 정치를 한다. 합리적인 논리에 따라 더 나은 제안과 정책은 인정하고 서로 존중해 주어야 한다. 이런 성숙한 자세라면 싸울 이유가 하나도 없다. 그런데 대한민국 정치는 반대 방향으로 가고 있다. 자기와 자기 정당만 옳고 상대방과 상대 정당은 항상 틀리다고 생각한다. 무조건 반대만 한다. 자기 정당이 집권하면 상대방 정당이 집권했을 때 추진한 많은 정책과 일들을 깨부순다. 정치 수준과 의식이 아주 저급하다. 정상적인 사람이라면 이렇게 못 한다.

오직 정권을 잡기 위해서 혈안이고, 정권을 잡으면 장기 집권을 위해서만 힘쓰기에 상대방 정당과 정치인과 정책들을 인정하지 않고 배격한다. 상대방이 잘하는 꼴을 보지 못한다. 자기들과 한배를 타지 않으면 다 척결의 대상이고 상종할 대상이 아니라고 생각한다. 원수처럼 싸운다. 그 결과 국민 분열을 발생시키고 있다. 같은 국민이고 같은 기독교인인데 정치 성향이 다르면 싫어하고 제압해야 할 대상으로 여긴다. 잘못된 사람으로 여긴다. 한국 정치는 정치인이나 국민들이나 이념과 정치 성향과 진영에 따라 극단적인 모습을 취하고 있다.

그래서 같은 민족이고 한 국민인데, 한배를 탄 운명 공동체인데 함께 협력하지 못할 사람들로 생각한다. 이에 심각한 분열 상태로 굴러가고 있다. 더 기막힌 것은 하나님을 믿고 진리를 추구하는 기독교인들조차 이념과 정당지지 여부에 따라 두 패로 갈라져서 싸운다는 사실이다. 서로 다르면 다른 대로 존중하고 이해하면 그만인데 자기편이어야 한다고 주장한다. 서로 다른 주장을 하면 몹시 불편해 하고 화를 낸다. 물론 역사를 거슬러 올라가면 정치인들이 자기들 이득을 위해서 종교인들을 이용한 것이 시작이다.

정치인들의 이런 속셈도 모르고 기독교인들은 순진하게도 기독교인들을 자극할 수 있는 신앙에 반하는 내용이 나오거나 정치적 발언만 나오면 죽기 살기로 한쪽 정치 이념과 정당을 지지하고 반대당을 사납게 대한다. 가장 대표적인 것이 '동성애' 문제이다. 동성애는 절대로 반대해야 한다. 사실 동성애 문제보다 더 심각한 것들이 한둘이 아니다. 거짓말(거짓의 아비 사탄)과 낙태(친자태아살인) 등이다. 한 해 동안 공식과 비공식을 합해 예상하는 낙태의 수는 백만 전후가 된다. 동성애와는 비교가 되지 않는다.

낙태는 친자태아살인이기 때문이다. 동성애도 나쁘고 반대해야 하지만 낙태와 거짓말은 더욱 나쁘다. 그 폐해가 엄청나다. 그러니 동성애 못지않게 정치인들의 거짓말과 우리 사회 낙태를 반대해야 한다. 그런데 이런 것에 대해서는 이의제기를 하지 않는다. 거품을 물고 투쟁하지 않는다. 시위하지 않는다. 오직 동성애만을 가지고 시위를 하고 투쟁을 할 뿐이다. 정치인들의 주장이 순수한지, 불순한지, 사실인지 아닌지는 따지지 않는다. 그러니 정치인들이 기독교인들을 악용하기에 딱 좋은 것이다. 이는 마치 낚시꾼들이 물고기들이 좋아하는 먹이만 던져 주면 우르르 몰려와서 먹는 것과 같다. 그 먹이가 불순한지, 순수한지, 악한지, 선한지는 생각지 않는다. 안타까운 모습이 아닐 수 없다.

정치인들과 정당이 언제 종교를 생각해 주었는가? 기독교를 존중하고 따랐는가? 자기들이 필요할 때만 다가와 온갖 아양을 다 떨다가 선거가 끝나면 돌아선다. 교회와 기독교를 이용만 했다. 그런 자들이 정치인이다. 지금도 여전히 그렇게 행하고 있다. 앞으로도 그럴 것이다. 대통령과 대통령실과 여야 정치인들 중 기독교인도 아닌데 기독교인 행세를 하며 기도와 찬송과 예배를 드린다. 그러면 기독교인들은 좋아한다. 이들은 정치적으로 기독교인들과 교회를 이용만 해 왔을 뿐이다.

기독교인들이 순진한 것인지 어리석은 것인지 모르겠다. 일부 기독교인들은 언론과 정치인들 입에서 빨갱이, 좌파, 진보를 말하면 입에 거품을 물고 흥분한다. 어떤 유튜버는 우리나라에는 온 천지가 다 빨갱이들이 우글거린다고 말한다. 간첩 천국이라고 말한다. 물론 증거 제시는 없다. 다 주관적인 주장일 뿐이다. 그래도 지지하는 자들이 많다. 댓글을 보면 무조건 동의한다. 애국자처럼 흥분해서 돌을 던진다. 이런 말들이 사실이라면 보수 정당과 보수 언론과 경찰과 검찰과 국정원이 가만히 있겠는가? 이들이 바보인가?

우리나라는 민주주의 나라이자 법치주의 국가이다. 헌법에 따라 판단하고 질서와 안녕을 추구하는 나라이다. 누구든지 헌법에 반하지 않는 이상 비판, 공격, 매도 등을 할 수 없다. 존중받고 살아야 한다. 그렇게 하면 역으로 불법을 하는 자가 된다. 서로 존중하고 인정하며 살아야 한다. 그런데 자신들과 좀 다른 주장을 하면 상대방을 존중하지 않는다. 다 나쁜 자들로 매도해 버린다. 여든 야든 꼴통 지지자들, 한쪽으로 치우친 극단적인 자들이 주로 그렇게 한다. 진짜 진보나 진짜 보수는 그렇지 않다. 그 이유는 자기들이 주장하거나 어디서 보고 들은 것에 대한 그릇된 확신과 정보로 인한 확증편향 때문이다. 이는 사회혼란을 부채질하는 악이요 상대방의 명예를 훼손하는 죄악이고 교만이다. 어떤 정치인이나 어떤 사람을 판단할 때 정확하고 명백한 증거와 물증이 없으면 잠잠해야 한다.

언론과 검찰과 정당 대변인 정치인들이 뭐라고 떠들어대든지 함부로 가타부타 판단하거나 정죄하지 말아야 한다. 옹호하고 지지하지 말아야 한다. 심증과 개연성과 상상만을 가지고 떠벌리는 것은 악한 사람이다. 성경은 한 사람이 천하보다 귀하다고 말한다. 객관적인 물증도 없이 누군가를 빨갱이와 좌파와 극우 보수로 몰아가서 정죄하고 매도한다면 그는 성경에 반하는 사람이다. 참 기독교인이 아니다. 특히 기독교인들은 누구든지 성경에 반하는 주장을 하면 따르지 않고 지지하지 않으면 그만이다. 선거 때 표로 심판하면 된다. 어떤 정치인이든지 헌법에 반하는 주장을 하면 경찰과 검찰에 고소고발을 하면 된다. 그 외에는 서로 존중하고 인정하고 살아야 한다. 우파든 좌파든, 보수든 진보든 어느 쪽도 완전하지 않다. 서로 자기들만 옳다고 하지 말아야 한다. 이런 자세와 행동이 바른 신앙인이고 민주주의와 법치주의 국민이다.

그렇지 않고 폭력적인 데모를 하고, 객관적인 근거도 제시하지 못하면서 누군가를 단죄하고, 비방하고, 정죄하고, 언론에 대고 말하고, 유튜브에서 비난하며 떠벌리고, 명예를 훼손하고, 댓글로 지지하고, 저급하게 욕설을 퍼붓고, 공격하는 것은 무도한 깡패 짓이다. 확증편향에 빠진 사람이다. 불량한 이념이나 신앙에 중독된 자라고 할 수 있다. 그런 자들 중에는 기도와 전도를 열심히 하는 자들도 있다. 모순된 삶을 살고 있는 기독교인이다. 그런 사람은 참 기독교인, 참 목사라고 하기에 많이 부족한 사람들이다. 기독교인의 탈을 쓴 늑대에 지나지 않는다. 성경 어디에도 현재 일부 기독교인들이 행하는 폭력적이고 무도한 행태는 나타나지 않는다. 성경의 지지를 받지 못한다. 예수님의 모습이 아니다. 이방인이나 불신자들이나 이슬람교 극단주의자들에게서나 나타나는 패역한 언행과 폭력이다. 기독교인들이 정치를 하거나 정치에 참여하려거든 좀 똑똑해야 한다. 제대로 알고 주장해야 한다.

정치가 무엇인지를 제대로 공부한 후에 나서야 한다. 어떤 경우에 사람을 판단해야 한다는 기본 지식이 있어야 한다. 헌법과 성경이 국민과 사람의 기본권에 대하여 뭐라고 이야기하고 있는지부터 알고 주장을 해야 한다. 균형과 조화로운 지식과 의식을 갖춘 다음에 아는 체를 해야 한다. 확증편향에 빠져 물과 불을 가리지 못하고, 옳고 그름을 따지지 않고, 기울어진 운동장과 같은 사고와 시각이 없어야 하고, 자기 정치 이념만 애국이고 옳다고 하고, 맹신과 맹종과 무도한 언행은 취하지 말아야 한다. 정치와 인간의 기본에 대하여 바르게 배우지 못한 자들이 열심만 있어 하나님과 교회를 욕되게 만든다. 정확한 정보나 지식이 없이 어디서 귀동냥한 것을 가지고 치우친 주장을 한다. 그런 자들은 아주 위험한 기독교인들이다. 멀쩡한 사람들을 힘들게 한다. 성경에 이런 자들은 유대 종교 지도자들과 바리새인들과 서기관들이었다. 거듭나지 않은 유대 율법주의자들이었다. 이런 자들로 인하여 예수님과 사도들은 많은 고난을 당하였다. 오늘날에도 이와 같은 기독교인들이 상당수 있어 보인다. 언론에 종종 나오기 때문에 확인이 가능하다.

이에 필자는 상당수 기독교인들이 정치와 정치 참여와 이에 따른 반응과 대응에서 매우 부실하고, 오해하고, 심각하다는 것을 느끼고 안타까운 마음에 정치에 대한 글을 쓰기로 했다. 정치인을 비롯해서 사람들에 대해 너무 가볍게 판단하고 매도하는 모습을 보고 안타까웠다. 이 책은 기독교인의 정치 세계관에 대하여 가장 기본적인 내용과 상식을 다루었다. 너무나도 안타까워서 고민 고민을 하다가 간단명료하게 핵심과 원리만 정리했다. 그리 고급한 내용은 아니다. 어떤 독자들은 다 아는 내용이라고 할수도 있다. 그러나 실천하지 않는 지식은 지식이 아니다. 사망한 지식일 뿐이다. 아는 자가 아니다. 어떤 사람은 제 의견에 동의하지 않는 부분도 있을 수 있다. 그것은 각자의 기본권리이다. 존중한다.

참고로, 필자는 무조건 여당 편도 야당 편도 아니다. 진보도 아니고 보수도 아니다. 좌파도 아니고 우파도 아니다. 지역 연고에 따라 움직이는 사람도 아니다. 어떤 정치인 편도 아니다. 항상 하나님과 성경과 진리 편이다. 누구든지 객관적인 물증과 증거를 가지고 말하면 지지한다. 유죄 확정판결이 나온 자에 대해서는 여당이든 야당 정치인이든 지지하지 않는다. 하지만 확정판결이 나오기 전까지는 검찰과 언론이 아무리 떠들어대더라도 판단을 유보한다. 범죄인 취급을 하지 않는다.

어떤 사람의 편을 들을 때는 객관적인 것에 근거해서 말해야 한다. 객관적이라 함은 하나님의 일반은총 가운데 세워진 공적 기관인 사법부의 최종 판단과 확정과 국회의 입법과 행정부의 헌법과 법률과 시행령에 따른 안을 말한다. 여기에 최종적으로 진리(성경)에 근거해서 판단하고 행동한다. 건전한 교단 총회에서 결정한 것만 인정한다. 재판권이 없는 자들이 주장하는 것은 신뢰하지 않는다. 세상의 그 어떤 이념 편도 아니다. 왜냐하면 세상의 모든 사상과 사람과 정당과 이념과 주장은 진리가 아니기에 오직 진리인 성경만 따른다. 누구든지 성경사상에 맞게 주장하면 존중하고 지지할 것이다.

그러니 필자의 글에 대하여 오해나 선입견이 없기를 바란다. 믿든지 아니 믿든지 지금까지 그렇게 살아왔다. 성경 어디에도 '보수를 따르라, 보수가 항상 옳다', '진보를 따르라 진보가 항상 옳다'라고 말한 것이 없다. 오직 '진리만 따르라'고 말한다. 그래서 진리만 따르고 진리에 합한 주장과 발언과 기사만 따르고 지지한다. 아무리 좋아하고 지지하는 정치인이라도 유죄가 확정되면, 불의한 것이 명백하게 드러나면 그 이후부터는 지지하지 않는다. 누구에게든지 절대적으로 지지하는 정당과 이념과 정치인은 없어야 한다. 하나님과 성경 외에는 완전한 정당과 이념과 정치인은 없기 때문이다.

이 세상을 살아가고 예수님을 믿고 사는 것은 어느 정당과 정치인과 이념을 추구하고 지지하기 위해서 사는 것이 아니다. 진리를 추구하고 하나님의 영광을 위해서 살 뿐이다. 그것이 기독교인의 전부가 되어야 한다. 정치나 어느 정당이나 정치인에 목숨을 걸 이유가 하나도 없다. 정치에 푹 빠져 올인하는 목사나 성도들이 있다면 정상적인 자들이 아니다. 인생을 잘못 살아가는 자이다. 그래서 누구의 말, 대통령실의 말, 언론과 검찰의 말, 정치인들의 말 등 무슨 말을 하든지 함부로 믿지 않고 그것이 헌법과 성경에 맞는지를 늘 상고한다. 맹목적으로 어느 정치인과 정당과 이념을 지지하지 않는다. 특히 언론들과 정치인들과 대통령실의 말은 반드시 사실관계 확인이 필요하다. 너무나도 사실이 아닌 보도와 주장들이 많기 때문이다. 억지와 궤변과 구부러진 내용들이 많다.

아무쪼록 이 책이 독자들에게 도움이 되는 지도, 저울, 나침판이 되었으면 좋겠다. 독자들의 생각과 시각을 새롭게 정리하는 계기가 되었으면 한다. 그리하여 혹 지금까지 잘못 생각하고 있었던 것이 있다면 스스로 교정에 들어가기 바란다. 자기의 오류를 교정하는 것은 부끄러움이 아니다. 겸손한 자세이자 성숙한 자이다. 자기의 오류를 알면서도 끝까지 고집을 부리는 자는 못난 자이다. 쓸데없이 고집과 자존심만 센 자이다. 누구나 확증편향에 빠져 살 수 있다. 잘못 알고 있을 수 있다. 잘못 주장할 수 있다. 오판은 그릇된 결과와 죄를 짓게 하기 때문에 즉시 교정해야 한다.

겸손한 자나 용기 있는 자는 셀프 교정을 자연스럽게 행한다. 자존심을 세우거나 고집을 부릴 이유가 없다. 우린 누구나 완전하지 않고 늘 배우며 살아야 하기 때문이다. 그래서 평생 교정하며 살아야 한다. 평생 공부하며 살아야 한다. 나이가 많다고, 많이 배웠다고, 담임목사라고 항상 옳은 것이 아니다. 누구든지 죽을 때까지 배우고 교정하며 사는 존재에 불과하다. 그런즉 겸허한 자세로 끝까지 읽고 깊이 상고하기 바란다. 바라기는 정치에 대한 안목을 키우고, 정치가 건강하도록 기회가 되는 대로 적극 참여하고, 정치인에 대하여 공의로운 판단을 하고, 성숙한 국민으로 살아가기를 바란다.

　비교적 건전한 자를 지지하지 않고 외면하면 최악의 정치인이 등장하여 국가와 국민과 우리 모두를 고통스럽게 할 것이다. 최악의 지도자와 정치인을 피하기 위해서라도 기독교인들은 비교적 정확한 정보와 지식을 통하여 선거에 임하고 여론조사에 참여해야 한다. 다시 강조하지만 정치와 신앙생활, 정치와 우리 생활은 무관한 것이 아니다. 매우 밀접하게 연결되어 있어 지대한 영향을 받는다. 그러므로 기독교인들은 헌법과 성경 안에서 정치에 관심을 가져야 한다. 가장 지혜롭고 적당한 방식과 방법으로 정치에 참여를 해야 한다.

2024년

바른 정치를 기대하고,
진리와 이웃,
국가와 국민을 사랑하는
장재훈 목사가

차례

제1장

정치란 무엇인가?

정치는 선도 악도 아닌 우리가 살아가는 데 있어서 반드시 필요한 것이다. 누구에게나 직·간접적인 영향을 미치는 것이 정치이다. 그래서 정치에 대하여 바로 알고 관심을 가져야 한다. 정치를 외면하지 말아야 한다. 예수님만 잘 믿고 신앙생활만 잘하면 충분한 것이 아니다. 먼저 정치가 무엇인지에 대하여 살펴보기로 하자. 정치의 개념을 바로 이해해야 누가 정치에 적합한 정치인이고 정치에 대하여 논의와 그다음 행보가 가능하다. 정치(政治)의 사전적 의미는 "① **나라를 다스리는 일. ② 권력의 획득·유지 및 행사를 위한 투쟁이나 조정 등에 관한 여러 현상**"이라고 정의하고 있다. 이것이 국어사전의 정치 정의이다. 다른 곳에서의 정의를 보면 "① **국가의 주권자가 그 영토 및 국민을 통치하는 일. ② 여러 권력이나 집단 사이에 생기는 이해관계의 대립 등을 조정·통합하는 일**"이라고 한다. 이것이 기본적인 정치 개념과 정의이다.

군이 구분하자면 위의 ①번은 주로 대통령이나 최고 지도자들에게 해당하고 ②번은 주로 국회나 국회의원들과 정부 장관들과 지자체장들과 공직자들에게 해당한다고 할 수 있다. 아무튼 정치란 정치인들과 공직자들이 상대방과 이해당사자들과 국민들을 상대로 하는 정당한 법적 행위이다. 그러니까 정치의 정의에 근거하면 국가 지도자들이나 정치인들은 헌법과 법률에 근거하여 나라를 잘 다스려야 한다. 공직자이기에 자기 주관대로 국가나 정치를 경영해서는 안 된다. 사견이 아닌 공적인 근거나 기준에 의하여 정치를 해야 한다. 한마디로 정치란 헌법에 근거해서 국민과 국가의 안녕과 행복을 위해 잘 섬기는 것을 말한다. 단지 선거에서 승리하여 정권을 잡는 행위가 아니다. 정치 본연의 행위를 잘해야 한다.

그리고 권력을 획득하는 과정에서도 정당하고 합법적으로 획득하고 유지하고 주어진 권한을 잘 행사해야 한다. 주어진 권력을 사유화하거나 사익 추구로 남용하지 말아야 한다. 법과 권력을 가지고 약한 자들과 국민들을 억압, 겁박, 폭력을 행하지 않고 기술을 부리지 말아야 한다. 합법을 가장하여 어떤 자들을 괴롭히는 일들이 종종 있다. 그런 경우 공직자가 아니라 깡패이다. 권력을 얻기 위한 투쟁 자체는 나쁜 것이 아니다. 반칙이나 불법이 나쁜 것이다. 정치에 나서는 이들은 합당하게 투쟁하고 조정해야 한다. 국가 지도자나 공직자들이나 정치를 하고, 공직을 수행하고, 권력을 취하되 헌법과 법률에 합당하게 투쟁하고 조정해서 얻고 공익을 위해 권력을 선하게 행사하는 것이 합법이고 기본이다.

법을 집행하고 국가를 다스리는 과정에서 발생하는 대립의 건은 조정하고, 타협하고 통합하는 정치를 잘해야 한다. 항상 자기 의견만 옳다고 고집을 부리거나 불통자는 정치인이 되어서는 안 된다. 자기 고집이 센 자들이 정권을 잡으면 독재로 간다. 정치인은 무조건 명령하고 지시하지 말아야 한다. 권력과 힘으로 겁박하거나 짓누르지 말아야 한다. 만일 권력의 힘으로 겁박하고, 일방통행 방식으로 정치를 하고, 나라를 다스린다면 독재국가나 깡패집단과 다를 바가 없다.

국가 지도자나 정치인들이나 공직자들은 국민들이 위임한 권한을 성숙하고 타당하게 사용해야 한다. 그것이 민주주의와 법치주의 국가이자 정치인들이다. 그러니까 정치는 좋은 것이다. 정치는 정치인들만 하는 것이 아니다. 이는 마치 전쟁은 군인들만 하는 것이 아닌 것과 같다. 전쟁이 발발하면 온 국민이 한다. 좋은 정치를 위해서, 정치가 변질되지 않기 위해서 모든 국민이 투표로 참여해야 한다. 유권자들과 국민들은 정치인들이 바른 길로 갈 수 있도록 늘 격려하고 감시할 수 있어야 한다. 투표 행사도 정의롭게 사용해야 한다. 또한 일상적으로 정치인들이 정치를 잘하는지 건설적인 비판을 해야 한다.

그렇지 않으면 정치인들이 자기 멋대로 정치한다. 탈선한다. 변질된다. 선거 전과 당선된 이후에 전혀 다른 모습으로 정치를 한다. 무능한 정치인, 못된 정치인이 뽑혀 나라와 국민들을 불행하게 만든다. 국가와 국민들에게 크나큰 손해를 끼치고 스트레스를 받게 한다. 국가 발전을 뒤로

후퇴시킨다. 다시 강조하건대 정치는 정치인들만 하는 것이 아니다. 온 국민이 성숙한 자세로 다 참여해야 한다. 특히 세상의 빛과 소금이고 공공성이 있는 기독교인들이 파수꾼의 역할을 해야 한다. 무엇이든지, 누구나 방치하고 무관심하면 나쁜 쪽으로 변해 버린다. 죄로 인하여 오염된 사람이란 그런 존재이다. 그래서 서로 권면하고 돌아보고 견제해야 본모습을 유지할 수 있다.

제2장

정치는 누가 해야 하는가?

환자 치료는 누가 해야 하는가? 전문 의사가 해야 한다. 의사가 되기 위한 수련을 받지 않은 자들은 의사 노릇을 하면 모두가 불행하게 된다. 정치는 주로 정치 전문가들이 해야 한다. 정치 전문가가 아닌 자들이 정치를 하면 배를 바다가 아닌 산으로 가게 만든다. 온갖 황당한 일들을 다 한다. 정치를 엉망진창으로 만든다. 모든 분야에서 비전문가들이 무엇을 맡아 행하면 이렇게 된다. 정치 자체는 나쁜 것이 아니라고 말했다. 그러니까 정치를 혐오해서도 안 되고 자기 일이 아닌 것처럼 방관해서도 안 된다. 정치는 정치인은 말할 것도 없고 모든 남녀노소 국민들에게 영향을 미치기 때문에 모두가 내 일처럼 애정을 가지고 참여해야 한다.

그렇다고 모든 국민들이 국회에 모여서 할 수 없기에 국가 대표를 선발하듯이 정치 대표선수를 뽑는다. 그런 자들이 국회의원이고 대통령 등이다. 이때 가장 중요한 것은 내 편을 많이 뽑는 것이 잘하는 것이 아니라 유능한 자를 뽑느냐이다. 왜냐하면 '인사는 만사'라고 했다. 모든 것은 사람이 하기에 사람이 제일 중요하다. 그것도 어느 정당과 편만을 위한 정치가 아닌 온 국민과 국가를 위한 것이기 때문에 유능한 정치인을 잘 뽑아야 한다. 정치인을 잘못 선발하면 어느 진영을 막론하고 모두에게 피해가 돌아가고 불행하게 된다. 내 편과 네 편이 없어야 한다. 큰 그림으로 선거에 임해야 한다.

어느 진영과 정당과 이념을 가졌든지 전문성이 뛰어난 자를 지지해야 한다. 어느 편, 어느 진영을 막론하고 가장 탁월한 자를 뽑아야 한다. 보수 진영에도 탁월한 자가 뽑혀야 하고, 진보진영에도 탁월한 자가 뽑혀야 한다. 그리하여 선의의 경쟁을 해야 한다. 마치 국가대표 선수를 선발하는 것처럼 말이다. 그래야 안전과 승산의 확률이 높아진다. 무능하고 부실한 자를 선발하면 모두가 망한다. 그래서 친분이나 이해관계에 따라, 낙하산으로 대표선수를 선발하지 말아야 한다. 정치인 선발도 동일하다. 정말로 정치를 알고 정치를 잘할 수 있는 자를 선발해야 한다. 이 정도 정치 안목과 자세를 가지려면 매우 성숙해야 가능하다. 보수와 진보, 우파와 좌파, 이념이나 정당 등에 매이지 않아야 한다. 전문성과 도덕성과 애국심만 갖춘 자라면 어느 진영이든 환영이다.

그러기 위해서는 좋은 정치인에 대한 기준, 자격을 정하고 이에 따라 선발해야 한다. 모든 정치인과 공직자와 직장인 선발의 기둥과 같은 기준은 크게 세 가지이다. 하나는 도덕성(道德性)이고 또 하나는 전문성(專門性)이다. 마지막은 사명감(使命感)이다. 이 세 가지는 전 세계적인 선발, 채용, 신뢰 기준이다. 정치는 도덕성과 전문성이 뛰어나고 사명감을 갖춘 자이어야 한다. 다르게 비유하면 축구 국가대표 선수는 가장 먼저 전문성인 축구를 잘해야 하고, 국가를 대표하는 선수라는 사명감은 물론 어느 정도 착한 선수이어야 하는 것과 같다.

대표선수인데 공도 잘 차지 못하고, 체력도 비실비실하고, 술과 담배를 하고, 책임감도 없고, 경기 규칙도 준수하지 않는다면 선수로서의 자격이 없다. 이런 선수를 선발하면 팀과 감독과 구단 모두가 불행하게 된다. 정치인 선발도 동일하다. 그래서 어느 편, 어느 정당을 떠나 공정한 잣대로 공정한 투표와 선발을 해야 한다. 자기편 선수가 선발이 안 되었거나 덜 되었다고 해도 상대방에서 더 나은 선수를 선발하면 기뻐해야 한다. 이런 기준과 자질에 대하여 이의를 제기하는 사람이 있다면 외계인일 것이다.

정치인에게 있어서 제일 중요한 것은 도덕성이다. 도덕성이란 '사람으로서 마땅히 지켜야 할 도리 및 그것을 자각하여 실천하는 행위의 총체'를 말한다. 그래서 도덕은 인류의 대도라고 한다. 도덕성 중에서 가장 중요한 것은 정직함이다. 사람이 정직하지 않으면 제아무리 똑똑해도 의미가 없다. 이런 정치인과 사람은 도적, 강도, 사기꾼이 된다. 만일 도덕성이 부실한 자에게 권력이 주어지면 자기 가족과 사익을 위해서 권력을 남용하고 오용하게 될 것이다. 도덕성이 결여된 사람을 선발하는 것은 마치 생선 가게를 고양이에게 맡기는 꼴이다. 그래서 아무리 실력이 뛰어나고 어떤 사람이 절실하게 필요해도 최소한의 도덕성을 갖추지 못한 사람은 결코 세우지 말고, 맡기지 말고, 함께하지 말아야 한다. 도덕성이 낮은 사람과 동행하면 언젠가는 이용과 사기를 당할 것이다. 정치인은 이유를 불문하고 첫째가 도덕성이 충분해야 한다. 정직한 사람이다. 정직한 사람은 적어도 사익 추구나, 불법이나, 반칙이나, 사기는 치지 않는다. 다른 사람에게 피해를 주지 않는다.

정치인에게 있어서 도덕성 다음으로 중요한 덕목은 전문성이다. 전문성이란 '어떤 한 분야에 상당한 지식과 경험을 가지고 오직 그 분야만 연구하거나 맡음'을 말한다. 그런 자들을 '전문가'라고 부른다. 그런 자들이 누구인가? 변호사, 의사, 성직자, 기술자, 교사 등이다. 만일 자기가 종사하는 업무에 전문성이 없으면 무능한 자가 되어 자기가 속한 공동체와 팀을 망하게 만든다. 상상만 해도 끔찍하다. 예를 들어 어느 병원의 어느 의사가 수술에 대한 전문성이 현저히 떨어지거나 없는데 환자 수술을 맡았다고 가정해 보자. 환자나 의사나 병원이나 비참하게 될 것이다. 전문성이 결여된 자가 손님들을 가득 싣고 고속버스를 운행한다고 생각해 보자. 상상만 해도 아찔하다.

이래서 각 분야는 인기나 스펙이 뛰어난 자가 아닌 전문성이 있는 자들이 맡아야 비교적 안전하다. 그런 면에서 인기투표로, 다수결로 어떤 전문영역의 지도자를 뽑는 것은 매우 위험하다. 문제가 있다. 문제가 심각하다. 특히 정치에 있어서 대통령이나 각 부 장관이나 지자체장들은 정치 영역에서 전문성이 뛰어나야 한다. 그렇지 않으면 나라와 지자체를 망하는 길로 만들어 버린다. 정치는 정치 전문가가 해야 하고, 축구는 축구 전문가가 해야 하고, 진료와 수술은 진단과 처방과 수술을 잘하는 의사가 해야 한다. 군대는 군대 전문가가 맡아야 한다.

그런데 우리나라 정치영역을 보면 비전문가들이 비합리적인 인기투표나 선거라는 것을 통해서 대통령이 되고 장관이 된다. 정치와 행정에 대하여 전혀 경험도 없고 지도력을 발휘한 적도 없는데, 검증도 받은 적이 없는데 선거를 통해서 어느 날 갑자기 대통령이 되어 버린다. 그리되면 나라는 위기에 처하게 된다. 우왕좌왕하게 된다. 뭐 하나 제대로 돌아가지 않는다. 어떻게 해야 할 줄을 모르기 때문이다. 이것이 전문가와 비전문가의 엄청난 차이이다. 어느 영역이든 실력과 경험이란 하루아침에 이루어지는 것이 아니다. 그래서 무능한 자가 지도자가 되면 풍전등화인 것이다. 자기 진영의 사람이 대통령이 되었다고 좋아할 일이 아니다. 역대 대통령들을 보면 기막히다. 전혀 정치의 정 자도 모르는 자들이 타당하지 않은 방식으로 정권을 잡아 대통령직을 수행한 일이 적지 않다. 어느 날 갑자기 총만 다루었던 군인이 정치를, 수사와 기소만 했던 검사가 정치를 한다. 그 결과 국정 운영은 엉망이 된다. 더 좋은 나라가 될 수 있는데 그렇지 못하게 된다. 나라가 거꾸로 돌아간다.

의사가 아닌 자가 환자를 맡아 진료하고 수술하는 꼴이다. 그렇게 해서는 결코 안 된다. 하지만 현실은 말이 되지 않는 일들이 비일비재하게 일어나고 있다. 다수 국민들이 이런 중요한 덕목을 모르거나 성숙하지 않으니 전문성이 없는 사람을 정치영역으로 세워 버린다. 모두가 손해를 보고 스트레스를 받는다. 나중에 후회한다. 너무 무능하다고 말이다. 국정을 운영하는 정치 분야는 정치에 지식과 경험, 훈련이 된 정치인을 뽑아야 한다. 그래야 자기도 이익이다.

　내 편과 네 편을 나누지 말고 전체를 생각하여 투표하고 지지해야 한다. 특히 사명감이 없는 자가 대통령이 되면 나라와 국민들이 어찌 돌아가든지 아무런 책임감을 느끼지 못한다. 다시 강조컨대 정치는 도덕성과 전문성과 사명감을 어느 정도 갖춘 자가 해야 한다. 그런 자를 지지하고 뽑아야 한다. 그래야 나라가 비교적 잘 돌아간다. 자기 진영에 그런 자가 없으면 지지하지 말아야 한다. 특히 기독교인들은 누구보다도 사회적 책임이 크기에 투표를 잘 해야 한다. 지연, 학연, 이념 등에 따라 지지와 투표를 하면 못난 기독교인이다.

제3장

왜 정치에 참여해야 하는가?

전쟁이 발발하면 왜 모든 국민들이 참여해야 하는가? 국민들과 무관하지 않고 곧 자기와 자기 가족의 일이기 때문이다. 전쟁의 승패에 따라 생활과 삶이 천지 차이가 나기 때문이다. 이에 어떤 사람은 말하기를 '이 땅에서의 지옥은 전쟁이다'라고 말했다. 전쟁은 아주 비참한 결과를 가져온다. 전쟁이 발발하면 군인들만 싸우는 것이 아니다. 정치도 그렇다. 정치를 잘하고 못하고에 따라서 국민들의 삶이 확 달라진다. 정치는 개인과 사랑하는 가족의 안녕과 행복, 가정생활과 경제, 후손들의 삶 등과 밀접하게 연결되어 있기 때문이다. 국민들이 오해하는 것이 있다. 정치는 정치인들만 하는 것이라고 생각하는 경향이다. 이는 마치 전쟁은 군인들만 하는 것이라고 주장하는 자와 다르지 않다. 오해이다. 종교인들은 정교분리를 말한다.

그것은 어디까지나 중세에 종교(로마가톨릭교회, 천주교)가 정치를 좌지우지할 때의 일이다. 지금은 정교분리를 운운할 정도의 분위기는 전혀 아니다. 이것저것을 다 떠나 정치는 정치인들만의 몫이나 전유물이 아니기에 모든 국민들이 참여해야 한다. 그 대표자, 대리자로 대통령과 국회의원과 지자체장 등을 세운다. 정치는 본래 나쁜 것이나 더러운 것이 아니다. 이를 오해하여 정치 혐오를 하고 정치에 무관심 하는 자세를 취하는 것은 잘못이다. 정치 이야기를 하면 싫어한다. 합리적으로 정치 이야기를 해야 한다. 정치가 각 사람이나 우리 생활과 안전에 아무런 상관이 없다면 무관심해도 된다. 그러나 그렇지 않다. 직·간접적으로 큰 영향을 미친다. 우리가 생활하는 전반적인 모든 것이 정치에서 나온다. 정치를 통해서 이루어진다.

그래서 성숙하게 상관하고 관심을 갖고 이야기를 나눠야 한다. 정치 이야기를 하되 차분하게 서로를 존중하면서 대화를 하면 아무런 문제가 없다. 흥분하거나 싸울 이유가 하나도 없다. 자기가 어느 쪽으로 기울어져 있거나 성숙하지 못하니 흥분하는 것이다. 정치는 국민, 민생, 안전, 생활, 행복과 불행, 나의 살림살이, 취업, 월급, 기타 등등 무관한 것이 하나도 없다. 우리의 의식주나 전반적인 생활은 정치를 통해서 결정되고 집행되기 때문이다. 우리 생활과 밀접하게 연결된 모든 것은 국회에서 결정한다. 입법이 되어야 법적 효력이 있다.

모든 행정은 정부가 집행한다. 예를 들어 정부가 물가를 적절하게 관리하지 못하거나 안정시키지 못하면 고물가로 인하여 국민들의 살림살이가 팍팍해진다. 부자들이야 큰 영향이 없겠지만 서민들의 고통은 이만저만이 아니다. 정치가 부동산 정책을 제대로 시행하지 않으면 넉넉하지 않은 서민들은 고금리와 거주 때문에 죽을 맛이다. 교통비, 기름 값, 식재료, 교육비, 세금 등등을 제대로 시행하지 않으면 온 국민들은 힘든 생활을 해야 한다. 이 모든 것이 정치에서 나온다. 그런데도 정치는 우리와 무관하다고 오해하는 자들이 많다.

그러므로 생각과 시각을 달리하여 정치에 참여해야 한다. 그렇다면 어떻게 정치에 참여해야 하는가? 크게 두 가지가 있다. 하나는 여론조사에 응하는 방식을 통해서 당근과 채찍을 들어야 한다. 정치인들은 여론조사 결과에 아주 민감하다. 그래서 어떤 것이나 자기에 대한 것이나 어떤 정책에 대하여 여론조사가 채찍으로 나오면 각성한다. 정치인들이 정치를 잘하든 못하든 국민들이나 유권자들이 상관하지 않고 나 몰라라 하면 국민들을 두려워하지 않고 자기들 마음대로 해 버린다. 정치인들은 국민들이 정치에 관심이 없기를 바란다. 우리나라는 이런 차원에서 정교분리를 언급한다. 그래야 정치인들이 자기들 마음대로 할 수 있기 때문이다. 이는 마치 직장에서 사장이나 상관들이 가타부타 상관하지 않기를 바라는 것과 같다.

그래야 직원들이 자기들 마음대로 직무를 보기 때문이다. 여론조사에 응하여 정치인들로 하여금 긴장하게 만들어야 한다. 또 하나의 정치 참여

방법은 4년마다, 5년마다 하는 선거 때 투표를 행하는 것이다. 정치인들은 4년 혹은 5년마다 유권자의 투표를 먹고 산다. 잘하면 지지하고 잘못하면 찍어 주지 않는 것이다. 유권자들에 의해 자기들 생명이 걸려 있다는 것을 잘 안다. 지연, 학연, 혈연, 친분, 종교, 맹신, 맹종을 떠나 이런 풍토가 자리를 잡으면 정치인들은 국민들을 두려워하게 된다. 바르게 하려고 노력한다. 한 번 선출된 정치인들은 유권자들이 욕을 하고, 비난을 하고, 공격을 한다고 달라지거나 자기 자리를 내놓지 않는다. 정치인들은 일단 당선만 되면 누구의 말도 듣지 않는다. 고개를 숙이지도 않는다. 그래서 임기 내내 국민들만 속이 타고 스트레스를 받는다.

그렇게 하지 말고 평상시에 여론조사에 적극 참여하여 당근과 채찍을 들고, 4년 혹은 5년마다 하는 대선과 총선이라는 선거를 통해서 채찍을 들어야 한다. 그리하면 정치인들은 임기 중에 유권자들의 지지 여부가 무서워서 함부로 못한다. 평소에 유권자들을 두려워하거나 의식하게 된다. 다음에 또 당선이 되어야 하기 때문이다. 정치인들은 한 번 정치에 발을 들여 놓으면 정치판을 떠나기가 쉽지 않다. 이렇게 하기 위해서는 국민들, 유권자들의 의식 수준이 높아야 한다. 무조건 지지하고 맹신하면 유권자들을 무시하게 된다.

유권자들은 냉정하고 객관적이어야 한다. 정치인들의 말만 듣고 믿지 말아야 한다. 그들의 과거와 현재의 행적을 검증해야 한다. 그러면 답이 나온다. 선거 때에 말로는 무슨 공약과 말을 못하는가? 그런 말에 속지 말고 정치인의 과거나 현재 어떻게 하였는가만 확인해 보면 그 정치인의 진정성을 알 수 있다. 정치를 떠나 모든 사람의 진정성을 확인할 때 현재의 말이나 약속이나 공약이 아닌 과거의 삶, 행위, 어떠함을 검증하면 그 정치인과 사람의 진정성이 훤히 보인다.

다시 강조컨대 효능이 없는, 스트레스만 받는, 뒤에서 비방과 욕과 공격하는 정치 참여는 하지 말고, 효능이 탁월한 정치 참여인 여론조사에 응하는 것과 선거 때에 투표로 매서운 맛을 보여 주는 것으로 해야 한다. '나중에 두고 보자'고 하면서 잠시 속상함과 불편함을 인내하면 된다. 기독교인들은 일반인들보다 더욱 진지하게 임해야 한다. 세상의 빛과 소금이기 때문이고 이웃을 자기 몸처럼 사랑해야 하기 때문이다. 신앙생활만 열심히 하면 좋은 기독교인이 아니다. 우리 삶에 지대한 영향을 미치는 정치에 대해서도 적절하게 참여해야 한다. 기독교인은 세상의 빛과 소금이기 때문에 더욱 그리해야 한다.

제4장

정치인에 대한 자세

여기서 '정치인'이라 함은 '위정자들', '권세자들'을 가리킨다. 대통령과 국회의원과 자자체장 등 선거 때 투표로 선출된 자들을 의미한다. 인사권자에 의해 임명된 고위공직자들도 포함한다. 선거로 선출된 정치인들과 대통령에 의해 임명된 고위공직자들 중에는 별의별 사람들이 다 있다. 영양가가 높은 자도 있고 함량 미달인 자들도 있다. 전문성이 뛰어난 자도 있고 낙하산으로 임명된 무능한 자들도 있다. 어떤 정치인은 잘하고, 어떤 정치인은 무능하기 짝이 없게 한다. 무능하고 무식하고 무도하면서도 창피함을 모른다. 책임감도 없다. 그러다 보면 일부 국민들, 시민들은 속이 터져서 데모, 퇴진 집회, 사퇴 촉구, 비난, 공격, 욕설 등 사나운 모습을 보인다. 충분히 이해는 한다. 하지만 기독교인들은 그렇게 하지 말아야 한다. 왜냐하면 성경이 금지하기 때문이다.

성경은 목사들뿐만 아니라 나라의 위정자들도 하나님께서 세우신 자라고 말한다. 이에 그들을 존중하고 복종하라고 한다. 물론 무조건 존중하라는 말은 아니다. 그들이 진리와 헌법과 법률을 위반했을 때는 법에 명시된 대로 법적 절차와 질서에 따라 정당하게 문제를 제기할 수 있다. 그것이 고소고발과 특검과 탄핵과 국민소환제와 선거 때의 투표이다. 그 외에는 다른 방법이 없다. 폭언과 폭력과 비방과 무력으로 위정자들을 어찌하면 안 된다. 무능해도 임기 때까지 참고 인내하는 수밖에 없다. 무능한 자가 위정자가 될 때 일정 부분 책임이 있기에 다음 선거 때까지 스트레스와 고통을 묵묵히 감내해야 한다. 그래서 정치인들, 고위공직자들은 잘 세워야 한다.

단, 마음에 들지 않아도 비폭력으로 호소해야 한다. 교양과 품위가 있게 해야 한다. 이런 합당한 절차를 무시하고 자기 마음대로 정치인들에 대하여 사납게 언행을 하는 것은 하나님을 거스르는 것이라고 하면서 심판의 대상이라고 말한다. 그런데 일부 기독교인들과 목사들 중에는 교회 안팎에서 성경의 말씀과 다르게 정치적인 발언과 사나운 언행을 하는 목사와 성도들이 있다. 저급한 발언을 자연스럽게 한다. 이런 사람은 진실로 하나님의 사람들이 아니다. 하나님의 사람은 하나님의 명령을 따르고, 하나님의 양이 아닌 자들은 목자이신 하나님의 말씀을 따르지 않기 때문이다. 성경에 그런 방식으로 정치성 표현을 하지 말라고 하였다.

로마서 13장 1~2절

"각 사람은 위에 있는 권세자들에게 굴복하라(복종하라) 권세는 하나님께로 나지 않음이 없나니 모든 권세는 다 하나님의 정하신 바라 그러므로 권세를 거스리는(적대하는) 자는 하나님의 명을 거스림이니(거역하는 것이니) 거스리는(거역하는) 자들은 심판을 자취하리라(받으리라)"

베드로전서 2장 13~14절

"인간에 세운 모든 제도를 주를 위하여 순복(복종)하되 혹은 위에 있는 왕이나 혹은 악행하는 자를 징벌하고 선행하는 자를 포장하기 위하여 그의 보낸 방백(총독)에게 하라"

요한복음 10장 27절

"내(예수님) 양은 내 음성을 들으며 나는 저희를 알며 저희는 나를 따르느니라"

 그래서 성경을 떠나 정치든 어느 영역이든지 자기 마음대로 행하는 목사나 기독교인은 참 기독교인이 아니라고 하는 것이다. 일반 생활도 마찬가지이다. 성경방식과 사상을 떠나 자기방식대로 주장하고 표현하고 행동하는 목사나 기독교인이 있다면 그는 사이비 기독교인이다. 축구 선수는 경기 중에 축구 규칙을 따르고, 농구 선수는 경기 중에 농구 규칙을 따르고, 목사와 기독교인들은 사는 날 동안 언제 어디서나 교회 안팎에서 하나님의 법과 규칙인 성경 말씀을 따라야 한다.

오늘날 자칭 목사, 자칭 기독교인, 자칭 교회라고 하면서 자기감정, 자기 기분, 자기마음, 자기 확신, 자기 성질, 자기 정치 이념대로 어느 편을 들면서 정치적 행위를 하는 자들이 적지 않다. 이는 잘못된 자세이다. 기독교인의 모든 신앙과 행위의 판단과 근거는 성경이지 자기 확신이나 체험이나 신념이 아니다. 기독교인이라면 죽으나 사나, 좋으나 싫으나, 유·불리나, 이념이나, 지지정당을 떠나 오직 성경대로 해야 한다. 바른 신앙고백대로 해야 한다. 그 어느 이념과 정당과 정치인을 추종한다고 하더라도 종국은 성경에 종속시켜야 한다. 성경보다, 하나님보다 우위에 있는 것은 세상에 없다. 그런 목사나 신자가 참 기독교인이다.

　그 외에는 참 기독교인이 아니다. 무엇을 하든지, 어떤 주장을 하든지 성경의 근거를 떠나 자기 고집과 신념과 양심과 확신과 체험과 생각대로만 하는 자들은 정상적인 목사나 신자가 아니다. 신앙이 병든 자이거나 기울어진 자라고 할 수 있다. 아니면 사이비 기독교인이다. 어떤 이념이나 신앙이 잘못 들어가면 누구의 말도 듣지 않는다. 완고하고 사납다. 자기만 옳다고 한다. 다른 사람의 의견을 들으려고 하지 않는다. 그런 자들 중에 목사 사모들이 적지 않다. 오늘날 참 목사도 아니고 참 기독교인도 아닌데 자칭 목사나 기독교인이라고 하면서 사납게 정치인들을 향해 정치적 언행을 하는 자들이 있다. 이런 자들을 조심하고 멀리해야 한다. 유명한 교회와 목사라고 맹신하면 위험하다. 옳고 그름은 유명세나, 그 사람의 화려한 스펙이나, 교회 사이즈와 상관이 없다.

이는 마치 사과나 배가 크다고 항상 맛있거나 썩지 않는 것이 아닌 것과 같다. 이런 자들 때문에 하나님과 교회와 기독교인들이 저급한 자들로 매도당하고 있다. 신앙과 성경에 무지하고 무식하면, 신앙을 잘못 배우면 무모한 짓과 황당한 주장을 당당하게 행한다. 참 목사와 참 기독교인들은 정치에 참여하되 무례하고 성경에 반하는 정치참여는 하지 말아야 한다. 합당하고 무례하지 않은 정치 발언이나 표현과 행동 등은 얼마든지 가능하다. 표현의 자유와 양심의 자유는 성경과 헌법 안에서 보장하는 것이다.

자기가 싫으면 침묵하거나 듣지 않으면 된다. 상대방에게 정치에 대한 침묵을 강요하는 것은 월권으로 상대방의 기본권을 무시하고 침해하는 것이 된다. 기독교인들은 정치에 지대한 관심을 갖고 정치가 바르게 굴러가도록 기도하고 나름 노력해야 한다. 정치나 위정자들도 하나님의 일반은총으로 주신 것이기 때문이다. 정치에 침묵하고 오직 신앙에만 주력하는 것이 바른 기독교인의 모습은 아니다. 이것도 잘하고 저것도 잘해야 한다.

제5장

정치와 경제 관계 ①

정치와 경제는 손과 발처럼 매우 밀접하게 연결되어 있다. 혹자는 그렇지 않다고 말하기도 하는데 이는 실상을 정확히 모르는 소리이다. 정치와 경제는 사람이 하는 것이다. 어떤 사람이 하는 것인가? 기본적으로 정치는 선거에서 승리한 자들이 4년 혹은 5년 동안 한다. 이와는 달리 경제는 경제인들이 한다. 경제가 정치와 완전히 독립되어 있다면 어떤 정권이 들어와도, 어떤 지도자가 세워져도 문제가 되지 않는다. 그러나 현재 우리나라 경제는 정치에 종속되어 있다. 정치를 어떻게 하느냐에 따라 경제가 살 수도 있고 죽을 수도 있다. 대통령과 집권세력에 따라 경제가 춤을 추게 된다. 정치가 경제인들과 재벌들과 경제활동을 간섭하고 통제하기 때문이다. 대통령이 부르면 모든 재벌 총수들이 달려가는 형편이다. 또한 대통령의 외교 능력과 정책에 따라 해외에 나가 있는 기업들이 큰 영향을 받는다. 이에 무능한 대통령, 경제에 무지한 지도자가 등장하면 경제는 겨울을 맞이하게 된다.

　무능한 대통령은 무능한 관료들을 임명한다. 실력 위주로 참모들과 장관들을 세우는 것이 아니라 자기들 사람들을 임명한다. 경제를 잘 모르기 때문에 바른 경제 정책을 펴지 못하고 경제가 바르게 돌아가는지 여부에 대하여 체크도 못한다. 또한 모든 경제 정책이 정상적으로 시행되는 것이 아니라 다음 대선과 총선을 염두에 두고 정치성이 들어간 경제 정책을 펴기 때문에 본연의 경제활동을 제약한다. 이에 경제인들, 재벌들은 대통령과 정치인들의 눈치를 보게 된다. 소신대로 하지 못하고 대통령과 정치인들의 눈치를 보면서 경제활동을 하게 된다. 경제활동과 상관이 없는 지역 행사에 대통령이 부르면 모든 재벌 총수들이 달려간다. 시장에 가서 떡볶이를 먹는 쇼가 벌어진다. 재벌 총수들을 정치에 이용하는 것에 불과하다. 얼마나 한심한 모습인지 모른다.

　이에 따라 경제활동은 위축된다. 대통령의 눈치를 보기 때문이다. 소신껏 못한다. 수출과 수입과 경제 개발 등에 상당히 좋지 않은 영향을 받는다. 그리하면 경제는 자동적으로 악화된다. 수출과 내수가 급감한다. 소신껏 경제활동을 하지 못하기 때문이다. 이에 국민들의 살림살이가 팍팍해진다. 고금리, 고물가, 고환율이 나타난다. 이렇게 되면 무능한 정부는 악화된 경제 지표와 실상을 숨기기에 급급하게 되고 단기 처방에만 신경을 쓴다. 이에 악화된 경제는 더욱 허약체질이 되고 더욱 위험한 늪으로 빠지게 되어 장기 불황에 직면하게 된다. 과거 일본처럼 장기 침체에 들어갈 위험성이 발생한다.

현재 한국 경제가 그 상태로 진입하고 있는 중이다. 아주 위태위태하다. 국민들이 정치 승리에만 몰두했지 경제를 너무 안이하게 생각한 것이다. 정치와 경제는 손과 발처럼 한 지체로 묶여 있다. 실과 바늘과 같다. 그래서 정치를 잘해야 한다. 그래야 경제도 살아난다. 결국 정치인들을 잘 뽑아야 모든 국가 경제나 국민들에게 이익이다. 이념이나 지지정당을 초월하여 유능한 지도자와 정당을 지지해야 한다.

아무리 자기편이라도 무능한 자를 국가 지도자로 세우면 지지자들도 큰 손해가 돌아간다. 유권자들은 이런 점을 감안하여 내 편과 네 편을 떠나 유능한 지도자, 실력이 있는 정당을 지지하고 투표해야 한다. 선거에 자기편이 이겼다고, 자기가 지지하는 사람이 대통령이 되었다고 좋아할 일만은 아니다. 어느 편이 승리하든지 유능한 자가 대통령이 되고 실력 있는 자들이 장차관이 되어야 한다. 그래야 자기와 나라가 행복하게 된다. 그런즉 기독교인들은 누구보다도 이런 사정과 내용을 깊이 이해하고 투표를 잘 해야 한다.

제6장

정치인에 대한 과대평가와 과소평가

일반 사람들에 대한 평가와 정치인들에 대한 평가는 항상 엇갈릴 때가 적지 않다. 선수들과 목사들에 대한 평가도 마찬가지이다. 어떤 경우는 과대평가되고 어떤 경우는 과소평가된 경우가 종종 있다. 사람들이 하는 일반적인 평가는 주로 외모, 스펙, 지위, 경력, 학벌, 규모, 성과 등이다. 사람에 따라, 직종에 따라 일치하는 부분도 있지만 전혀 다른 경우도 허다하다. 스펙은 화려한데 무능한 자가 있고, 스펙은 화려하지 않은데 유능한 자가 있다. 교회는 큰데 목사는 부실하고 교회는 작은데 목사는 유능한 자들이 있다. 그래서 오판으로 실패하고 후회하는 일들이 발생한다. 이런 점을 보완하기 위하여 오디션, 실전, 실무를 검증 과정으로 실시한다. 요즈음 TV 오디션 프로그램이 많다. 신기한 것은 유명 가수들을 지도했다는 자천타천 스승들이 나온다.

얼핏 보면 유명한 가수를 지도했기 때문에 그런 선생, 스승, 사람은 노래를 더 잘 부르고 경쟁력이 높을 것으로 생각하는데 막상 뚜껑을 열고 실전에 돌입하면 하나같이 예선 탈락을 한다. 노래 실력은 그리 좋지 못하다. 지식과 지도와 노래 실력은 비례하지 않기 때문이다. JTBC에서 매주 일요일에 하는 축구 프로그램인 「뭉쳐야 찬다」에서도 새로운 선수를 선발하는 경우가 있다. 인기가 있는 프로그램이다 보니 지원자가 많다. 전 분야에서 국가대표를 지낸 선수들만 지원이 가능하다. 외적 조건으로 보면 축구를 잘할 것 같은데 막상 이런저런 것을 테스트 해 보면 전혀 다른 것을 확인할 수 있다. 건축학과 출신에 대한 평가도 그렇다고 한다. 건축 사무소에서 사원을 채용할 때 '어느 대학교를 나왔느냐'로 뽑지 않고 포토폴리오와 수상 실적과 면접과 실제 능력으로 선발한다고 한다. 어느 대학교 출신과 실력은 비례하지 않기 때문이라고 한다.

정치인에 대한 평가도 마찬가지이다. 어떤 정치인은 지나치게 과대평가된 자가 있다. 2023년 현재 그런 지도자를 보고 있다. 대부분의 모든 여론조사 기관에서 발표한 대통령에 대한 평가는 국정 지지율이 30%대이다. 지지하지 않는다가 60%대이다. 국민들 열 명 중 여섯 이상은 윤 대통령이 취임한 지 약 2년도 되지 않아서 대통령에 대한 지도자 행정 능력에 대해 무지하고 무능하다는 것으로 판단하고 있다. 그런데 처음엔 몰랐다. 잘할 것으로 믿고 지지했다. 결과는 참담 그 자체로 이어지고 있다. 과대평가된 것이다. 다수가 속았다. 막상 뚜껑을 열고 보니 무능 그 자체였다. 왜 그런 자를 지지하여 대통령으로 뽑았는가? 검사 경력과 그의 말만 신뢰했기 때문이다. 전문성을 고려하지 않은 것이다. 정치 경력이 전혀 없는데, 정치 실력 유무에 대한 검증이 전혀 없었는데 어느 날 갑자기 선거를 통해서 대통령으로 뽑아 버렸다.

다수 국민들이 순진했고 오판한 것이다. 검찰생활만 수십 년 한 사람을 전혀 다른 일을 하는 정치인으로 뽑아 버린 것이다. 이는 마치 의사활동을 잘 하니 전혀 다른 업무인 축구 감독으로 선임한 것과 같다. 군대에서 지휘를 잘하니 농구 감독으로 선임한 것과 같다. 아니면 축구를 잘한다고 농구선수로 선발한 것과 비슷하다. 어느 분야에서 잘한다고 전혀 다른 업종에서도 잘한다는 보장은 없다. 정치만 한 사람이 검사 역할을 잘할 수 없고, 검사생활만 한 사람이 정치인과 정치 지도자를 잘할 수 없는 것이다. 이런 것에 대한 맹점과 실수는 전문성을 무시한 것이다. 그를 지지했던 유권자들이 순진했던 것이다. 아니면 그 사람에 대하여 정확히 모르고 지지해 버린 것이다. 그 결과 나라와 국민 모두가 힘든 시기를 보내고 있다. 아마 대통령 자신도 힘들 것이다.

대통령의 자리가 이토록 힘든 것인 줄 몰랐을 것이다. 왜냐하면 일반 정치인들처럼 오랜 준비와 숙성을 통해 정치생활을 한 것이 아니라 어느 날 갑자기 대통령 후보가 되어 선거를 통해서 대통령이 되어 버렸기 때문이다. 검사 생활에 비해 아주 복잡하기 때문이다. 그것도 아슬아슬하게 당선되었다. 자신도 국정의 복잡한 내용을 잘 모르는데 막상 대통령이 되고 보니 막막했을 것이다. 지금도 어떻게 해야 할지를 몰라 막막할 것이다.

이렇게 생각하면 이해가 쉬울 것이다. 동네 축구 정도 실력이 되는 사람이 어느 날 갑자기 국가 대표 팀으로 선발된 것과 같다. 아무리 노력해도 갑자기 국대급 실력이 나올 수 없기에 연습과 시합 때마다 엄청난 스트레스와 공포와 죽을 맛일 것이다. 누구든지 어느 직종에 적합한 자가 아니고 실력이 없으면 자기가 맡은 업무 때문에 진땀만 나고 죽을 맛이 된다. 도망가고 싶을 것이다.

축구 선수는 축구를 잘해야 한다. 국대급 축구 선수는 그에 걸맞은 실력을 갖추어야 한다. 그렇지 않으면 대표 자리가 복 된 자리가 아니라 고통의 자리 불행한 자리가 된다. 프로야구 선수는 프로다운 실력을 갖추어야 경기 중에 야유와 비난을 받지 않는다. 검사는 검찰에서 근무해야 잘한다. 검사가 교육부에 가서 일하면 둘 다 비참해진다. 정치는 정치인이 해야 잘한다. 전문가가 괜히 있는 것이 아니다. 모든 분야에 만능인 사람은 없다. 어떤 분야에 조건, 이력, 스펙, 학력, 경력이 훌륭하다고 해서 다른 분야까지 잘한다는 보장은 없다. 이런 부분에서 과대평가와 과소평가를 하는 경우가 있어 반성하고 후회한다. 사람은 어느 분야든지 그 사람의 말과 스펙만 보고 세우지 말아야 한다.

결혼도 그렇고 교회에서 목사 초빙도 그렇다. 반드시 종사할 분야에서 근무한 이력과 전문성이 있는지를 검증한 이후에 지지해야 한다. 그렇지 않으면 모두가 고통을 당한다. 검사생활을 잘 했다고 비행기 조종사로 선발하여 비행기를 맡기면 불행한 사고는 자연스럽게 다가온다. 그러므로 앞으로라도 정치인이든, 대통령이든, 배우자든, 목사든, 직원이든 반드시 전문성에 대한 오디션, 테스트, 검증을 통해서 확정해야 한다. 그렇지 않고 당사자나 다른 사람의 말만 듣거나 이력서만 보고 믿어 버리면, 어느 한 면만 보고 다른 것도 잘할 것이라고 하면 실패할 가능성이 매우 높다. 기독교인들은 정치인, 대통령에 대한 과대평가와 과소평가에 신중을 기해야 한다. 내 편과 네 편, 이념과 정당을 떠나 제대로 평가한 다음 실력이 있는 정치인을 지지하고 선발해야 한다.

제7장

이념 논쟁

윤석열 대통령은 2023년 7월 22일 '윤석열 장·차관 국정과제 워크숍'에서 이런 이념 발언을 하였다. **"정부의 의사 결정도 이념이 아니라 실용과 과학중심으로, 객관적 사실과 데이터에 기초해서 이루어져야 하고 …"** 2023년 8월 28일 '국민회의 연찬회 모두 발언'에서 다음과 같은 이념 발언을 했다. **"이념이 중요하다. 나라를 바로 끌어갈 수 있는 그런 철학이 바로 이념이다"** 2023년 10월 18일 서울경제 보도에 의하면 윤 대통령이 수석들에게 이런 이념 발언을 했다. **"소모적 이념 논쟁을 멈추고 오직 민생에만 집중해야 한다"**

그런데 2024년 1월 1일 신년사에서 이념과 관련하여 이런 발언을 하였다. **"… 자기들만의 이권과 이념에 기반을 둔 패거리 카르텔을 반드시 타파하겠습니다."** 윤 대통령은 이념과 관련하여 여러 차례 주장이 왔다 갔다 했다. 참으로 이념에 대하여 납득할 수 없는 오락가락 발언이다. 어떤 발언이 참인가? 국정을 책임지고 운영하는 대통령의 발언이 이래서는 안 된다. 어떤 발언과 주장이든지 일관성이 있어야 국민들이 신뢰한다.

지금까지 역대 대통령들은 이런 이념을 강력하게 주장한 사례가 없다. 자본주의 사회에서 이념 논쟁은 이미 퇴물이 되었기 때문이다. 우리나라는 어느 나라보다 아직도 이념 논쟁이 반복되고 있다. 남북이 대치하고 있고 서로의 이념이 다르기 때문이기도 하지만, 이념을 통해서 자기들의 정치적 이득을 취하려는 불순한 정치인들이 있기 때문이다. 이에 한쪽에서는 이념을 가지고 장사를 한다는 문제제기를 한다. 정치적으로 이득이 있으면 언제든지 색깔론을 꺼내 사용하는 카드와 같은 것이 되었다. 그러나 이러한 의도라면 아주 불순한 것이고 지극히 정치적인 셈법이 깔린 것이다. 자신의 이익만을 위한 것이다. 물론 이런 주장에 대해서 동의를 하지 않는 독자들도 있을 수 있다. 이젠 이념으로 안보와 경제와 행복을 좌우하는 시대는 과거로 지나갔다. 지금은 그런 실패하고 효능감이 없는 낡은 이념을 추종하는 민주시민은 거의 없을 것이다. 그래서 하는 말이다.

여기서 이념이 무엇인지를 바로 알고 넘어갈 이유가 있다. 왜냐하면 이념에 대하여 오해하는 자들이 많고 부정적으로 생각하는 자들이 있기 때문이다. 이로 인한 부작용도 상당하다. 이념 자체에는 아무런 문제가 없다. 이념(理念, ideology)이란 '사상이나 사회적인 가치관을 기반으로 한 철학적인 생각이나 신념을 의미'한다. 누구나 다 이념이 있어야 하고, 있다. 오늘날 우리 사회에서 생각하고 갈등하는 이념들이란 민주주의, 자본주의, 공산주의, 사회주의, 국가주의, 전체주의, 독재주의 등이다. 특히 공산주의, 사회주의, 빨갱이, 전체주의에 대하여 아주 민감하게 반응한다.

이런 이념들은 일부 국가에서만 통용되는 지나간 유행가와 같은 것이다. 일부 소수의 사람들을 제외하고 민주주의와 자본주의를 맛본 자들은 억만금을 준다고 해도 추종하지 않는다. 과도하게 염려할 것이 없다. 이런 것들은 다양한 이념 중의 하나이다. 민주주의 국가나 자본주의 국가에서는 아무런 문제가 되지 않는 이념들이다. 하지만 우리나라는 공산주의 체제인 북한과 대치하고 있는 상황이라 아주 예민하다.

그렇다고 해도 우리나라는 민주주의와 법치주의 국가이다. 헌법과 법률에 위반하지 않는 이념과 사상을 말하고 소유하는 것은 헌법이 지지하는 각자의 기본권리로 인정하는 나라이다. 헌법에도 양심과 언론의 자유를 가진다고 되어 있다. 미국이든 영국이든 한국이든 어떤 이념을 가진 것만으로 처벌을 받지 않는다. 전 세계 자본주의와 민주주의 국가에서 이런 이념, 빨갱이 등으로 갈등을 겪는 나라는 없다. 우리나라도 과거에 비하면 천지가 개벽했다. 이젠 이런 이념 갈등과 부추김이 별 소용이 없어졌기 때문이다. 그 자체는 아무런 위법이나 잘못이 아니다. 필자는 공산주의, 빨갱이를 지지하지 않는다. 진리주의, 성경주의를 따른다. 하지만 나와 이념이 다르다고 해서 정죄하거나 비난하지 않는다. 배척의 대상으로 여기지도 않는다. 그들의 영향도 받지 않는다.

단, 헌법과 법률에서 금한 이적행위, 간첩행위 등을 하면 누구든지 조사를 통해 처벌을 받아야 한다. 그 외에는 누구도 탓하지 못한다. 서로 존중해 주어야 한다. 그것이 헌법과 성경에서 말하는 양심의 자유이자 기본권리이다. 그런데 우리나라에서는 자기와 이념이 다르면 곧바로 적대시한다. 잘못된 자라고 여긴다. 사회주의와 공산주의 나라에서 사용하는 용어 등을 사용하면 빨갱이, 공산주의, 사회주의자라고 공격, 비난, 정죄, 욕설을 한다. 이는 이념과 사상에 대한 편협 되고 잘못된 이해에서 나온 그릇된 모습이다. 일방적인 주장일 뿐이다. 아니면 민주주의와 법치주의와 헌법주의를 제대로 이해하지 못한 데서 나온 것이다.

　그것도 아니면 지식이나 경험상 공산주의와 사회주의와 빨갱이에 대한 부정적인 발로에서 나온 것이다. 필요 이상으로 예민하게 반응하는 것이다. 그것도 아니면 불순하거나 억지로 트집을 잡는 것이다. 아니면 일부 정치인들이 자기들의 이익을 위해서 이념을 동원하는 것이다. 평상시에는 이런 이념과 빨갱이 주장이 없는데 선거 때만 되면 나오기 때문이다. 그것도 국민들과 학자들이 주장하는 것이 아니라 정치인들이 언론을 통해서 수작질을 한다.

　이제 일반 국민들은 이런 이념을 말하면 누굴 탓하거나 공격하지 않는다. 이용당하지 않는다. 무시한다. 웃고 넘어간다. 왜냐하면 그런 이념에 별 관심도 없을 뿐만 아니라 공산주의나 사회주의나 빨갱이는 우리 사회에서 설 자리가 없고 그런 것을 추구하는 다수는 없기 때문이다. 지금까지 정치인들에게 자주 속아 왔고 이용당해 왔다. 그보다도 더 좋은 민주주의와 자본주의 사회에서 마음껏 자유를 누리고 있기에 민주주의에 반하는 공산주의 이념을 추구하라고 해도 결코 하지 않는다. 이를 다르게 비유하면 자가용을 타고 출퇴근을 했고, 할 수 있는데 자가용을 포기하고 자전거를 타고 출퇴근을 하라고 한다면 누가 따르겠는가? 바보가 아닌 이상 그런 사람은 없을 것이다. 민주주의와 공산주의의 차이가 그런 것 이상이다.

그럼에도 불구하고 여전히 이념에 대해 콤플렉스가 있는 자들과 불순한 정치인들은 색깔론과 빨갱이 타령과 공산주의 등의 말을 사용하면서 상대방을 공격하는 짓들을 한다. 아직도 과거 1950~1980년대에 머물러 있다. 주로 극우 보수주의자들이다. 선거 때만 되면, 정치적으로 불리하기만 하면 이념 논쟁을 꺼낸다. 보수 언론과 방송을 통해서 군불을 땐다. 과거에는 그렇게 하면 통했다. 이젠 언론과 정치인들이 그렇게 해도 별 지지를 받지 못한다. 다수 국민들은 정치적인 발언이고 국민 전환용이라고 알기 때문이다. 순전히 정치적 이득을 얻기 위한 주장이라고 무시해 버린다. 이젠 역풍을 받는다. '또 시작이네!'라고 차디찬 반응만 맛보게 된다. 시대가 변했고 국민들의 의식 수준이 대폭 향상되었다는 것을 직시해야 한다. 사고가 과거에 머물러 있으면 자꾸 이념으로 장사하고픈 유혹을 받는다.

그럼에도 불구하고 아직도 과거 이념과 시대에 머물러 있는 나이 많은 정치인들과 언론인들과 정치 기술자들은 의도적으로 이념 논쟁을 끄집어 낸다. 아니면 과거 공산주의라면 치를 떠는 자들이 그리한다. 특히 보수주의 정치인들과 언론들이 진보 정치인들과 정권을 향하여 그리한다. 좌파 정권과 좌파 정치인들은 공산주의자, 사회주의자라고 맹공한다. 그렇게 공격하고 비난할 것 같으면 헌법과 법률을 위반한 명백한 근거와 그 사람이 공산주의 사상에 젖어 이적행위를 하고 사는 사람이라는 확실한 물증을 가지고 지적하면서 비판해야 한다. 단지 자기들과 이념이 다르다는 것으로 추측과 상상과 개연성과 말로만으로 비난하고 공격하는 것은 불순하고 악한 것이다. 상대방에 대한 명예훼손이다. 상대방을 존중하지 않는 모습이다. 이젠 속지 말아야 한다.

종교든, 이념이든, 사상이든, 뭘 하든 각자의 자유이자 권리이다. 단, 헌법과 법률과 성경에 위배되는 행위가 있을 때만 탓하고 비판해야 한다. 간첩행위나 위법한 것이 있으면 경찰과 검찰에 신고하면 되지 언론과 방송에 대고 떠들어댈 이유가 없다. 개인이 비난하는 것은 옳지 않다. 그런 사람은 불순한 자이다. 정치성을 가지면 언론과 국민들에게 말한다. 언론이나 국민들이 수사 기관인가? 검찰이나 경찰이나 국정원에 신고하면 그만이다. 이것이 정상이다. 누가 정상적이고 상식적으로 사는지를 잘 판단해야 한다.

그런 자들이 바른 정치와 언론인이고, 민주시민이자 참 기독교인이다. 제대로 알지도 못하면서, 한쪽에만 빠져서 열심만 있어 안하무인의 언행을 취하는 것은 못나고 부끄러운 일이다. 불순한, 근거가 없는 이념 논쟁은 더 이상 하지도 말고 이용당하지도 말아야 한다. 반복해서 초헌법적으로 주장하고 이용당하는 것은 그 사람의 실력이다. 바보나 당하는 짓이다. 모두가 헌법과 법률과 성경에 근거한 차이와 비판만 해야 한다. 그런 사람이 민주주의와 법치주의를 존중하는 자이며, 참 기독교인의 모습이다.

제8장

공산전체주의 발언

윤○열 대통령은 2023년 8월 29일 제21기 '민주평화통일자문회'에서 다음과 같은 당황스러운 발언을 했다. **"자유민주주의와 공산전체주의가 대결하는 이 분단의 현실에서 공산전체주의, 그 맹종세력과 사회주의적 추종세력은…"** 동년 9월 1일 국립외교원 60주년 기념식에서는 이런 발언을 했다. **"아직도 공산전체주의 세력, 반국가세력은 반일 감정을 선동하고"** 참고로, 공산전체주의라는 용어는 세계 어느 나라에서도 지금까지 사용한 적이 없다. 학계에도 없고, 족보에도 없고, 교과서에도 없고, 국어사전에도 없는 용어이다. 헌법과 법률에도 없다. 최초로 사용한 사람이 연설문 작성 시 영향을 미친 자이자 윤○열 대통령이다. 이런 신기한 용어를 들은 많은 학자들과 사람들은 어리둥절했다. '이것이 무슨 말이냐'고 말이다.

공산주의(共産主義)에서 '공산'이란 '함께 생산한다'는 뜻이다. 따라서 공산주의란 공장이나 집단농장에서 나오는 수익을 공장주나 어떤 사람이 홀로 독차지하는 것이 아니라 공장과 농장의 직원들이 나누어 갖는 것을 말한다. 일반적으로 공산주의라 함은 마르크스 레닌주의를 말한다. 공산주의는 사회주의에 속한다. 사회주의에도 여러 방식이 있는데 그중에 하나가 공산주의다. 하지만 오늘날에는 두 개념을 완전히 극단적으로 비교하기에는 다소 무리가 있다. 사람들마다 이 개념을 사용하는 방식이 전부 다르기 때문이다. 그나마 가장 적절하게 구분해 보자면 세 가지 정도가 있다.

하나는 '혁명의 주체가 누구인가?'를 본다. 사회적, 경제적 문제를 노동자들이 해결하는 사회를 만들어 내는 주체를 노동자 스스로 보는 입장을 **공산주의**라고 하고, 엘리트 계급 또는 부르주아들이 스스로 권력을 내려놓고 노동자의 권리를 보장해나가야 한다는 입장을 **사회주의**로 본다. 두 번째는 '수단과 목표로 구분'한다. 공산주의 궁극적 목표는 노동자가 스스로 독재하며, 자본주의로 쌓은 막대한 부를 통해 능력에 따라 일하고 필요에 따라 분배하는 지상낙원을 꿈꾼다. 쉽게 말해 일은 하고 싶은 만큼만 하고 원하는 만큼 가질 수 있다는 이야기다. 하지만 현재 자본주의 사회에서 노동자들의 힘만으로는 공산주의로 급격히 변화될 수 없다.

따라서 공산주의로 가기 위해선 소수의 정치 엘리트들이 개입하여 운영되는 사회가 필요한데 이러한 과도기적 사회를 사회주의라 보는 것이다. 즉, 공산주의 입장에서는 사회주의를 공산주의로 가기 위한 수단으로 보는 것이고, 사회주의에서 더 나아가 완벽한 지상낙원인 공산주의가 최종 목표인 것이다. 세 번째는 '내포의 관계로 구분'한다. 사회주의를 국가가 주도하는 계획 경제라는 넓은 개념으로 파악하고, 공산주의는 노동자가 주도하는 계획 경제라는 측면에서 사회주의와 공산주의를 구분하는 것이다. 필자는 이런 공산주의와 사회주의를 결코 지지하지 않는다. 공산주의와 사회주의는 주로 독재를 하고, 우상을 섬기고, 신앙의 자유가 없다. 인간의 기본권이 보장되지 않는다. 참된 자유가 없다. 이런 공산주의와 사회주의는 자본주의나 민주주의 반대로 민주시민이나 성경주의를 추종하는 자들은 결코 수용불가이며 지지할 수 없는 이념이다.

　전체주의(全體主義)란 '개인의 모든 활동은 전체, 즉 민족·국가의 존립·발전을 위해 바쳐야 한다는 이념 아래 국민의 자유를 억압하는 사상'을 말한다. 나찌즘(히틀러)과 이탈리아 파시즘(국수주의)과 일본의 군국주의가 여기에 속한다. 2차 대전 이후로 공산주의를 가리키는 말이기도 하다. 한○훈 국민의힘 비상대책위원장(전 법무부장관)은 2023년 12월 26일 국민의힘 비상대책위원장 취임 입장에서 어느 당과 관련하여 **"…개딸(개혁의 딸) 전체주의 세력과 결탁해서"**라는 당황스러운 주장을 하였다. 이는 맞지 않는 주장이다. 개딸이나 어느 당이 나찌즘이나 파시즘이나 일본의 군국주의가 아니기 때문이다. 그렇게 되고 싶어도 될 수 없다. 과도한 표현을 넘어 정치성 발언이라고 할 수 있다. 현대 사회에서 파시즘이라는 단어는 개인을 비롯해 무엇보다 국가를 우선시하고 결속을 통해 힘을 강조하는 사상을 말하고, 독재적이고 강권적인 성격을 띠는 정치 운동이나 이념을 말한다.

이 파시즘은 제1차 세계 대전 후에 나타난 극단적인 전체주의적·배외적 정치 이념이다. 또는 그 정치 체제. 자유주의를 부정하고 일당 독재에 의한 철저한 전체주의·국수주의를 취하고 지도자에 대한 절대 복종과 반대자에 대한 가혹한 탄압, 대외적으로는 반공(反共)을 내세워 침략 정책을 취하는 것을 특색으로 하였다. 이탈리아의 파시스트당에서 비롯되었다. 나찌즘이란 민족사회주의 또는 국민사회주의, 국가사회주의로 인종주의 및 반유대주의와 반자유주의가 결합된 전체주의의 분파이다. 약칭의 영어식 표현인 나치즘(Nazism)이라는 이름으로 흔히 일컫는다. 나치즘은 파시즘과 인종주의를 조합한 사상이며, 그를 뒷받침하는 우생학(優生學)을 필두로 한 전체주의 사상의 일부이다. 국가사회주의의 이념은 나치 독일의 국가사회주의 독일 노동자당이 실행했다. 따라서 공산주의와 전체주의는 비슷한 면도 있지만 엄연히 구분이 된다.

이런 것을 윤○열 대통령은 한 번도 듣지 못했던 조합어인 '공산전체주의'라는 용어를 사용하여 자기들과 다른 이념과 사상을 추구하는 자들에 대하여 매우 나쁜 의미로, 공격하는 의미로, 매도하는 의미, 부정적인 의미로 말했다. 제대로 주장하려면 공산주의 혹은 전체주의라고 분리해서 말해야 한다. 그래야 모두가 이해한다. 이는 마치 호박과 수박을 조합하여 '호수박과일'이라는 새 신조어를 주장하는 것과 같다. 그런 과일은 세상에 없다. 그런 말은 아무도 이해하지 못한다. 과일 생산자와 판매자들도 모른다. 호박이면 호박이고 수박이면 수박인 것이다. 윤 대통령의 이러한 근본도 없는 '공산전체주의' 발언은 지극히 정치적이라고 해석을 해도 무리가 없다. 아니면 극우 보수주의자들이 조언한 것일 수 있다.

이는 헌법이 지지하는 진보와 좌파, 성경이 지지하는 다양한 사상의 자유에 대한 매도이자 적대행위이기 때문이다. 민주시민이면 헌법과 양심과 신앙의 자유에 따라 어떤 이념과 사상이든 가질 수 있다. 그것이 헌법과 법률과 성경에 위배되지 않는 이상 다양성과 자유로 존중하고 이해해 주어야 한다. 자기들과 다른 이념이나 사상이면 모조리 타도나 배격 대상으로 여기는 것은 극단적이고 이미 한쪽 이념과 사상으로 깊이 기울어진 사람이라고 할 수 있다. 이는 아주 나쁜 의미의 배타성이다.

특히 대통령이 이렇게 발언을 하는 것은 국민 통합을 외쳐야 하는 자로서 도리어 국민과 국가 분열과 불신을 조장하는 행위라고 할 수 있다. 한 가지 더 덧붙이자면, 그렇게 공산전체주의자들이 있다면 헌법과 법률에 따라 고소고발하여 은밀하고 합리적으로 처리하는 것이 법치주의 기본 원리이다. 어느 개인이 어떤 주장과 발언을 한다고 그것이 처벌의 대상이나 타도의 대상이 될 수 없다. 법과 진리도 아니다. 이런 사실을 대통령과 국민들과 기독교인들은 바로 알아야 한다. 누가 무슨 말을 하면 무조건 맹종하고 맹신하고 지지하고 추종하는 것은 뇌와 생각이 없는 자들이다.

다시 강조컨대 '공산전체주의' 발언은 취소되어야 하고 다시는 꺼내지 말아야 한다. 누가 어떻게 조언을 해서 저런 말이 나온 것인지는 모르지만 윤 대통령 자신도 제대로 이해하지 못한 발언이라고 생각한다. 윤 대통령의 모든 연설문은 참모가 작성해 주기 때문이다. 누가 어떻게 연설문을 작성해 주든지 최종 책임은 대통령이 지는 것이다. 대통령이 깊이 숙고한 이후 내용을 가감하여 연설을 해야 한다. 기독교인들은 이념을 떠나서 아닌 것은 아니라고 말해야 한다.

제9장

좌파(진보)와 우파(보수) 정치

본론으로 들어가기에 앞서 우리나라 상당수 사람들은 가장 기본적인 좌파와 우파, 진보와 보수에 대한 기본 개념과 가치를 오해하거나 정확하게 모르고 있다고 감히 생각한다. 아니면 잘못된 신념에 사로잡혀 있다고 할 수 있다. 그 근거는 그들의 발언과 행위에 근거한다. 결론을 먼저 말씀드리면 좌파와 진보, 우파와 보수는 모든 것이 나쁘거나 악한 것이 아니다. 반대로 모든 것이 좋은 것도 아니다. 척결해야 할 정치사상도 아니다. 또한 양당 정치 성향은 진리도 아니다. 헌법이나 법률도 아니다. 선도 아니고 악도 아니다. 항상 틀리거나 맞는 것도 아니다. 따라서 둘 다를 무조건 매도하거나 악한 집단으로 단정하지 말아야 한다. 둘 모두를 항상 선하다고만 해서도 옳지 않다. 누구든지 어느 편을 악마화하지 말아야 한다.

악마화는 개인이든 어느 집단이든 월권이다. 유·무죄 판단과 악마 여부 판단은 법원과 하나님(성경)만이 하실 수 있는 영역이기 때문이다. 오직 특별계시(성경, 진리)와 일반은총(법원)을 통해서만 누가 죄인이고 범죄자인지를 확정할 수 있다. 이것이 하나님께서 세우신 객관적인 판단 질서이다. 결코 개인이 아니다. 어느 정당이 아니다. 대통령이 아니고 대통령실도 아니다. 언론도 아니다. 인간은 누구에 대하여 그렇게 주장할 수 없다. 좌파든 우파든 헌법과 법률과 진리에 부합한 주장과 행동을 하면 존중하고 수용해야 한다. 그러나 안타깝게도 현재 우리나라 정치 성향과 이념 성향으로 볼 때 어느 한 집단에서는 타도해야 할 대상으로 여기고 있다. 자기들 이념만 옳다고 말한다. 선악 개념으로 가 버린다. 이젠 대통령까지 그런다.

그런 기준은 헌법이나 법률이나 성경에도 없다. 어느 한쪽 골수분자들이 여론을 그렇게 만들어 버린 것이다. 마치 이슬람교 극단주의자들과 테러범들이 그리하는 것처럼 말이다. 여기에 일부 언론들이 동조하고 편승한 결과이다. 자기들만 바르고 선하다고 주장한다. 세상에 진리를 빼놓고 그런 이념, 사상, 정치, 정당, 사람, 주장, 학문이 어디 있는가? 해 아래 어느 곳에도 없다. 어느 한쪽은 대부분이 빨갱이라고 황당한 주장을 한다. 과거 문재인 대통령이 집권할 당시에도 청와대에 근무하는 상당수가 빨갱이들이라고 황당한 발언들을 했다. 표현의 자유가 있으니 좋다. 그렇다면 자기 발언과 주장을 뒷받침할 수 있는 객관적인 법적 근거나 물증을 제시해야 한다. 만일 제시하지 못하면 중상모략과 허위사실 유포와 명예훼손이 된다. 소위 가짜뉴스이다. 이는 성경 십계명에서 금한 거짓증거가 된다.

이런 확신과 주장과 발언을 한 집단이 우파와 보수집단이다. 이는 누구도 부인하지 못한다. 그런 영상과 증거들이 차고 넘친다. 이는 보수와 우파의 개념과 가치와 본질이 무엇인지 정확히 알지 못한 데서 나온 주장들이다. 자기들이 무슨 오류에 빠져 있는지조차 모르고 마구 주장하는 것이다. 보수의 특징과 가치를 모르는 사이비 보수와 우파들이 막무가내로 외치는 메아리에 불과하다. 진짜 보수를 욕되게 하는 짓이다. 진짜 보수는 헌법과 법률을 근거해서 발언하고 정직하고 정의롭다.

헌법과 법률에 위배되지 않으면 자기들과 다른 편, 다른 이념 차이가 있어도 비난하거나 공격하지 않는다. 매도하지 않는다. 참 기독교는 다른 종교를 정죄하거나 비방하지 않는다. 사이비나 가짜 기독교인들만 상대방 종교를 매도한다. 그런데 진정한 보수의 가치와 특징도 모르는 자들이 이념에 사로잡혀 스스로 자기 주장을 설명하지 못하는 발언을 쏟아 낸다. 보수와 우파를 마치 우상이나 신처럼 맹신하는 자들이 그리한다. 무엇이든지 정확히 알지 못하고 열심만 있으면 그리된다. 선무당이 사람을 잡는 것처럼 말이다.

그러므로 먼저 개념 정리부터 하고 가자. **좌파(左派)**란 '어떤 단체나 정당 내부에서 급진적인 파'를 뜻한다. 이를 사람 성격으로 비유하면, 성격이 불같이 급한 사람이라고 할 수 있다. **진보(進步)**란 '역사 발전의 합법칙성에 따라 사회 변화나 발전을 추구함'을 뜻한다. 이를 사람 성격으로 비유하자면, 성격이 개방적이고 합리적인 사람이라고 할 수 있다. 둘 다 잘못된 성격이 아니다. 성격의 다양성일 뿐이다. 헌법과 법률과 성경 어디에 성격이 급한 사람, 개방적인 사람을 나쁜 자라고 하는가? 그렇지 않다.

이는 마치 사자는 나쁘고 사슴은 선하다고 말하는 것과 다르지 않다. 무섭고 사나운 짐승이면 나쁜 짐승인가? 그렇다면 하나님이 잘못 창조하신 것인가? 그렇지 않다. 성격과 경향이 다른 것뿐이다. 사자나 사슴이나 양이나 다 좋은 것이다. 단지 사람을 해치는 나쁜 짓을 했을 때만 나쁜 것이다. 진보나 좌파는 그 자체가 나쁜 것이 아니다. 기본적으로 헌법과 법률과 성경에도 위배되지 않는다. 단, 헌법과 법률과 성경에 위배될 때만 사안에 따라 비판해야 한다.

이제 다른 편을 상고해 보자 **우파(右派)**란 '한 단체·정파 등의 내부에서 보수적인 경향을 보인 파'를 뜻한다. 이를 성격으로 비유하자면 새로운 문물을 추구하고 변화를 시도하는 사람이 아닌 과거의 이런저런 문화나 가치를 그대로 지키기를 원하는 사람의 성격이라고 할 수 있다. **보수(保守)**란 '재래(在來)의 풍속·습관과 전통 따위를 중시해서 그대로 지킴'을 뜻한다. 이를 성격으로 비유하자면, 새것보다 옛것을 중시하는 성격의 사람을 가리킨다. 둘 다 항상 나쁜 것도 아니고 좋은 것도 아니다. 맞고 틀리고도 아니다. 이 또한 헌법과 성경사상에 위배되지 않는다.

모두 다양한 정치 이념과 사상과 정치행위일 뿐이다. 이는 단순히 선악과 옳고 그름의 문제가 아니다. 모두 존중하고 이해해야 하는 다양성의

문제이다. 이런 것을 바르게 이해하지 못하면 흑백논리나 이분법으로 접근하여 자기가 좋아하지 않는 색깔은 타도의 대상, 공격의 대상, 배척의 대상, 혐오의 대상으로 여겨 대화도 하지 않는다. 나쁘게 말한다. 잘못된 자들이라고 해 버린다. 이런 사람들은 마치 김일성 주체사상이나 과격 테러단체들의 행동과 확신에 중독된 자들과 다를 바가 없이 행동한다. 교만한 자이자 고집불통인 자이다. 누구의 말도 듣지 않는다. 세상에서는 이런 사람을 구제불능자라고 말한다. 진리를 제외하고 해 아래 완전한 이념과 사상과 정치와 주장과 지식은 없다.

좌파든 진보든, 우파든 보수든 한쪽으로 치우치면 자기들만 옳다고 하고 상대방은 배척한다. 헌법과 법률과 성경에 반하지 않으면 서로 존중하고 이해하고 살아야 한다. 어느 정치 성향과 이념 성향도 상대적으로 우월하지 않다. 어느 이념이나 좌우파가 더 낫지도 않다. 그런 근거는 헌법에도 성경에도 없다. 이는 순전히 한쪽을 추구하는 사람들의 주관적인 억지나, 편협 된 신념이나, 과격한 주장에 불과하다. 그러므로 기독교인들은 이런 사실을 바로 알고 이런저런 일방적인 주장은 금해야 한다.

진보라고, 좌파라고, 보수라고 말하면서 멀쩡한 사람들을 매도하지 말아야 한다. 헌법과 성경과 법률에 명백하게 위반한 근거와 물증이 있을 때만 비판하고 문제 삼아야 한다. 역지사지로 생각하고 접근하면 이해가 갈 것이다. 기독교인들은 좀 똑똑했으면 좋겠다. 유식했으면 좋겠다. 신앙이나 이념에 있어서 편협되고 잘못된 오류에 빠진 어느 한 무리들이나 분위기 등에 휘말리지 말고 헌법과 법률 등 객관적인 정확한 이해와 판단 아래 언행을 취하기 바란다. 그런 자들이 성숙하고 진리에 거하는 참된 기독교인이다.

제10장

정치인과 예배

　윤○열 대통령과 여당 정치인들은 2023년 10월 29일 서울 성북구에 있는 영암교회에 참석하여 159명이 죽은 세월호 추모예배에 참석하여 예배와 추도식을 낭독하고 인사말을 했다고 언론들이 보도했으나 사실과 다르다고 영암교회 부목사가 말했다. 영암교회는 세월호 추모예배를 계획하지도 않았고 참여하지도 않았다고 한다. 그런데 일방적으로 대통령실에서 연락이 왔고 찾아와서 본당에서 허락을 안 하니 교회 내 다른 장소에서 30여 명의 참모들과 정치인들이 와서 자기들끼리 추모식을 가졌다고 한다. 참으로 황당하다. 정치가 교회를 불순하게 이용한 가장 대표적인 사례라고 할 수 있다. 참고로, 윤○열 대통령은 기독교인이 아니다. 무교이거나 미신 혹은 우상을 숭배하는 자이다. 예수님을 믿는 사람이 아니다. 혼합주의 종교를 추구하는 불신자에 불과하다. 그러니 그와 연결하여 예배라는 것은 불가능한 것이고 하나님을 모독하는 행위이다. 기독교인들은 이런 사실을 구분할 줄 알아야 한다.

또한 추모는 고인들의 영정 사진과 고인의 유가족들이 있는 곳에서 하는 것으로 불신자들에 따르면 저들을 위로하는 것이 기본이다. 그런데 이런 추모의 원칙과는 전혀 상관이 없는 장소에서 정치적인 추모 행위를 한 것이다. 그것도 하나님의 전인 교회에서 말이다. 교회를 정치적으로 이용한 것이다. 그리고 언론에 윤 대통령이 앉아 있는 자들에게 허리 굽혀 인사하는 장면이 보도되었는데 이들은 참모진들과 정치인들이고 영암교회 교인들이 아니라고 말했다.

유가족들은 하나도 없었다고 한다. 진정으로 세월호 희생자들을 위한 추모 마음이 있었다면 교회를 이용하지 말고 유가족들이 모여 있고 사망자들의 영전이 있는 추모식 장소에 찾아가서 했어야 진정성이 있고 정당하다. 해마다 종종 대통령이나 정치인들이 어떤 교회의 예배에 참석하곤 한다. 그런 때는 주로 선거가 임박한 시점이나 사회적인 큰 이슈가 있을 때 자기들 이익이나 피난처로 교회와 예배를 이용한다. 이런 자들 대부분은 진실한 기독교인이 아니다. 표와 지지를 의식하고 예배에 참석한 것에 불과하다. 이들의 행위는 예배가 아니다. 세속적인 정치행위일 뿐이다.

여기서 먼저 짚고 넘어가야 하는 중요한 사실이 하나 있다. 그것은 예배에 대한 본질이다. 예배는 오직 삼위일체 하나님께만 드리는 행위이다. 누구만 하나님께 드릴 수 있는가? 인류의 유일한 구세주인 예수 그리스도를 구세주로 믿는 자들만 하나님께 예배를 드릴 수 있다. 이런 자들의 예배만 하나님이 받으신다. 예배당에 참석했다고, 눈을 감고 기도했다고 하나님이 받으시는 것이 아니다. 이는 마치 시합에서 출전 선수로 등록된 선수들만 시합에 나설 수 있는 것과 같다. 아무나 시합에 나서지 못한다. 청와대나 중요한 만찬이나 회의 등에도 아무나 참여하지 못한다. 구별된 사람들만 들어갈 수 있다. 회원이나 초청장을 받고 안전하다는 검사가 끝난 자들뿐이다.

예배도 그렇다. 진실로 하나님의 자녀로 거듭난 사람들만 거룩한 예배에 참석하여 하나님께 찬양하고 기도할 수 있다. 그것도 내 기준과 방식이 아닌 신구약의 기본 원리로 주어진 하나님 중심의 예배 기준과 방식으로 드려야 한다. 그것도 시종일관 오직 하나님께만 주목해야 한다. 시선이나 관심이 어떤 사람에게 가서는 결코 안 된다. 만일 예배 중에 피조물인 사람이 박수와 스포트라이트를 받는 것은 하나님께 돌아가야 할 영광을 사람이 가로채는 무서운 일이다. 이는 시대가 변해도 동일한 원리이다.

그런데 예수님도 하나님도 믿지 않는 자들이 지극히 정치적인 이유로 공적 예배에 참석하여 신자처럼 예배 흉내를 내고, 예배 중에 추도사도 낭독하고, 어떤 발언을 하고, 예수님을 믿는 척 기도하고 찬송도 한다. 이는 하나님과 예배를 업신여기는 모독행위이다. 고마운 일이 아니다. 목사와 교회와 성도들이 세속화되고 자유화되니 이것이 얼마나 무례하고 무서운 일인지 모르고 자기들이 하고 싶은 대로 예배 순서에 넣어 자행한다. 세월호 추도예배라는 것 자체도 성경에 맞지 않다. 세월호 사건으로 159명이 사망했다. 그들 중에는 불신자들도 많다.

혹 망자들 중에 신자들이 있었다면 그들 가족 중 신자들만이 참석하여 하나님의 주권을 인정하고 따르는 예배가 되어야 한다. 그것도 사망자를 위한 예배는 절대로 있을 수 없고, 사망자가 예배의 주인공도 될 수 없다. 유가족이나 망자를 위한 예배는 절대로 있을 수 없다. 이런 부분에서 무질서가 난무하고 있다. 예배를 너무 오용하고 남용한다. 이는 예배의 본질을 잘 모르기 때문이다. 슬픔과 감정과 고인만 생각하는 경향이 있다. 피조물은 피조물일 뿐이다. 예배의 대상이 아니다.

가인의 제사와 전쟁터에서 사울 왕이 무질서하게 하나님께 제사를 드렸지만 하나님께서는 그런 사울에게 실망하시고 퇴출시키셨음을 기억해야 한다. 하나님은 무질서한 예배는 받지 않으신다. 우리끼리 모여서 북치고, 장구 치고, 드럼 치고, 찬송하고, 기도하고, 유명한 사람이 방문하여 인사하고, 설교하면 박수 치면서 하나님이 기뻐하시고 받으신다고 생각한다면 큰 오산이고 착각이다. 이런 무질서한 예배와 모습들이 한국 교회 안에서 일반화되어 가고 있다. 예배와 찬양과 설교 등이 사람에게 초점이 맞추어져 실행되고 있다.

특히 불신자 전도가 중요하다고 하면서 그들에게 예배의 초점이 맞추어져 있다. 열린 예배가 대표적이다. 가장 인본주의적인 예배라고 할 수 있다. 말만 예배라고 하고는 하나님은 엑스트라이고 어떤 사람들이 주인 공이다. 찬양도 그렇다. 하나님께 찬양한다고 말하고는 자기들이 감정에 취해서 즐긴다. 결혼식장에서도 그렇다. 결혼예배라고 타이틀을 붙여 놓고는 예배와는 상관이 없는 별의별 짓을 다한다. 세상 음악을 부른다. 각종 쇼를 한다. 주례를 보는 목사들은 제지하기는커녕 좋다고 깔깔거린다. 이 정도로 한심한 시대가 되었다.

그렇게 불신자 대통령과 불신자 정치인들이 행사에 참여하여 추도사를 낭독하고 어떤 인사를 하려면 예배라고 하지 말고 단순히 추도 혹은 추모 행사라고 타이틀을 걸고 그런 자리에서 해야 문제가 되지 않는다. 그러면은 교회에 와서 할 것이 전혀 없다. 이런 기본적인 내용도 모르니 교회로 찾아와서 난리를 치는 것이다. 이는 해당 교회 목사나 장로들이 정치적으로 행동하고 잘못한 것이라고 지적하지 않을 수 없다. 결혼식 때도 세상 노래와 장기 자랑과 신랑신부가 키스를 하고, 세상 노래를 부르고, 팔굽혀 펴기를 하고, 신랑이 힘자랑을 하고, 환호성을 지르며 온갖 별의별 짓을 다 하려면 1부 예배시간이 끝나고 2부 행사 때 하면 된다. 1부와 2부를 나누어서 하면 된다. 순서지에는 예배라고 하고는 짬뽕과 혼합으로 진행한다. 참으로 개판이 아닐 수 없다. 종종 선거가 있다. 그러면 정치인들은 큰 교회, 작은 교회를 찾아간다.

교회는 누구든지 올 수 있다. 그러나 예배는 누구든지 드리지 못하게 해야 한다. 특히 예배 중에 불신 정치인들을 소개하거나 인사를 시키는 일은 없어야 한다. 박수도 치지 못하게 해야 한다. 정치인이, 대통령이 무엇인데 하나님께 예배를 드리는 시간에 나서는가? 대통령도 피조물이고 죄인이다. 대통령이라고 아무 때나 나서고 어떤 발언을 하고 박수를 받는 것이 아니다. 이는 선거법 위반이기도 하다. 예배가 다 끝나고 밖에서 인사를 하도록 해야 한다.

대통령이든 누구든지 예배 중에는 나서지 못하게 해야 한다. 그렇게 하는 것은 목사와 장로의 몫이다. 그런 교회가 하나님만을 두려워하고 정치에 오염되지 않은 순수한 교회라고 할 수 있다. 기독교인들은 이런 사실을 바로 알고 행동해야 한다. 그래서 목사와 장로들이 바른 진리 안에서 똑똑해야 한다. 목사와 장로들이 무식하고 무능하면 아무 사람이나 다 허용하므로 예배가 엉망진창이 되고 더럽혀진다. 목사와 교회들이 정신을 차려야 한다.

제11장

당론·다수론·국론 정치

여의도에 있는 국회가 개원하면 어떤 안건에 대하여 여당과 야당을 막론하고 종종 **'당론(黨論)'**이라는 말이 심심찮게 나온다. 어떤 안건에 대하여 의원 개인에게 맡겨야 한다느니 당론으로 결정해서 밀어붙여야 한다느니 하는 말들이 나온다. 어떤 중대한 이슈에 대하여 개인의 신념에 찬반을 맡기는 것이 아니라 개인의 선택권을 무시하고 당(黨, 무리)에서 정한 어떤 것에 대한 찬반을 하도록 강제적으로 결정한 것을 '당론'이라고 말한다. 당론이라고 할 때는 신앙과 양심과 정의에 반하는 경우도 있다. 그렇게 어느 정당에서 결정이 되면 거역하기가 쉽지 않다. 조직 사회나 공동체에서 전체 의견을 무시하고 개인적인 선택과 행동을 하는 것은 옳고 그름을 떠나서 자살행위이기 때문이다. 불이익은 말할 것도 없고 왕따를 당한다. 같은 당에 있는 국회의원들이나 지도부들과 아주 불편한 관계가 형성된다. 차기 공천도 위태롭게 된다. 그래서 어지간한 강심장이나 신념이 아니면 감히 당론을 거스르는 것은 어렵다.

그럼에도 불구하고 기독교인 정치인들은 어찌해야 하는가? 당론을 존중하되 무조건 따라서는 안 된다. 왜냐하면 당론이 항상 진리와 정의에 부합하지 않기 때문이다. 당론이 정의롭고 진리에 합당할 때는 당론을 따르고 그렇지 않을 때는 자신의 정치생명을 걸고 거부해야 한다. 그런 자가 하나님과 진리와 정의 편에서 사는 자이다. 이런 당론과 비슷한 것이 **'다수론(多數論)'**이다. 주로 '다수결 원칙'이라는 말을 많이 들었을 것이다. 이때도 기독교인들은 무조건 맹신하고 맹종하지 말아야 한다. 다수결의 내용이, 다수결을 결의한 자들이 정의롭고 진리에 합당한 선택과 결정을 한 것인가를 따져야 한다.

만일 내용이 헌법과 정의와 진리에 반하는 다수결이라면 거부해야 한다. 소수 의견으로 남아야 한다. 미움을 받을 각오를 하고 다수결을 따르지 말아야 한다. 그런 자가 참 기독교인이다. 이런 '다수론'을 거부하는 것도 당론을 거부하는 것처럼 어렵다. 이런 다수론은 일반 직장에서도 많이 한다. 교회에서도 한다. 다수라고 해서 항상 옳고 진리가 아니라는 것을 염두에 두고 활동해야 한다. 다수론은 항상 성경적이지 않다. 소수라고 항상 틀린 것만도 아니다.

이젠 국가에서 결정하여 정책으로 밀어붙이는 **'국론(國論)'**을 살펴보자. 국론이란 국가 정책을 말한다. 그래서 국론이면 대부분 따른다. 따르지 않으면 불이익을 당하기 때문이다. 그러나 국가 정책인 국론이라고 항상 옳거나 진리가 아니다. 어떤 국가 결정이나 정책은 진리에 반하고 정의롭지 못한 것들이 있다. 예를 들어, 타국을 침략한다든가, 산아제한 정책을 펴는 것 등이다. 이런 경우 정의롭지도 않고 진리에 반하기에 기독교인들은 불이익과 비난과 핍박과 고난이 닥쳐온다고 하더라도 지혜롭게 거부해야 한다. 당론이든 다수론이든 국론이든 다 좋다.

기독교인들의 입장에서 볼 때 이런 것들은 항상 진리, 정의, 헌법에 부합할 때만 지지해야 한다. 왜냐하면 기독교인들의 신앙과 행위의 모든 판단의 기준과 척도는 국가도 국회도 교회도 아닌 성경이기 때문이다. 국가나 국가의 결정, 회사나 회사의 결정, 각 정당이나 정당의 결정, 각 교회나 교회에서의 결정, 어떤 모임이나 동호회에서의 결정 등은 항상 옳거나 정의롭거나 진리가 아니다. 그런즉 기독교인들은 잘 상고하고 진리에 합당할 때만 지지하고 동의해야 한다.

그 외에는 어떠한 불이익을 당해도 거부해야 한다. 성경에도 이런 자들이 나온다. 가장 대표적인 자들이 바벨론 포로시절 우상에게 엎드려 절을 하라는 국론을 따르지 않았던 다니엘과 세 친구들이다. 죽을 각오를 하고 한 자들이다. 그러나 결국 하나님께서 지켜 주셨다. 가나안 땅에 입성하기 전 각 지파에서 한 명씩 선발하여 열두 정탐꾼들을 가나안 땅에 보냈다. 정탐하고 돌아온 열 지파 정탐꾼들은 불신앙에 젖어 다수결로 가나안 땅에 들어가면 다 죽는다고 말했다. 그러나 여호수아와 갈렙은 이들과 다른 소수 주장을 폈다. 그러자 무리들이 여호수아와 갈렙을 죽이려고 했으나 하나님이 보호하셨고 결국 이들의 주장대로 되었다. 신약에서도 예수님이 그러셨고 사도들이 그리했다. 누가 무슨 신앙 핍박과 요구를 해도 진리에 반하면 거부하고 고난과 순교를 당했다.

오늘날 기독교인 정치인들과 사람들도 예수님과 사도들과 믿음의 선진들을 따라 그리 살아야 한다. 잠시 잠깐 자기편의와 이익과 기득권을 잃지 않기 위해서 진리에 반하는 당론, 다수론, 국론에 동참하고 지지하면 잠시는 좋을지 모르지만 더 큰 대가를 치르게 된다. 심판이 기다리고 있음을 알아야 한다. 성경사상은 사필귀정이다. 뿌린 대로 거둔다. 당론, 다수론, 국론 정치는 정의로워야 하고, 헌법과 법률에 부합해야 하고, 최종적으로 진리에 맞아야 한다. 기독교인들은 어떤 직업과 직장에서 살아가든지 무조건 진리 편에 서서 살아가야 한다. 직장과 다수와 상관이 결정하고 지시한 대로 맹종하지 말아야 한다. 어떤 사람이나 다수의 힘을 두려워하지 말아야 한다. 무조건 다수를 따라 행동하지 말아야 한다. 그런 자가 기독교인이다.

제12장

보수 언론과 진보 언론 정치

일부 보수 언론과 진보 언론을 보면 언론이 아니라는 생각이 든다. 언론의 정도와 정체성에서 한참 벗어나서 기사를 쓰기 때문이다. 사실관계나 옳고 그름을 떠나고 공정보도를 떠나 한쪽으로 확 기운, 어느 쪽의 편을 드는 기사와 보도만을 하기 때문이다. 또한 어떤 중대한 사건, 결정, 이슈인데도 정권에 불리하다고 판단되는 것은 침묵하거나 외면해 버리는 기술을 구사한다. 이러한 행태는 스스로 맛을 잃은 언론이라고 떠벌리는 것과 같다. 2023년 10월 31일 국회에 찾아온 윤 대통령은 취임한 지 1년 6개월이 지나서야 처음으로 야당 대표와 아주 잠깐 상견례와 악수를 나누었다.

이는 한국 정치 역사에 전무후무한 일이다. 그런데 일부 언론에 보도된 기사와 사진들은 황당하기 그지없는 것이었다. 사실이 아니었다. 윤 대통령이 국회의사당에 들어왔을 때와 나갈 때 이재명 대표와 세 번 악수했다고 큰 의미를 부여했고, 움직임이 없는 사진으로 볼 때 이재명 대표에게 허리 굽혀 인사한 것처럼 보도되어 윤 대통령이 달라졌다고 했지만, 그 장면을 동영상으로 보니 그 인사는 이재명 대표에게 한 것이 아니라 국회를 나가면서 박수 치는 의원들을 향하여 손을 흔들고 허리 굽혀 인사한 것으로 확인되었다. 초등학교 학생들도 알 수 있는 장면과 자세까지 왜곡 보도하고 미화시키는 기사를 쓰고 보도를 하는 일부 언론들의 낯 뜨거운 행태를 보면 한심하고 창피하기까지 하다. 한국 일부 기자들과 언론들의 수준이 밑바닥이라고 생각했다.

사실 보수 언론과 진보 언론은 나름 중요한 가치와 역할이 있다. 어느 쪽 언론이 더 우월하거나 못난 것이 아니라 각 진영의 언론들이 자기들 입장에서 기사를 쓰고 보도를 함으로 독자와 시청자들로 하여금 다양한 시각에서 어떤 사건과 이슈를 바라보게 하는 길을 제시하기에 아주 바람직한 것이다. 여기에 보수 언론은 보수 정치인들의 편에서 쓰기도 하고, 진보 언론 역시 진보 정치인들의 편에서 쓰기도 한다. 이는 인지상정이다. 여기서 중요한 점은 그래도 정확성과 공정보도는 유지해야 한다는 것이다. 이를 비유하자면, 경기에서 A 팀과 친한 주심일지라도 경기 진행은 공정하게 보아야 하는 것과 같다. 어느 쪽 사람이라고 무조건 매도하는 것은 옳지 않다. 사실 사람은 중립이란 것은 없다. 뉴스 자체를 완전히 왜곡하거나 비틀어 버리는 것은 보수나 진보나 언론의 가치가 없다. 맛을 잃은 소금이다. 퇴출 대상이 된다.

모든 언론은 진영과 이념을 떠나 기본적으로 정직한 보도, 공정한 보도와 비판을 해야 한다. 누가 보아도 좌우로 치우치지 않은 제목과 내용을 담아야 한다. 이것이 부실하거나 없으면 언론이 아니다. 어떤 사건과 기사에 대하여 자기의 이념이나 친분에 따라 미화, 옹호, 지지, 포장을 해 주는 것은 누가 보아도 불공정한 기사라고 할 수 있다. 인사를 했으면 인사를 했다고만 보도하면 되지, 북한의 뉴스 진행자처럼 천사나 신처럼 북한 지도자를 미화시켜서 보도하는 것은 아닌 것이다. 우리나라 일부 언론들이 북한에서처럼 그런 식으로 기사를 쓰고 보도를 하는 일이 종종 있다.

생각해 보라. 보수 언론에서 가져온 소금이나 진보 언론에서 가져온 소금은 기본적으로 모두 짜야 한다. 설탕도 마찬가지이다. 그런데 짠맛도 없고 단맛도 없다면 어찌 소금이고 설탕이겠는가. 미국의 여러 언론들은 지지하는 정파를 공개하고 언론활동을 한다. 그 대신 사실 보도 공정 보도를 한다. 시각과 해석은 좀 달리한다고 해도 사실 보도는 누구나 지켜야 한다. 시청자와 독자들이 알아서 판단하도록 해야 한다. 기자와 언론들이 어떤 정치인과 정권에 대하여 마사지를 하면 옳지 않다.

세월호 참사 때도 언론들은 이런 기능을 망각하고 포기했다. 정권에 유리하게만 보도했다. 정부에서 발표하는 대로만 받아썼다. 사실이 아닌 것도 보도했다. 작금의 우리나라 다양한 언론들이 그렇다. 특히 종편 등과 유튜브와 인터넷 포털 기사를 보면 보수와 진보 진영에 따라 극단적으로 보도한다. 정확한 근거나 객관적인 물증도 제시하지 않으면서 무조건 어느 정파를 매도하고, 비난하고, 정죄한다. 어떤 기사는 맨 앞에 둔다. 가장 대표적인 것이 '빨갱이'라는 말이다. 어느 한쪽 사람들은 대부분이 빨갱이라고 해 버린다. 근거 제시는 없다. 이런 주장을 무조건 지지하고 믿는 자들도 수두룩하다. 댓글을 다는 자들이다. 그러니까 수준이 비슷하다는 것이다. 유유상종이다. 또한 오직 검찰과 정권의 눈치를 보면서 언론활동을 한다. 이에 정권이 바뀔 때마다 언론들은 춤을 추고 왔다 갔다 한다. 언론들이 자기 정체성도 없고 줏대가 없는 갈대인 것이다.

그래서 독자들에게 외면받는 것이다. 언론들의 신뢰도가 밑바닥이다. 기독교인들은 보수와 진보 언론과 유튜브와 포털 기사 등을 균형 있게 보되 객관적인 근거와 물증을 제시하며 주장하는 말만 참고해야 한다. 이젠 물증까지도 조작하기 때문에 끝까지 잘 확인하고 검증한 후에 믿어야 한다. 육하원칙에 따르고 믿을 만한 출처와 객관적인(정부나 사법부) 자료를 제시하며 말할 때만 신뢰해야 한다. 기독교인들에게 여기서 말하고 싶은 것은 보수 언론이든 진보 언론이든 이들이 주장하는 것이 항상 옳은 것도 아니고 진리도 아니라는 것이다.

그러니 절대적으로 믿고 따르는 실수는 범하지 말라는 것이다. 어느 한쪽 언론만 보아서도 안 된다. 자기가 듣고 싶은 것만 듣고, 보고 싶은 것만 보려고 하면 미혹되고 이용당한다. 한쪽으로 치우치게 된다. 단소리도 듣고 쓴소리도 들어야 한다. 반대의 기사나 보도도 확인해 보아야 한다. 그래야 쉽게 속지 않는다. 비교가 된다. 허점이 보인다. 성경의 기본 사상은 시험해 보고 '아멘' 하는 것이다. 사도행전 17장에 나오는 베뢰아 성도들처럼 무엇을 보고 들어도 상고한 이후에 합당하면 '아멘' 해야 한다. 예배 때나 집회 때나 무조건 '아멘' 하는 기독교인은 가볍고 형편없는 신앙인이다.

제13장

빨갱이 주장 정치

서울북부지법 형사4단독 이종광 부장판사는 2023년 11월 1일 특수공무집행방해 등 혐의로 기소된 사랑제일교회(전광훈) 신도 14명에게 실형을 선고했다. 이들은 재개발 부지에 있는 서울 성북구 사랑제일교회 명도집행에 대해 화염병, 쇠 파이프 등 무력을 동원해 반발한 자들로 실형을 선고받고 법정 구속됐다. 이에 신도들 일부는 법정 밖에서 재판부를 향해 '좌파', '빨갱이'라며 욕설을 뱉는 자도 있었다. 이젠 판사들에게까지 좌파나 빨갱이라고 한다. 자기들과 다른 판결을 하거나 주장을 하면 모두 '빨갱이'라고 매도한다. 빨갱이 근거도 제시하지 못하면서 입에서 나오는 대로 뱉어 버린다. 무서운 사람들이다. 세상을 참 쉽게 사는 자들 같다. 이런 자들과는 대화 자체가 될 수 없다. 그냥 그들대로 끼리끼리 살아가야 한다. 진보진영 정치인들과 사람들의 대부분을 소위 '빨갱이들'이라고 확신에 차서 말하는 유튜버가 있다. 군사 분야를 다루고 있는 신○○ 씨이다. 이 유튜브를 시청하는 자들도 신 씨에게 동조하는 것을 보았다. 참고로, 필자도 종종 보는 유튜브이다.

신 모 씨뿐만 아니라 보수진영 정치인들과 학자들 중에는 이런 생각을 갖고 주장하는 자들이 매우 많다. '우리나라는 빨갱이 천국'이라고 말한다. 5.18 광주민주화운동도 북한의 빨갱이들이 쳐들어와서 일으킨 소행이라고 말한다. 국회에 있는 보수 정치인들도 선거철만 돌아오면 선거 유세에서 빨갱이 타령을 한다. 자기가 불리하다 싶으면 마지막 카드인 색깔론을 들고 나온다. 이젠 통하지 않는다. 과거에는 속았지만 이젠 속지 않는다. 그러다가 선거가 끝나면 쏙 들어간다. 필연코 특수부대 출신인 문재인 대통령까지 빨갱이라고 매도한다. 군대도 갔다 오지 않은 보수 지도자들에게는 잠잠하다. 자기편이니까.

그냥 근거도 물증도 제시하지 못하면서 자기들이 믿고 싶은 대로 믿고 말하고 싶은 대로 뱉어 버린다. 이들에게는 자기들의 확신과 생각과 말이 헌법이고 법이다. 문재인 전 대통령은 대한민국 39향토보병사단 신병훈련소를 거쳐 육군특수전사령부 예하 제1공수특전여단 제3특전대대 대대본부 작전과에서 복무했다. 이런 사람을 빨갱이라고 한다. 정부에 의해서 신분이 확실하게 검증된 대통령까지 자기편이 아니라고 빨갱이로 몰아간다. 그렇다면 문 대통령을 지지했던 유권자들도 모두 빨갱이인가? 경찰과 검찰과 국정원과 법원은 왜 내버려 두었는가? 문 대통령은 검찰총장으로 윤석열 현 대통령을 임명했었다. 윤 대통령도 문재인 대통령 시절 검찰총장이었다. 그렇다면 윤 대통령도 빨갱이인가? 무지한 주장들이다. 그렇게 말하는 정치인들을 보면 군 면제자들이다. 얼마나 황당한지 모른다.

물론 명백한 근거와 물증은 제시하지 못한다. 사실이 아니기 때문이다. 그냥 억지 말과 주장뿐이다. 어떤 사람에 대하여 '나쁜 사람이다', '빨갱이다'라고 할 때는 자기주장을 뒷받침할 수 있는 물증이나 근거를 제시해야 신빙성이 있고 설득력이 있는 것이다. 중상모략과 거짓말이 아니다. 이는 기본이자 상식이다. 그렇지 않으면 혹세무민(惑世誣民)하는 자요 중상모략자이다. 어떤 사람의 소중한 명예를 훼손하는 악한 짓이다. 헌법을 위반하는 짓이다. 이는 범죄행위이다. 성경에 거짓증거 하지 말라고 십계명에 금하고 있다. 거짓의 아비는 마귀(사단)이다. 그래서 거짓말하는 자들은 하나님을 대적하는 자들이다.

우리들이 알아야 하는 것이 있는데 전 세계는 각 나라 스파이(간첩)들이 활동하는 오픈 시장과 같은 곳이다. 어느 나라든지 각 나라 위장 스파이들이 없는 곳이 없다. 그렇다고 모든 나라들이 우리나라 보수진영의 사람들과 보수 정치인들처럼 노골적으로 의심이 되는 사람들에게 공개적으로 떠벌리거나 '스파이'라고 공격하지 않는다. 아주 은밀하게 상대방이 진짜 스파이인지를 검증하고 추적하여 제거한다. 남북한이 대치하고 있는 우리나라라고 왜 북한의 간첩들이 없겠는가? 북한에도 간첩이 있을 것이다. 미국, 러시아, 중국 등에도 많은 스파이들이 다양한 직업과 위장으로 활동한다. 그 수가 어느 정도인지는 모르지만 분명히 있을 것이다.

또한 김일성 주체 사상을 따르는 일부 사람들, 소위 말하는 빨갱이들도 있을 것이다. 그렇다면 그런 자들을 은밀하게 확인하고 추적해서 경찰에 신고해서 법적 처벌을 받게 하면 그만이다. 그렇게 하기 전에 사실관계를 명확하게 해야 한다. 조작은 안 된다. 그렇게는 하지 않고 무조건 떠벌리기만 한다. 공개적으로 말해 버린다. 이런 것을 가리켜서 중상모략, 허위사실 유포, 명예훼손, 혹세무민한다고 하는 것이다. 정치적이라고 하는 것이다. 우리나라는 언론의 자유와 표현의 자유와 양심의 자유가 있으니 얼마든지 떠벌려도 좋다. 하지만 위증일 때는, 허위일 때는 그에 따른 법적 책임도 져야 한다.

기독교인들이 바로 알아야 할 것은 타인에 대한 빨갱이든 뭐든 어떤 주장과 발언을 할 때는 사실에 근거해서 하되 명백한 물증, 객관적인 근거를 제시하며 하라는 것이다. 그렇지 않으면 허위사실을 유포하는 자, 중상모략자, 사단의 속성인 비방자가 된다. 사단의 편이 되어 버린다. 어떤 말이나 용어를 북한에서 사용하는 것처럼 비슷하게 사용한다고 해서 다 빨갱이가 아니다. 그런 식으로 말하면 멀쩡한 사람들이 별로 없을 것이다. 공산주의와 사회주의 용어나 정책을 비슷하게 쓰더라도 헌법과 법률에 위배되지 않으면 존중하고 이해해 주어야 한다. 무조건 자기만 옳다고 고집과 아집을 부리는 자는 상대할 가치가 없다. 내버려 두어야 한다. 모든 사람들은 각기 자기 수준과 역량대로 말하고 행동하기 때문이다. 수준이 높은 사람이라면 겸손히 귀를 열고 일단 들어 보아야 한다. 자기가 싫다고 상대방에게 무조건 말하지 말라고 강요하고 제지하는 것은 기본과 상식이 없는 사람이다. 민주시민의 자격이 없다.

자기가 듣고 싶은 것만 들을 것이 아니라 듣고 싶지 않은 말도 들은 후에 가장 타당성이 있는 결론을 내려야 한다. 이때 한쪽 말만 듣지 말고 상대방 말도 듣고, 근거와 물증을 반드시 확인해야 한다. 말이란 얼마든지 꾸며 낼 수 있기 때문이다. 또한 한쪽 말만 들으면 그 사람의 말이 옳게 여겨진다. 그래서 항상 쌍방의 말을 듣고, 쌍방이 제시한 물증을 확인한 후에 판단하고 결정해도 늦지 않다. 이렇게 하는 것이 가장 지혜롭고 겸손하고 안전한 길이다. 그래서 법원은 뻔한 범죄자인 경우에도 재판을 열어 쌍방의 말을 충분히 듣고 최종적으로 판단한다. 그래도 종종 억울한 자들이 발생한다.

사람이 하는 일이란 완전하지 않기 때문이다. 작정하고 속이려고 나오면 당할 수가 없는 것이다. 그래서 우리나라 범죄 중에 사기사건이 제일 많다고 한다. 이런 사실을 기독교인들은 명심해야 한다. 함부로 빨갱이라고 주장하지 말아야 한다. 자기 자신이 누군가로부터 그렇게 공격을 당하면 자신과 자기 가족과 마음이 어떻겠는가? 역지사지로 생각해야 한다. 아주 신중하게 발언해야 한다. 막연하게 상상해서 말하지 말아야 한다.

제14장

정치인들의 여론조사와 통계 주장

2023년 서울 강서구청장 보궐선거에서 거의 모든 여론조사 기관이 발표한 것과는 정반대로 17%의 압도적인 차이로 민주당 진교훈 후보가 국민의힘 소속 김태우 후보를 누르고 당선되었다. 투표 전에 유독 여론조사 기관인 '꽃'만 16% 차이로 민주당 후보가 압승한다고 발표했다. 개표 결과와 거의 일치했다. 부산엑스포 유치에 대한 건도 여러 언론에서 주장한 것과는 달리 큰 차이로 패배하고 말았다. 대부분의 보수 언론들은 사우디와 박빙이라고 보도했다. 그러나 결과는 참패였다. 무려 119 대 29로 졌다. 최종 발표 전까지 정부는 부산이 근소한 차이로 앞서거나 대등한 차이라고 보도한 언론의 보도만 인용하면서 자신했다. 기대감에 젖어 있었다. 여론조사나 통계는 유·불리를 떠나 정확해야 바르게 대응해야 한다. 정확한 여론조사나 통계 자료가 아니면 속수무책으로 당한다.

예나 지금이나 어느 나라를 막론하고 정치인들의 발언, 여론, 언론, 주장은 항상 상고, 검증, 체크가 반드시 필요하다. 각종 불순물이 첨가되어 사실과 다른 경우가 너무 많기 때문이다. 거품이나 뻥이 심하다. 정치적인 면도 가미된다. 여론조사 결과를 발표하면서 자기들이 하고 싶은 정책을 밀고 나가려고 하거나 여론을 형성하려 할 때 공정한 여론조사를 가지고 해야 하는데 그렇지 않는 경우가 허다하다. 자기들에게 유리하게 나온 조사 결과만을 공개하며 어떤 주장을 펼친다.

여론조사 기관도 자기들에게 불리하지 않게 하는 곳만 인용한다. 그런 곳에다만 비용을 지불하고 조사를 의뢰한다. 그러니까 정확한 여론조사가 나올 수 없고 결국 부정확한 여론조사로 자기들이 피해를 입는다. 정확한 여론을 반영하지 않았기에 오판을 하게 된다. 대응도 제대로 할 수 없다. 바른 데이터가 아니기 때문이다. 여론조사 기관도 좌우로 편향되어 있다. 어떤 여론조사 기관은 좌우를 떠나 아주 공정하다. 그런데 어떤 경우는 정부에 유리한 여론조사 결과만을 발표하는 기관의 결과만을 포털에 띄우거나 인용한다. 이런저런 통계도 다 인용해야 공정하지 않은가? 자기들 입맛에 맞게만 인용한다.

통계도 마찬가지이다. 자기들에게 유리하도록 조작하거나 만든다. 통계를 발표할 때도 동년 대비 전년도 상황과 비교하거나 동년 월 대비 전년도 동일 월 대비를 통해서 통계가 '높다', '낮다', '좋다', '나쁘다'를 말해야 하는데 엉뚱한 통계 비교를 통해서 왜곡하여 '이렇다', '저렇다'라고 주장하는 일도 종종 있다. 통계지표로 사용할 수 없는 자료를 가지고 악용한다. 하나같이 속임수에 불과하다. 이런 일들을 정부와 정치인들이 종종 행한다. 어느 정부든지 항상 정직한 보도 자료를 내는 것은 아니다. 선택적으로 부실한 보도 자료를 내기도 한다. 어느 정도 의식이 있는 사람들은 정치인들과 정부가 종종 이런 악한 짓을 한다는 것을 안다. 언론과 기자들도 안다. 그런데 기자들은 심층 취재나 검증을 하지 않고 그들이 주장하고 발표한 대로 언론에 기사화해 버린다. 자기들에게 어느 정도 영향을 미치는 정치인과 기관과 정권의 입맛에 맞게 하려고 한다.

최근 어느 정당에서 김포시를 서울로 편입하겠다고 말하면서 한 여론조사를 인용하면서 김포시민들의 84% 정도가 찬성했다고 말했다. 그런데 알고 보니 자기 당원 모임에 참석한 자들을 상대로 조사한 내용이었다. 그러니까 자기 식구들끼리 모였을 때 한 여론조사를 가지고 그리한 것이다. 이런 식이다. 정부와 정치인과 언론에서 말하는 것은 모두 팩트체크를 해야 한다. 정확하지 않은 내용이 종종 있기 때문이다. 모든 사람들이 원죄로 인하여 전적으로 부패하고 타락해서 거짓말을 숨을 쉬듯 하고 있지만 그중에서도 정치인들의 거짓말은 단연 탑이다. 선거를 앞두고, 어떤 정책을 밀어붙이기 위해서, 선거를 이기기 위해서 그 어떤 것이라도 조작하고 허위 사실을 유포한다.

일반 국민들과 독자들은 확인할 길이 없고 접근할 수도 없기에 그대로 믿어 버리는 경향이 있다. 이런 것을 노리고 정확하지 않고 공정하지 않은 내용들을 마구 주장하고 발언해 버린다. 이래서 정치판과 언론은 썩었다고 하는 것이다. 멀쩡한 사람들도 정치판에만 들어가면, 어느 부정한 조직에 들어가면 동일한 사람들로 동화되어 버린다. 어느 당이나, 어느 정치 집단이나, 어느 정부에나 반드시 기독교인들이 있다. 장로도 있고 집사도 있다. 성경은 이런 자들을 세상의 빛과 소금이라고 말한다. 그렇다면 정치판과 직장에서 빛과 소금의 역할을 해야 하는데 그렇지 않고 집단사고에 빠져 불신자 정치인들과 한통속으로 움직인다. 한심한 기독교 정치인들이다.

그런 기독교인은 짠맛을 잃은 소금과 같은 자들이다. 기독교인들은 하나님과 진리를 위해서 부르심을 받고 사는 자들이다. 하나님의 영광을 위해서 사는 자들이다. 자기 정당과 정치를 위해서 사는 자들이 아니다. 이런 기본적인 사실을 모르고 신앙생활을 한다면 불신자와 다를 바가 없다. 기독교인들은 누구를 막론하고 오직 하나님의 영광과 뜻 실현을 위해서 사는 자들이다. 그렇다면 국회든 언제 어디서나 항상 하나님의 뜻을 따라야 한다. 그런데 현실은 그렇지 않다. 여의도와 국회에는 여야를 막론하고 사이비 정치인 기독교인들이 너무 많다.

진리와 하나님 편에서 정치를 하는 기독교인 정치인들이 별로 없어 보인다. 자기 영광과 자기 정당과 기득권 유지를 위해서 정치를 한다. 어리석은 자들이다. 다 썩어 없어질 것들을 위해서 그리 살기 때문이다. 무엇이 참된 가치가 있고 영원한지 망각하고 사는 자들이다. 기독교인 정치인들은 정부에서나 국회에서나 정당에서 어떠한 불이익을 당하더라도 정직하게 행동해야 한다. 정당을 초월해서 성경사상을 따라야 한다. 빛과 소금으로 책임을 다해야 한다. 진리가 아닌 경우 단호하게 거부하고 막아야 한다. 정치를 그만두는 한이 있더라도 말이다. 그래야 하나님께 인정을 받는다.

제15장

반국가세력 발언

어떤 지도자와 정당은 자신들의 정책을 반대하고 비판하고, 일본을 비판하니 반국가세력과 단체와 사람들이라고 단정해 버렸다. 너무나도 황당하고 도저히 이해할 수 없는 주장이 아닐 수 없다. 반국가세력이 어떤 의미인지나 알고 사용해야 한다. 반국가세력(反國家勢力)이란 대한민국 헌법과 법률에 반하는 언행을 하는 자들을 가리킨다. 어떤 사람이나 정부나 정책이나 국가도 완전하지 않기 때문에 항상 비판과 문제제기를 받을 각오를 하는 것이 정상이다. 그런데 비판을 하고 쓴소리를 하고 반대의견을 낸다고 반국가세력이라니 도저히 납득할 수 없다. 우리나라는 민주주의 나라이다. 법치주의 국가이다.

민주주의는 모든 주권이 국민으로부터 나온다고 되어 있다. 대한민국 헌법 제1조 2항이다. **"대한민국의 주권은 국민에게 있고, 모든 권력은 국**

민으로부터 나온다" 대한민국의 주권은 대통령과 정치인에게 있는 것이 아니다. 모든 국민들이 모두 나서서 정치를 할 수 없고 나라를 이끌어 갈 수 없으니 대표자인 대통령을 선출하고 대리 주권 행사를 하도록 한 것이다. 잠시 5년 동안 비정규직 노동자로 세운 것뿐이다. 헌법 제19조는 **"모든 국민은 양심의 자유를 가진다"**라고 하였다. 제21조 1항은 **"모든 국민은 언론·출판의 자유와 집회·결사의 자유를 가진다"**고 되어 있다.

따라서 대통령이든 이웃 국가든 누구에게든 자기 양심과 표현의 자유와 권리에 따라 얼마든지 자유롭게 주장할 수 있다. 위법한 표현을 하면 법적 책임을 진다. 이 표현의 자유가 헌법과 법률에 위반하면 법적으로 처리하면 되고, 그렇지 않으면 존중하고 이해해 주어야 한다. 그것이 헌법이 보장한 민주시민의 기본권리이다. 그런데 대통령과 정부를 비판하고, 핵폐기물을 바다에 버리는 것에 대하여 일본 정부를 비판하고 성토하니 반국가세력이라고 매도해 버린다.

이는 반헌법적인 주장이자 발언이다. 헌법과 민주주의와 법치주의가 무엇인지 정확히 이해하지 못하는 자들이 이렇게 나온다. 국민의 기본권리조차 모르는 자의 주장이다. 민주시민 의식이 전혀 없는 것이다. 그 결과 정부와 대통령과 어떤 정책과 일본에 대하여 비판을 하고 책망을 하면 반국가세력이라고 매도해 버리면서 침묵을 강요한다. 반국가세력이란 헌법에 반하는 언행을 할 때만 적용이 된다. 대한민국에서 친국가세력이든 반국가세력이든 그 판단 기준과 척도는 헌법(憲法)이다. 대통령의 말이나 정치인들의 개인적 주장이 아니다.

　무능하고 무지한 자들이 정권을 잡고 정치인이 되면 헌법과 민주주의와 법치주의를 훼손하고 무시하고 독재주의로 간다. 국민들을 자꾸 억압하고 압박한다. 기본권리와 자유도 무시한다. 바르게 권력을 행사하라고 위임한 권력을 가지고 국민들을 꼼짝하지 못하게 압박한다. 입을 틀어막는다. 2024년 1월 18일 전북특별자치도 출범식이 전주 한국소리문화의 전당에서 대통령이 참석한 가운데 진행되었다. 이 자리에서 진보당 국회의원 강성희 의원이 대통령에게 "국정 기조를 바꾸지 않으면 국민들이 불행해진다"고 건의를 하였다. 그러자 경호원들이 달려들어 강 의원의 입을 틀어막고 사지를 붙들어 꼼짝하지 못하게 한 이후 문화의 전당 밖으로 끌어냈다. 민주주의 나라에서는 있을 수 없는 일이 벌어진 것이다. 강 의원이 테러를 한 것도 아니고 말 몇 마디 했다고 이렇게 한 것이다.

　미국 오바마 대통령도 재임 중에 비슷한 경우가 있었지만 경호원들에게 내버려 두라고 하면서 끝까지 충언을 듣는 것을 영상으로 본 적이 있다. 같은 대통령인데, 같은 민주주의 국가인데 너무도 달랐다. 국가 지도자나 정치인은 국민들의 이런저런 소리를 들을 수 있어야 한다. 국민의 투표로 선출된 국민의 대표자이기 때문이다. 위협을 가하지 않는 이상 국민들의 소리에 귀를 기울여 국정을 펼쳐 나가야 한다. 그런 지도자가 진실로 겸손하고 국민들을 위하는 대통령이다. 법과 권력을 악용하여 무례하게 겁박을 하는 것은 지도자나 정치인의 자세가 아니다. 일부 정치인들은 자기들 마음대로 하려고 한다. 쓴소리를 하면 싫어하고 듣지 않으려고 한다. 자기들이 완전한 자인 줄 착각한다. 이는 교만이다. 비판을 하거나 반대를 하면 귀찮은 존재, 제거해야 할 대상, 좌파, 빨갱이, 반국가세력이라고 단정해 버린다. 세상을 너무 쉽게 생각한다.

누구든지 헌법대로, 민주주의로, 법치주의로 정치를 할 자신이 없으면 그 자리로 올라가지 말아야 한다. 무지하고 무능한데 권력에 대한 탐욕과 욕심으로 정치를 하면 본인에게도 해롭고 나라와 국민을 위험에 빠지게 만든다. 그래서 사랑도 정치도 아무나 하는 것이 아니다. 정치는 정치가 무엇인지를 바로 알고 정치에 대해 숙련이 된 정치 전문가들이 해야 한다. 마치 진단과 처방과 수술은 전문가인 의사들이 치료하는 것처럼 말이다. 아무나 의사가 되거나 의사 가운을 걸치고 병원에 근무하는 것은 자신이나 환자들에게 불행이다. 헌법에 근거해서 타당하게 주장하는 국민들의 표현을 반국가세력으로 매도하는 자들은 정치할 자격이 없다. 무지하고 무능한 자들은 손에 칼을 쥐여 주면 마구 휘두른다. 기독교인들은 국민들과 헌법을 존중하며 정치를 해야 한다.

제16장

민주정치와 독재정치

민주정치와 독재정치는 확연히 차이가 난다. 말 그대로 민주(民主)란 '민주주의'의 준말로 '주권이 국민에게 있다'는 정치이다. 국민을 존중하고 소중하게 여기는 정치를 한다. 오직 법에 따라 정치를 하는 정치이다. 이에 반해 독재(獨裁)란 '독재정치'의 준말로 권력과 칼을 쥔 사람이나 지도자가 국민과 헌법과 법을 무시하고 자기 마음대로 행하는 정치를 말한다. 모든 것을 상의 없이 독단으로 처리하는 것을 말한다. 국민들의 인권을 소중하게 생각하지 않는다. 과거 군사쿠데타로 정권을 잡은 자들이 주로 그리했다.

민주주의가 성숙하지 않은 나라에서는 지금도 독재정치가 비일비재하게 벌어지고 있다. 설사 민주주의 국가라 할지라도 입법, 사법, 행정을 독립적으로 존중하지 않는 지도자가 나타나면 사법부(검찰)와 언론과 정부의 각 기관(감사원, 국정원 등)을 장악한 정부나 지도자가 그리한다. 헌법과 법률이 있음에도 불구하고 시행령을 만들어 기존의 법과 질서를 무시하고 자기들 마음대로 정치를 해 버린다. 민주주의 정치와 다수 국민들이 성숙하지 않으면 허울뿐인 민주정치만 있을 뿐 실상은 독재정치를 하는 경우가 허다하다.

민주정치와 독재정치를 구분하는 것 중의 하나는 표현의 자유와 언론의 자유이다. 미국의 민주정치는 아주 성숙해서 언론의 자유와 표현의 자유가 매우 높게 존중을 받고 있다. 권력자들에 대하여 말과 언론과 그림 등을 통해서 얼마든지 자유롭게 개인의 의사를 표현한다. 비판한다. 그래도 정부나 사법부나 지도자가 겁박을 하거나 불이익을 주지 않는다. 그런 나라가 민주국가이다. 그러나 독재정치나 국가에서는 민주국가에서 기본적으로 자연스럽게 누리는 언론의 자유와 표현의 자유는 찾아보기 어렵다. 가장 대표적인 국가가 북한과 중국과 러시아 등이다. 공산주의 국가들이다. 하나의 종교를 국교로 추종하는 신정국가이다. 정부와 국가와 지도자를 상대로 비판, 지적, 불편한 소리와 반대 의견을 내게 되면 쥐도 새도 모르게 잡혀가 감옥에 가거나 죽을 수도 있다.

우리나라는 정치 환경이 온탕과 냉탕을 왔다 갔다 한 역사가 있다. 아니면 온탕과 냉탕이 혼재되어 있기도 하다. 현재 우리나라 정치와 상황이 그렇다. 비교적 진보 정부가 들어서면 국민들이 자유로운 표현을 하고 산다. 그러나 보수 정부가 들어서면 자유로운 표현의 자유는 제약을 받고 자기 검열을 해야 한다. 함부로 언론의 자유나 표현을 했다가는 곧바로 검찰에 의한 압수수색과 어느 단체 등으로부터 고소고발과 공격과 비난을 받아 검찰이 곧바로 수사를 한다. 일부 언론을 통해서는 집중 포화를 받는다.

과거 한국 역사를 보면 진보 정치가 들어섰을 때는 비교적 인권이 보장되고 자유롭게 표현과 언권이 보장되었다. 그러나 보수 정권이 들어섰을 때는 인권 탄압과 표현의 자유 제한과 자기 검열과 두려움이 임했다. 억울한 피해자들이 무수히 발생했다. 수많은 사람들이 영문도 모르고 죽었다. 가장 대표적인 때가 박정희, 전두환 때이다. 2023년 현재 언론의 자유와 표현의 자유는 그리 녹록하지 않다. OECD 국가에서도 꼴찌 수준이다. 아는 자들은 다 알고 있지만 어떤 자들이 언론장악을 시도하고 있다. 유튜브나 개인 방송이나 공영 방송 등에서 말 한마디 잘못하면 곧바로 위기에 처하는 시대가 되었다.

미국의 언론 환경과 자유와는 너무나도 큰 차이를 보이고 있다. 아무리 법이 만들어져 있어도 결국 그 법을 운용하는 자들은 사람이기에 사람이 어떻게 하느냐에 따라서 민주정치가 될 수 있고 독재정치가 될 수 있다. 아무리 법이 잘 만들어져 있어도 시대가 변해도 권력자들이 그것을 무용지물로 만들고 자기 마음대로 할 수 있다. 기본적으로 국민의 기본권을 존중하지 않고, 헌법과 법률을 무시하고 법으로 겁박하고 두려움을 주는 나라는 민주국가는 아니다. 민주국가를 가장한 신독재정치라고 할 수 있다.

특히 사법부, 국정원, 선관위, 감사원, 권익위, 국회, 고위공직자, 경찰, 언론과 기자들이 독립적이지 못하고 권력자와 정부를 의식하고 눈치를 보는 환경이라면 민주정치가 아니다. 대통령에게 충언을 했다고 강성희 국회의원이 경호원들로 하여금 입을 틀어막고 사지가 들려 한국소리문화의전당 밖으로 끌려 나가는 나라는 민주주의 국가가 아니다. 국회의원도 저러는데 일반 시민들은 어찌하겠는가? 자신의 신변에 위기를 느끼고 미리 퇴직을 하는 언론인들이 늘어나고 있다. 기자들이나 언론들이 자기 검열을 한다면 어떤 외부의 공포와 두려움이 있는 것이다. 그런 나라는 민주주의 국가라고 할 수 없다. 현재 민주국가나 정치에서는 일어나지 않는 일들이 벌어지고 있다.

권력자와 그 주변 인물에 대하여 심각한 이슈가 있어도 언론들이 보도하지 않는다. 두려움과 공포가 지배하고 있기 때문이다. 언행을 자유롭게 못 한다. 곧바로 압수수색과 수사를 받기 때문이다. 주변 사람들까지 탈탈 털린다. 이런 분위기가 조성되면 사람들은 두려움과 공포심을 갖게 된다. 매우 조심스럽게 살아간다. 독재 정치에서는 이런 독립된 국가 권력을 악용한다. 최고 지도자가 인사권을 가지고 불공정하게 휘두르기 때문에 권력자의 아래에 있는 자들은 목구멍이 포도청이라 권력자가 시키는 대로 한다. 감히 독립적으로 활동하지 못한다. 권력자의 입맛에 맞게 움직인다.

가장 대표적인 곳이 검찰이다. 의식이 있는 자들은 현 검찰은 공평무사한 검찰이라고 자신하지 못한다. 동일하게 혐의가 있는데 누구는 마음대로 수사하고 누구는 수사하지 않는다. 누구는 수백 번씩 압수수색을 하고 누구는 한 번도 압수수색을 하지 않고 있다. 누구는 별것도 아닌 것을 가지고 기소를 해도 누구는 엄청난 비리 혐의가 있는데도 기소하지 않고 불기소 처분한다. 검찰의 공포에 짓눌린 언론들도 권력자의 편에 서서 기사를 받아만 쓰고 있다. 바보가 아닌 이상 다 안다. 같은 당 안에서도 약점 자료가 들어 있는 캐비닛 관리감독을 하니 찍소리도 못 하고 그저 눈치만 보고 있다. 이런 나라는 민주 정치나 국가가 아니다. 독재정치이자 독재국가라고 할 수 있다. 박정희처럼 해야만 독재정치가 아니다.

사람이 사람대접을 받고, 국민이 나라의 주인으로 살고, 인간의 양심과 기본권리를 누리고, 언론의 자유와 표현의 자유를 마음껏 누리기 위해서는 민주국가, 민주정치가 뿌리를 내려야 한다. 일부 교회 목사들도 독재를 하지만 성경은 독재정치와 국가를 지지하지 않는다. 국가 지도자들이 이웃과 국민을 자기 몸처럼 사랑하는 정치와 국가를 지지한다. 기독교인들이 이런 사실을 잘 알아야 한다. 그러기 위해서는 다수 국민들이 성숙해야 한다. 어느 누구도 감히 독재정치를 하지 못하도록 4년 혹은 5년마다 하는 선거를 이용하여 준엄한 회초리를 사용해야 한다. 그리하면 감히 독재정치가 나오지 못한다.

히틀러와 같은 정치인이 등장하지 못한다. 학연, 지연, 혈연, 연고 지역에 따라 이래도 지지해 주고 저래도 지지해 주니 악한 정치인들이 우후죽

순 생기는 것이다. 이단을 추종하는 자들처럼 묻지 마 지지, 묻지 마 이념 편들기, 맹신지지, 맹종이 악한 정치인들을 키워 낸다. 독재정치에 일조한다. 모든 것은 국민들의 의식 수준에 달려 있다. 기독교인들의 수준이 높게 올라가야 한다. 기독교인들이 사회 분위기를 좋게 이끌어 가야 한다. 그러면서 기독교인들은 권력자들과 독재자들을 두려워하지 말아야 한다. 오직 하나님만 두려워해야 한다.

제17장

언론의 불공정한 정치행위

역사적으로나, 지금이나, 언제 어디서 보나 사명과 마땅한 의무와 정의와 정체성에 따라 자기 직종에서 종사하는 사람을 찾기란 쉽지 않다. 무슨 말인가? 그만큼 소신껏 사는 사람, 그 어떠한 불이익도 개의치 않고 정의롭게 사는 사람이 별로 없다는 말이다. 상당수는 어떤 힘 있는 외부의 권력과 사람을 의식하고 스스로 알아서 행동한다. 검찰과 경찰도 이에 해당하지만 언론과 기자들도 이에 속한다. 수많은 언론들은 하루에도 수많은 기사와 보도를 쏟아 낸다. 그 출처는 다양하다.

법조 출입 기자들은 법원과 검찰과 경찰을 매일 출입하며 기사 원고를 작성하여 송고한다. 특히 우리나라 정치와 사람들의 생사를 좌우하는 곳이 있는데 검찰이고 검찰 브리핑(요점 설명)이다. 검찰은 자주 검찰 청사에서 검찰 출입 기자들을 상대로 브리핑을 한다. 그것도 어떤 정치적 의미를 갖고 아주 기술적으로 한다. 주로 정치인들과 우리 사회에서 영향력을 끼치는 자들과 관련된 내용들이다. 수사 중인 사안이나 사건들에 대한 것들이다. 중요한 사건사고들에 대한 것이다. 이에 기자들은 부지런히 검찰의 설명을 받아 적고 정리하여 어느 때까지 자기 본사에 송고한다.

여기까지는 좋다. 문제는 그다음이다. 검찰이 사건과 어떤 사람에 대하여 설명을 한 것은 검찰의 일방적인 주장일 뿐이다. 그렇다면 사실성과 공정성을 위해서 검찰의 브리핑에 등장하는 사람들과 사건에 대해서 정말로 사실인지 여부를 취재를 하여 기사를 쓰거나 보도를 해야 한다. 이렇게 검증이 끝난 내용만 정리하여 본사에 송고해야 한다. 특히 검찰에 의해 부정적으로 언급된 사람을 찾아 반론권을 반드시 주어야 한다. 이는 기본이자 상식이다. 어느 한쪽의 말만 듣고 기사를 쓰는 것은 재판 원칙과 정신에도 맞지 않는다. 불공정한 일이다. 그런데 그런 기자나 언론들은 별로 없다. 그저 검찰발 기사만 일방적으로 기사화, 보도화한다. 그러면 당연히 억울한 자가 발생한다. 왜냐하면 검찰의 설명(브리핑)이 항상 옳은 것이나 사실이 아니기 때문이다. 우리가 잘 아는 것처럼 현 검찰은 매우 정치적인 성향이 있고 기울어진 경향이 있다. 그 근거는 권력자에 대한 불공정한 수사와 압수수색과 소환과 기소를 하기 때문이다. 누구는 하고 누구는 안 한다. 이러니 신뢰를 받지 못한다.

형법에서 금한 '피의사실공표죄'까지 어기고 있다. 검사가 어떤 사람에 대하여 수사하는 내용은 언론에 공표하면 불법이다. 그런데 그렇게 하는 경우가 종종 있다. 그리고 검찰이 어떤 브리핑을 했다면 기자들은 브리핑에 언급된 사람을 취재하여 반론권을 보장해 주어야 마땅하다. 그런데 그렇지 않다. 이에 어떤 사람들은 언론에 의해 인민재판을 받아 사회적 사망선고를 당한다. 아주 몹쓸 인간으로 매도당한다. 그래서 법원도 그 어떤 범죄자라 할지라도 기소가 되면 3심까지 쌍방의 변호를 듣는 긴 시간의 재판을 가진 이후 최종 판결을 한다. 그렇지 않고 어느 한쪽의 말만 듣고 판결하면 반드시 억울한 피해자가 발생하기 때문이다. 가해자와 피해자가 바뀔 수 있다.

언론과 기자가 사건에 언급된 사람에 대하여 반론권을 주지 않는 것은 언론과 기자가 이미 정치적이라는 것을 자인하는 것이다. 일방적으로 시민을 때리는 깡패 짓과 비슷하다. 검찰 편이라는 말이다. 그렇지 않다면 언론과 기자의 기본 의무와 사명을 버릴 수 없다. 기사와 보도에 따라 천하보다 귀한 한 사람의 생사가 걸린 문제인데 어찌 일방적인 기사와 보도를 할 수 있겠는가? 역지사지로 접근해야 한다. 자기 가족이 연루된 사건이라면 그렇게 하지 못할 것이다.

그러나 어느 쪽으로 기울어진 정치인 기자나 언론이라면 그렇게 하고도 남는다. 사람들이 그렇다. 자기가 살아남기 위해서는 한쪽으로 기울어져 무슨 짓도 하는 것이 사람이다. 부당한 지시라도 상관이 시키는 대로 다 한다. 기독교인들은 그러지 말아야 한다. 교회, 노회, 총회, 직장, 법정 등 어디에서든지 불공정한 언행은 절대로 금해야 한다. 어느 누구도 억울함이 없도록 최선을 다하는 삶을 살아야 한다. 그런 자가 진정한 기독교인이요 하나님과 이웃을 사랑하는 자라고 할 수 있다.

제18장

욕망 자극 정치

선거철이 다가오면 정당과 정치인들은 정신이 이상해진다. 이상한 사람들이 등장한다. 표를 얻기 위한 전략으로 유권자들의 잠재된 욕망을 자극하는 발언, 주장, 정책을 충분한 논의 없이 일방적이고 기습적으로 발표한다. 최근 가장 대표적인 사례가 김포시의 서울시로의 편입의 건이다. CBS노컷뉴스가 알앤써치에 의뢰해 지난(2023년 11월) 1~3일 3일간 전국 만 18세 이상 남녀 1,008명을 대상으로 여론조사를 실시한 결과, '김포-서울 편입'에 반대한다고 답한 비율이 55.5%(매우 반대 37.2%, 반대하는 편 18.3%)로 집계됐다. 남녀 모든 연령대에서 반대 응답률이 높았다. 편입 관련 지역인 서울·경기·인천 모두 반대 비율이 60%를 넘었다. 중도층에서도 59%가 반대한다고 응답했다. 국민의힘 내부 중진들이 김포시의 서울 편입을 '정치적인 쇼'라고 극렬하게 반대에 나서고 있다.

국민의힘 소속 5선 여당의원부터 안전행정부(현 행정안전부) 장관 출신 시장까지 김포시의 서울 편입은 사실상 총선을 겨냥한 '아니면 말고식 정치쇼'라는 양심선언을 하였다. 유정복 인천시장은 6일 '김포시, 서울시 편입'과 관련해 **"실현 가능성 없는 정치쇼를 멈춰야 한다."**라고 밝혔다. 유 시장은 이날 입장문을 내고 "정치만능주의 상징이 된 정당 현수막 특권주의에 이어, 정치 표퓰리즘의 그림자가 총선을 앞두고 다시 드리우고 있다."며 이같이 말했다.

유 시장은 우선 현실적으로 실현 가능성이 없다고 단언했다. 유 시장은 전직 행정안전부 장관 출신으로 지방행정에 대해선 전문가라고 평가되는 인물이다. 김포시를 서울시에 편입하기 위해서는 1년 이상 걸리는 행정 및 입법절차가 필요할 뿐만 아니라 지방자치법상 주민과 서울시의회와 경기도의회의 의견수렴(동의)을 얻어야 하는데 각종 여론조사에 따르면 찬성보다 반대가 많고 현 지방의회 구성상 통과하기 어렵다는 것이다. 국회에서 의원입법을 통해 법률 개정을 추진하는 것 또한 소수 여당이 단독으로 관철할 가능성은 낮다.

여당 내 중진들도 참았던 입을 열기 시작했다. 국민의힘 당내 최다선인 5선 서병수 의원은 지난 5일 **"서울을 더 '메가'하게 만드는 것은 대한민국 경쟁력을 갉아먹는 것"**이라고 강하게 비판했다. 당내에서 '메가 서울'에 대한 공개 비판이 나오는 것은 서 의원이 처음이다. 서 의원은 자신의 페이스북에 "서울은 이미 '슈퍼 울트라 메가시티'다. 1,000만 서울 인구가

940만 명 수준으로 쪼그라든 게 문제인가"라며 이같이 밝혔다. 그는 "서울이 싫어 떠난 이들이 얼마나 될까? 비싼 집값을 감당할 수 없는 탓에 밀리고 밀려 외곽으로 빠져나간 이들이 대부분"이라며 "그러니 수도권 시민이 '지옥철'로 출퇴근하지 않도록 해야 한다. 맞다. 그게 정치가 할 일"이라고 했다. 서 의원은 "하지만 김포를 서울에 붙이면 지옥철 출퇴근길 고단함이 해소될 수 있나? 김포시를 서울특별시 김포구로 편입하면 서울의 경쟁력이 높아지게 되나?"라고 반문했다(파이낸셜뉴스, 2023. 11. 6.).

정치인들과 정당이 순전히 자기들 이익을 위해서 그리하는 것이다. 이런 것이 일정 부분 먹힌다. 왜냐하면 극히 일부를 제외하고 상당수 사람들도 기본적으로 정치인들 못지않게 욕망 덩어리이기 때문이다. 특히 부동산과 관련해서는 병적으로 반응한다. 자기가 소유한 집이나 땅이나 건물의 값이 상승한다고 하면 이것저것을 따지지 않고 지지하고 환호한다. 그것이 선거용인 것을 알면서도 자기 이익이 우선인 것이다. 정치인들과 각 당 정치 기술자들은 사람들의 이런 욕망과 이기심을 자극하는 일을 대담하게 터치한다. 사람들이 무엇에 반응하는지 잘 안다. 그리하면 알면서도 당한다. 사람들이 얼마나 어리석은지 모른다. 수없이 당하고 또 당해도 이내 곧 망각하고 선거철이 다가오면 던져 준 낚싯밥을 물어 버린다.

그래서 불순한 정치인들은 선거철만 돌아오면 이런 사람들의 욕망을 자극하는 공약과 이슈를 던져 버린다. 그렇게 해서 통하면 좋고 아니면 없던 것으로 만들어 버린다. 언론을 쥐락펴락하는 자들은 무엇이든지 언론이 좌지우지한다는 것을 잘 알기에 국민들을 무서워하거나 공약의 진실성 여부를 고민하지 않고 오직 언론만 신경 쓴다. 그래서 도덕성이 약한 정권이 들어서면 언론부터 장악하려고 별의별 짓을 다 한다. 죽고 사는 것이 혀의 권세에 달린 것처럼, 정치에 죽고 사는 것은 실력이 있고 없고를 떠나서 언론에 달려 있기 때문이다.

유권자들이 바로 알아야 할 것은 욕망을 자극하는 공약과 정책을 던진다고 해서 반드시 그렇게 시행되는 것은 아니라는 것이다. 결국 모든 정책은 국회에서 입법해야 가능하고, 여야가 협의와 합의를 해야 하기 때문이다. 예산도 준비되어야 한다. 그러니까 순진한 유권자들, 이기적인 유권자들, 욕망 덩어리인 유권자들은 선거철 때마다 이용만 당하고 쓴맛을 본다. 희망고문만 당하다가 말곤 한다. 그러므로 자기의 이익만 생각지 말고 대승적이고 공동체적으로 접근해야 한다. 그만 탐심을 갖지 말아야 한다. 얼마나 더 소유해야 만족하겠는가? 공수래공수거 인생인데 말이다. 장례식장을 방문하고 장례를 치르면서도 왜 깨닫지 못하는가? 망자의 화장과 무덤을 보면서도 느끼는 것이 없는가? 시각을 달리 가져야 한다.

이젠 정치인들에게 그만 이용당해야 한다. 그만큼 당했으면 정신을 차릴 때도 되지 않았나? 어떤 공약과 정책과 이슈든 충분히 성숙된 것만 신뢰해야 한다. 갑작스럽게 선거철에 튀어나온 자극적인 이슈와 정책들은 반드시 함정이 있음을 상식적으로 인지해야 한다. 자기 자신과 사람들의 욕망을 자극하는 이슈이거나 발언이면 곧바로 알아차려야 한다. 불순한 정치인들은 결코 국민과 유권자들을 위해서 정치하지 않는다. 자기 이익과 기득권 유지와 선거에서의 승리만을 위한 것뿐이다. 사기꾼들의 스타일을 알아야 한다. 사기를 당하는 자들의 유형도 알아야 한다. 사기꾼들도 비상장 주식이나 어느 부동산에 투자하도록 유도한다. 투자 예비자들의 탐심 욕망을 자극한다. 투자하기만 하면 몇 배 혹은 몇십 배 투자 이익을 얻는다고 미혹한다. 그렇게 해서 당하는 자들이 수백수천 명씩 나온다. 기독교인들은 좀 신중하고 무거워야 한다.

제19장

후회하는 투표

어느 날 어떤 방송에서 한국인으로 귀화한 알파고라는 튀르키예인 방송인이 자기 손가락을 자르고 싶다고 말하는 것을 보았다. 그것은 전에 투표를 잘못했음을 시인하고 후회한다고 말했다. 튀르키예(터키) 독재자인 에르도안 대통령에게 표를 던졌기 때문이다. 선거나, 투표나, 투자나, 사업이나, 어떤 만남이나, 매매나, 결혼 등이나 시간이 지난 후에 후회하는 자들이 적지 않다. 그 당시에는 자기의 선택과 생각과 판단과 결정이 맞다고 확신해서 행동으로 옮겼는데 지나고 보니 오판했던 일들이 한둘이 아니다. 그래서 인생이란 후회의 반복과 연속이라고 한다. 사람의 불완전성 때문이다.

너도나도 불완전한데 고집도 세고 교만하여 누구의 말이나 권면도 잘 듣지 않는 경향이 누구에게나 있다. 그릇된 확신과 신념과 정보를 믿고 밀어붙인다. 그래서 실패하고 후회한다. 선거 때의 투표도 마찬가지이다. 정치인들의 달콤한 말에 그만 넘어간다. 향후 이렇게 저렇게 하겠다고 사탕발림을 하면 깜박 넘어간다. 우리나라는 4년마다 국회의원을 뽑는 총선이 있고, 5년마다 대통령을 뽑는 대선이 있다. 각기 자기 이념과 신념과 경향에 따라 이런저런 자에게 투표를 한다. 다 좋다. 투표는 각기 자기 주권이니 존중해 주어야 한다.

하지만 투표의 결과, 사업 투자의 결과와 후폭풍은 상상을 초월한다. 무엇이든지 뿌린 대로 거두고 인과응보인 것처럼 잘못한 투표는 자기에게도 큰 손해와 스트레스가 되고 양심에 부담을 느낀다. 이웃과 국가에 큰 피해를 입힌다. 주변과 다른 사람들에게도 미안하다. 비유로 말하면, 학교 다닐 때 보는 각종 시험이다. 시험을 잘 보았을 때와 잘못 보았을 때 그 마음과 기분은 천지차이가 난다. 어떤 경우는 인생이 바뀌기도 한다. 선거 때 투표도 매우 중요하다. 자신을 대신하여 정책을 잘 펼쳐 줄 자를 선발하는 것이 선거 때의 투표이다. 만일 총선과 대선에서 무능하고 부도덕한 자에게 투표를 해 버리면 그 후유증은 심각하다. 나라가 엉망으로 돌아가고 그리되면 자신과 온 가족과 지인들에게도 온갖 피해가 돌아간다. 국민과 국가와 자기 가족에게 엄청난 피해가 돌아간다.

그래서 선거와 투표는 단순한 것이 아니다. 가볍게 해서는 안 된다. 무시할 것이 아니다. 신중해야 하고 적극 참여해야 하는 것이다. 내 편과 네 편을 떠나 전문성과 도덕성과 사명감이 뛰어난 자에게 투표를 해야 한다. 그래야 후회하지 않게 된다. 기독교인들은 그 누구보다도 냉정하고 공의롭게 투표를 행하여야 한다. 단순히 이념과 좌우 개념으로 투표를 하게 되면 후회하게 된다. 어느 이념, 어느 정파에 속한 자든지 헌법과 법률에 충실하게 국가를 운영할 수 있는 전문성과 도덕성을 갖춘 자에게 투표를 해야 한다. 내 편이 아닌 자가 더욱 훌륭하면 그에게 표를 던질 수 있어야 한다. 그런 자가 대한민국을 진정으로 사랑하는 국민이고 참 기독교인이다.

제20장

정치와 경제 관계 ②

정치와 경제가 얼마나 밀접하게 연결되어 있고 상호 영향을 받는지에 대한 대표적인 사례가 있다. 그것은 1997년에 발생한 IMF(국제통화기금) 외환위기로 신탁통치를 수년 동안 당한 사태이다. 국가 부도의 날이다. 하나의 경제식민지를 당한 사건이다. 당시 정부는 보수정권으로 김영삼 대통령 재직 때이며, 정부는 IMF에 구제금융을 신청했다. 충분히 국가 부도 사태를 예방할 수 있었는데 정부와 정치인과 관료들의 무능으로 국가와 국민들이 엄청난 고통을 당했다. 이 외환위기로 수많은 사람들이 실직하고, 자살하고, 가정이 해체되고, 많은 공장과 가게들이 문을 닫고, 이혼하는 가정이 급증했다. 교회도 다양하게 어려움을 겪었다. 성도들도 직장에서 피해를 입었다. 우리나라에 어마어마한 충격을 준 사건이다. 이런 일을 겪고도 정치에 무관심한 자들이 있다. 정치와 자기 삶과 경제는 무관한 것처럼 여긴다. 만일 정치에 방관하면 정치인들의 안이한 행정으로

IMF와 같은 사태는 앞으로도 또 올 수 있다.

무능한 정부, 무능한 지도자, 무능한 정당이 권력을 잡고 정치를 하면 IMF 외환위기 때와 같은 국가위기는 다시 찾아올 것이다. 국민들이 성숙해야 한다. 그래야 무능한 정부가 들어서지 못하고 국가부도 위기가 찾아오지 못할 것이다. 그런데 약 35%대 일부 국민들은 아직도 정신을 차리지 못하고 정치를 우습게 여긴다. 이념과 사상, 좌파와 우파, 진보와 보수 정당 등에 매몰되어 선거에 임하고 무능하고 비전문 정치인들을 뽑는다. 묻지 마 지지를 한다. 맹신한다.

정치와 경제는 이념이나 사상이 좌우하는 것이 아니다. 유능한 정치인, 전문성과 도덕성이 뛰어난 지도자가 좌우하는 것이다. 극단적인 비유로, 국가대표팀을 뽑고 맡기는데 실력과 상관없이 진보와 보수를 따져서, 이념을 따져서 대표팀을 선발하면 경기를 잘할 수 있는가? 국가대표팀은 망한다. 모든 시합에 경쟁력이 있는가? 전혀 그렇지 않다. 이념은 이념이고 축구 실력은 별개이다. 무슨 말인가? 정치와 경제 리더십은 좌우 이념으로 잘하거나 못하는 것이 아니다. 시종일관 전문성으로 하는 것이다. 다른 것도 동일한 원리이다.

정치는 정치 전문가가, 경제는 경제 전문가가, 행정은 행정 전문가가, 수사는 수사 전문가가 맡아서 해야 잘할 수 있다. 축구는 축구 전문가가 해야 하고, 야구는 야구 전문가가 해야 잘하는 원리와 동일하다. 이는 기본이고 상식이다. 그런데 한국 문화와 정치 분위기는 이런 것을 무시하고 선거철만 돌아오면 이념과 사상 논쟁으로 변질된다. 인기투표로 결정하려고 한다. 인기투표로 무엇을 결정할 때에는 결과가 어떻게 나오든지 모두에게 피해가 돌아가지 않는 것에만 그리해야 한다. 정치와 경제는 전혀 그렇지 않다. 사람이 하는 일이다. 무능한 정치인과 사람에게 맡기면 큰일 난다.

그런데도 자기 지역구 사람만을 뽑는 데 혈안이다. 이념이 다르면 무조건 거부한다. 정치인들이 그리 만든다. 선거에 유리하게 만들기 위해서다. 우파는 되고 좌파는 안 되고, 진보는 되고 보수는 안 된다는 흑백논리로 가 버린다. 기본적으로 헌법과 법률에 반하지 않으면 어느 이념을 추구하는 정치인이라도 전문성, 실력, 도덕성 위주로 정치인을 지지하고 투표하고 선발해야 자신과 국가에 이익이다. 그렇지 않으면 또다시 IMF 외환위기 사태와 같은 것이 발생하여 전 국민들이 엄청난 고통을 당한다. 자기가 이념에 따라 뽑아 준 정치인과 지도자로 인하여 자기도 큰 고통과 손해를 당한다. 그래서 국민들이 성숙해야 한다고 하는 것이다.

어느 지역 사람들은 전문성과 도덕성을 보지 않고 연고만 따져 무조건 지지하고 찍어 준다. 그들에게는 그 어떤 주장과 설명과 논리도 통하지 않는다. 오직 자기가 추구하는, 확신하는 이념 편에 있는 자를 지지한다. 유능하든 무능하든 상관치 않고 무조건 맹신하고 맹종한다. 이는 바보 같은 짓이다. 대화를 해 보면 기독교인들 중에도 그런 자들이 있다. 목사들 중에도 있다. 베뢰아 성도들처럼 제발 상고, 생각 좀 하고 살기를 바란다. 진보나 보수, 우파나 좌파는 진리가 아니다. 정답도 아니다. 그 자체가 실력도 아니다. 왜 한쪽 이념을 추구하는 자들을 죄악시하고, 악마화하고, 모조리 척결해야 할 대상으로 여기는가? 그 객관적인 기준과 근거가 무엇인가? 없다.

보수든 진보든, 우파든 좌파든 그 자체가 유능하다고 어느 곳에서도 말하지 않는다. 그런 것이 없다. 모두가 헌법과 법률과 성경대로 하면 된다. 자기들 이념과 기준대로 옳다 그르다고 단정하지 말아야 한다. 왜 그렇게 확증편향과 선입견에 빠져 매도하는가? 남북이 대치하는 역사 가운데서 오랜 세월 동안 정치인들과 언론에 의해 가스라이팅(심리적 세뇌)을 당한 결과이기도 하다. 특히 정치인들이 악용했다.

이젠 더 이상 정치인들과 정당에 이용당하지 말고 자주적이고 객관적으로 판단하고 살아가야 한다. 이념에 매몰되지 말고 한통으로 보면서 가장 훌륭하고 유능한 정치인을 지지하고 세워야 한다. 세계가 어떻게 돌아가고 있는지를 보아야 한다. 수출로 먹고사는 나라가 아닌가? 우리끼리 주야로 빨갱이 타령과 이념 싸움을 하면 국제 사회에서 낙오자가 된다. 좌파니 우파니 그만 따지자. 어느 때까지 언론들과 정치인들의 이념 바람에 갈대처럼 흔들리고 살려는가? 우리 자신과 가족의 안전한 의식주와 경제를 위해서라도 정치인과 정당과 집권은 진보와 보수를 초월하여 전문성과 도덕성과 사명이 뛰어난 자들을 지지하고 투표해야 한다.

그렇지 않고 이념과 지연과 연고를 따져 지지하고 세우면 함께 피해를 당하고 고통을 당할 것이다. 경제를 제대로 컨트롤하지 못하여 고물가, 고환율, 고금리, 고실업 등으로 어려움을 당할 것이다. 속된 말로 이념이 밥 먹여 주지 않는다. 이념이 한국 경제를 살리지 못한다. 헌법과 법률에 위반하지 않는 정당과 정치인이라면 이념과 좌우를 넘어 탁월한 정치인을 지지해야 한다. 그래야 안정적으로 경제도 잘 이끌어 나갈 것이다. 국가를 안녕하게 운영할 것이다. 특히 기독교인들이 이념에 민감한데 유념해야 한다. 정치인들은 기독교인들이 뭘 싫어하는지를 잘 알기에 선거철이 돌아오면 그런 부분들을 자극한다. 기독교인들이 잘 생각하고 살아야 한다.

제21장

태극기와 성조기 정치

일부 세속적인 정치 신학과 신앙에 빠진 교회와 목사와 성도들 중에는 교회 안팎에서 태극기와 미국 성조기를 흔들며 정치 집회와 자극적인 정치적인 발언을 하는 기독교인들이 있다. 방송과 TV 화면에도 종종 나온다. 태극기와 성조기는 진리도 아니고, 신앙도 아니고, 정의도 아니다. 이는 성경에도 없고 기독교 역사에도 없는 혼합주의(세속주의) 신앙의 모습이다. 길거리에서 예배를 드리면서 희한한 짓들을 다 한다. 자칭 예배 집회라는데 왜 태극기와 미국 성조기를 들고 하는가? 잘 살펴보면 예배다운 예배도 아니고 전적인 집회도 아니다. 완전히 혼합주의와 짬뽕 정치 집회를 한다. 순수한 신앙인들의 모습이 아니다. 그것을 일부 목사들이 선동하고 영혼이 없는 성도들이 추종한다. 둘 다 성경에 무지하니 자기들 행동에 대하여 부끄러움이 없다. 성경에 보면 열매로 그 나무를 알 수 있다고 했다.

좋은 나무에서 좋은 열매를 맺고 나쁜 나무에서 좋은 열매를 맺을 수 없다고 했다. 또한 갈라디아서 5장을 보면 성령의 열매가 나온다. 사과나무에서 사과 열매가 달려야 하는 것처럼, 성령의 지배와 통치를 받고 사는 기독교인들에게는 하나같이 성령의 열매, 착한 열매, 거룩한 열매, 사랑의 열매가 맺혀야 한다. 그런데 일부 목사들과 교회들과 성도들 중에는 세속적인 정치 열매만 보인다. 세속적인 정치 목사와 성도들이 새롭게 등장한 것처럼 보인다. 그렇게 하는 것이 하나님을 위하고 애국이라고 착각하는 것 같다. 태극기를 흔들며 거리를 행진하고 거리에서 예배를 드리면 애국자인? 시민들이 잘했다고 응원하는가? 하나님이 기뻐하시는가? 사람들이 손가락질한다. 예배 때에 왜 태극기를 들고 흔드는가?

태극기와 신앙과 예배가 무슨 상관이 있는가? 게다가 왜 미국 국기인 성조기를 들고 행진하고, 흔들고, 예배 때에 들고 있는가? 성경과 헌법과 법률 어디에 기독교인들에게 그렇게 하라고 나왔는가? 누구를 위해서 그리하는가? 이런 집회나 예배에서(예배도 아니지만) 나오는 메시지를 보면 매우 정치적이고 세속적이다. 바른 성경해석과 설교도 아니다. 단상에 오른 목사나 성도들이 자기들이 하고 싶은 말만 한다. 설교 같지 않은 설교를 듣는 청중들은 '아멘'을 한다. 아멘이 무슨 의미인지도 모르는 것 같다. 무조건 아멘이다.

이들은 자칭 보수 기독교인이라고 말한다. 이들을 보면 보수가 무엇인지, 기독교인이 무엇인지, 예배가 무엇인지, 아멘은 어느 때에 하는 것인지, 설교가 무엇인지 그 의미하는 바조차 모르고 신앙생활을 하는 맹신자들에 불과하다고 나는 생각한다. 예수님과 제자들과 사도들과 초대교회 성도들은 로마의 지배 아래에서도 이런 식의 정치 집회나 메시지나 모임을 갖지 않았다. 이는 기독교 방식, 성경 방식, 예수님 방식의 저항운동, 교회 운동이 아니다. 그러니까 성경에 없는 이런 모습들은 기독교와 신앙과 예배와 하나님을 사칭한 사이비 집회나 행위라고 할 수 있다. 진정한 기독교와 기독교인의 모습이 아니라는 말이다.

성경 요한복음 14장은 누가 진정으로 하나님을 사랑하는 자라고 하는가? 진실로 하나님의 계명대로 지키며 사는 자라고 한다. 누가 진정한 애국자인가? 헌법과 법률을 준수하는 국민이다. 반대로 태극기와 성조기를 들고 행진하거나 외치는 자가 애국자가 아니다. 법적 근거도 없이 빨갱이와 좌파 타령을 하는 자들이 애국자가 아니다. 자기들 마음대로 찬송과 예배와 기도와 설교를 하는 자가 기독교인이 아니라 하나님의 계명들대로 지키려고 애쓰거나 지키는 자가 진정한 기독교인이다. 나머지는 기독교인을 사칭한 사이비일 가능성이 크다. 그러므로 참 기독교인이라면, 참 교회라면, 참 목사라면 이제 더 이상 교회 안팎에서 태극기와 성조기를 흔들고 정치 집회나 외침은 금해야 한다. 세속적인 정치 신앙 집회에 나가지 말아야 한다. 정치적인 메시지도 금해야 한다.

그렇게 정치적인 메시지를 전하고 싶으면 개인적으로 해야 한다. 선거 때에 투표로 해야 한다. 정상적이고 정당한 방법으로 비판을 하고 문제 제기를 해야 한다. 이런 경우도 객관적인 근거와 물증을 제시하며 해야 한다. 헌법과 법률에 명백하게 위반한 사실에 근거해서만 해야 한다. 예배라고 정했으면 오직 하나님께만 집중하고 하나님의 말씀만을 전해야 한다. 정치 이야기는 일체 발설하지 말아야 한다. 예배와 기독교 집회를 사칭해서 정치적인 발언을 하지 말아야 한다. 기독교인들은 종교, 신앙, 정치, 이념, 주장 등에서 자기들과 다르다고 혐오하거나 비난하는 짓은 하지 말아야 한다.

제22장

정치와 평화로운 삶

정치와 경제가 밀접하게 연결되어 있듯이, 정치와 평화로운 삶도 불가분의 관계이다. 정치를 잘못하면 경제가 어렵게 되어 국민들의 살림살이가 팍팍하게 되는 것처럼, 정치를 잘못하면 국내외적으로 분쟁과 대결과 다툼이 발생하여 매 순간 안심하고 살 수 없다. 한반도는 더 민감한 지역이다. 남북한이 대치 중이고 현재 휴전 상태이기 때문이다. 언제 전쟁이 발발해도 이상하지 않은 상태이다. 이에 불안감이 상존해 있다. 그러니 정치에 관심을 가져야 한다는 말이다. 일부 불순한 정치인들은 자꾸 정치 혐오를 일으켜 국민들로 하여금 정치에 관심이 없게 만든다. 선거 때 표를 의식해서 일부러 안보 불안을 조성한다. 정교분리를 언급하며 기독교인들의 정치 참여를 차단하려고 한다. 이는 고도의 정치 기술이다. 평화나 정치 지도자가 얼마나 중요한지는 현재 가자지구나 러시아와 우크라이나에서의 전쟁, 무력충돌을 보면 잘 알 수 있다.

팔레스타인이나 이스라엘 국민들은 매일같이 평안하게 살지 못하고 불안하게 살아가고 있다. 언제 어디서 포탄이 떨어질지 모른다. 매일 가옥이 파손되고 사람이 죽어 가고 있다. 팔레스타인과 이스라엘과의 죽이고 죽는 싸움이 지속되고 있다. 평화가 사라졌다. 수많은 사람들이 죽었고 부상을 당했다. 가자지구에 있는 가옥의 50% 정도 이상이 파괴되었다. 먹을 것이 풍성하고, 좋은 집에서 살면 뭐 하나. 하루를 살더라도 평화롭게 사는 것이 복이다. 어느 나라나 강경파나 대결 중심의 정치인이 등장하면 긴장이 고조된다. 강경파 정당이 있어도 마찬가지이다. 그러나 온건파나 평화지향적인 정치인이 등장하면 비교적 평안한 나날이 된다.

특히 우리나라는 현재 남북 간에 엄청난 군사력으로 대치하고 있는 중이다. 잠시 휴전 중이다. 언제 전쟁이 터질지 모른다. 휴화산과 같은 상황이다. 만일 한반도에서 전쟁이 발발하면 6.25 때와는 차원이 다른 전쟁이 될 것이다. 남북 모두 수백만 명 이상의 사상자가 발생할 것이다. 엄청난 가옥이 파괴될 것이다. 특히 서울과 수도권에 거하는 사람들은 안전을 담보하지 못한다. 그 근거는 양쪽 모두 전쟁 화력이 어마어마하기 때문이다. 서울지역은 쑥대밭이 될 것이다. 게다가 북한은 핵무기까지 보유하고 있다. 핵무기가 몇 기가 있는지도 모른다. 핵무기는 한 번 터지면 내일이 없다. 모두가 죽는다. 승자는 없고 쌍방이 다 재활이 불가능한 패자가 된다. 삼국지를 읽으면 최고의 승리는 전쟁을 하지 않고 이기는 것이라고 했다. 다툼과 전쟁에는 사실 승자가 없다. 승리를 하더라도 상처뿐인 승리이기 때문이다. 모든 것을 잃거나 거의 망가진 상태에서 승리하면 뭐

하겠는가? 재건이 불가능하다.

그래서 부부나 나라나 다투지 않고, 전쟁하지 않고 갈등을 평화적으로 해결하는 것이 가장 성숙한 해법이다. 모든 갈등은 대화로 해결하라고 주문한다. 폭언과 폭력은 자살행위이다. 그것이 외교이고 대화이다. 전쟁은 최악의 선택이다. 가장 어리석은 것이 전쟁이다. 이런 부분도 정치인들은 선거에 이용하려고 한다. 전에 그런 일들이 있었다. 과거 보수 정당에서 북에 돈을 주고 일부러 북풍을 일으켜 안보가 중요하다는 분위기를 만들어 어느 쪽 진영에 유리하도록 했었다. 그것을 소위 '안보장사'라고 한다. 그래서 진정으로 애국자를 정치인으로 세워야 한다. 가짜 보수, 가짜 진보, 가짜 애국자를 정치 지도자로 뽑으면 안보 불안을 조성하여 우리의 삶이 평화롭지 않게 된다.

이젠 사람이든 국가 간이든 분쟁, 다툼, 전쟁은 피해야 한다. 다툼과 전쟁은 지구상에서 가장 어리석은 짓이기 때문이다. 부부든 국가든 대화와 타협과 외교밖에 없다. 그래야 자신과 사랑하는 가족들이 평안하게 살 수 있다. 그렇게 되기 위해서는 정치인을 잘 뽑아야 한다. 평화지향적인 지도자와 정당을 지지해야 한다. 무능하고 무지한 사람, 정치 전문성이 별로 없는 자, 안보장사를 하려는 정치인, 전쟁과 남북 대결을 부추기는 정치인은 어느 편을 막론하고 지지하지 않아야 한다. 외교나 국내 정치를 정의롭게 하되 유능하게 평화와 안정을 이끌어 낼 수 있는 사람을 대통령과 국회의원으로 뽑아야 한다. 만일 자기편이라고, 자기 이념과 맞다고 깡패와 같은 자를 대통령으로 뽑아 버리면 나날이 싸움판이 될 것이다. 평안하지 못할 것이다. 나라는 위기에 처하게 된다. 언제 전쟁이 발발할지 모른다. 하루하루를 불안해서 살지 못한다. 엄청난 스트레스를 받게 된다. 전쟁이나 엄청난 분쟁이 발발하면 진보와 좌파만 당하지 않는다. 보수와 우파도 동일하게 피해를 당한다.

불행과 죽음은 여야나, 진보나 보수, 좌파나 우파를 가려서 선택적으로 다가오는 것이 아니다. 이래서 정치와 평안한 삶은 직결된다고 하는 것이다. 현재 러시아 푸틴, 이스라엘과 팔레스타인, 과거 히틀러, 일본 제국주의 등을 상고해 보면 답이 나올 것이다. 어느 나라나 정치인을 잘 뽑아야한다. 바른 정치인이 얼마나 중요한지 모른다. 내 편과 네 편을 나누어서 무능한 정치인을 뽑아서는 안 된다. 어느 편 정치인이든 유능하고 전문성이 탁월한 자를 세워야 한다.

우리나라 역대 정권을 생각해 보라. 어느 정권이 들어섰을 때 가장 안정되고 평화로웠는지를 말이다. 전쟁과 분열과 대결과 다툼을 부추기는 것은 성경사상이 아니다. 불신자들이나 이방인들이 추구하는 방식이다. 마귀가 선호하고 좋아하는 방식이다. 기독교인들은 이런 사실을 잘 명심해야 한다. 자칭 기독교인 정치인과 지도자라고 하는 자들 중에서 얼마나 악한 짓을 많이 했는지를 똑바로 알아야 한다.

제23장

범죄자 취급 정치

언제부터인가 사람들은 아직 기소도, 재판도 하지 않은 사람, 재판의 결과도 나오지 않은 사람, 아무런 법원의 판결도 받지 않은 사람이나 정치인에 대하여 범죄자처럼 말한다. 목사들과 성도들 입에서도 그런 초법적인 말들이 가볍게 나온다. 너무나도 황당한 것은 이런 자들 속에 건전하다고 하는 목사들도 있다는 것이다. 어디서 어떻게 무슨 말을 들었는지 모르지만 법적, 객관적인 증거나 근거나 결과를 제시하지 않으면서 무조건 나쁜 놈이라고 말한다. 범죄자라고 단정해 버린다. 반대로 주장하는 자에게 그 근거에 대하여 묻지도 않는다. 자기도 충분히 설명하지 못한다. 무조건 나쁘게 말한다. 언론과 검찰과 불순한 정치인들이 그리 만든 측면이 강하다. 일반인들이 어찌 알겠는가? 검찰 브리핑과 언론 보도를 통해서 판단하는 경우가 대부분이다.

그런데 한국 언론이 바른가? 검찰이 공정하고 순수한가? 정치인들이 성숙한가? 전혀 그렇지 않다. 그래서 다수 국민들과 독자들은 교묘한 언론과 검찰과 정치인에 이용당하는 것이다. 사람을 어찌 이런 식으로 정죄하고 판단한단 말인가? 언론에서 여러 의혹과 수사와 기소된 정치인을 비롯한 사람들에게 '범죄자'라는 낙인을 찍는 일들이 버젓이 벌어지고 있다. 의도성이 충분하다. 검찰과 언론사와 기자들이 불순한 것이다. 정치적인 어느 편에 서서 그런 것이다.

검찰에서 어떤 사람에 대하여 압수수색과 수사 과정을 발표(브리핑)하면, 언론에서 누군가에 대하여 기사와 보도를 하면, 정당 대변인이 어떤 상대 정치인에 대하여 어떤 발언을 하면, 대통령실과 대통령이 범죄자처럼 말하면 일부 사람들은 범죄자로 판단해 버린다. 이런 것을 소위 '인민재판', '언론재판', '초법적인 재판'이라고 한다. 이러한 행태는 아주 불순한 것으로 민주주의와 법치주의에 반하는 여론몰이 재판이다. 이렇게 발언, 주장, 보도를 하는 자들과 이런 것을 믿는 자들의 허점은 분명하다. 법치와 사법부 판결을 무시한 것이다. 확정판결이 나오지 않은 것이다. 객관적인 물증과 근거가 없다. 민주주의와 법치주의와 성경주의가 없다.

그러니 검찰 브리핑, 기울어진 여러 언론을 통해서 사전에 두들겨 패서 저항할 수 없도록 만드는 것이다. 멀쩡한 사람들을 이런 방식으로 때려잡는다. 이는 전형적인 불순한 수법이다. 공정성과 객관성을 버린 것이다. 주관적인 판단에 불과하다. 오래전부터 이런 불순한 방식이 반복해서 남용되고 있는데도 신중하게 판단하지 못하고 사람들은 그냥 믿어 버린다. 그 정도로 그 사람의 수준과 역량이 신중하지 못하거나 가볍다는 말이다. 유무죄(有無罪)를 판결하는 곳은 어디인가? 언론인가? 각 정당인가? 대통령인가? 대통령실인가? 검찰인가? 아니면 어떤 사람인가? 전혀 아니다. 법원과 대법원과 헌법재판소이다. 목사도 아니고, 신부도 아니고, 학교 선생님도 아니고, 국회의원이나 국회의장도 아니다. 누가 범죄자인가를 최종적으로 판결하는 곳과 사람은 법원이고 판사이다.

이것이 성경에서 부여한 일반은총이다. 오직 재판의 결과를 통해서 범죄자 여부가 갈린다. 모든 시합은 끝난 이후에 결과를 발표한다. 시험도 마찬가지이다. 중간에 지금 몇 점 중이라고 말하지 않는다. 누가 현재 몇 번까지 시험을 보고 있는 중이라고 브리핑하지 않는다. 각종 의혹과 혐의와 수사와 재판을 받고 있는 자들에 대해서도 그리해야 한다. 이런 일들을 예방하고자 '피의사실공표죄'가 있다. 중간에 수사 내용을 흘리거나 공개하지 말아야 한다. 이를 어기면 불법이다. 확정판결이 끝난 이후에 욕을 하든지 비판을 하든지 해야 맞다. 그 전에는 그 어떤 정치인이나 사람도 범죄자가 아니다. 유죄가 아니다. 왜 그런가? 우리나라는 민주주의이면서 법치주의 국가이기 때문이다. 헌법과 형사소송법에 그렇게 규정되어 있다.

그런데 어떤 정치인에 대하여, 어떤 사람에 대하여 의혹만 보도되면, 압수수색만 하면, 기소만 하면, 각종 의혹과 죄가 많다고 언론에서 떠들어대기만 하면 그것이 법적 근거나 객관적인 근거가 분명한지에 대한 확인과 검증을 하지 않는다. 가부를 확인하는 재판 과정이 남았는데 기다리지 못하고 섣불리 나쁜 놈이라고 판단해 버린다. 무조건 분위기나 언론 보도에 따라서 '범죄자'라고, 나쁜 자라고 단정해 버린다. 기독교인들도 그리한다. 이는 민주주의와 법치주의를 부정하는 사람이다. 성경사상도 아니다. 이웃을 자기 몸처럼 사랑하는 자가 아니다. 초법적인 사람이다. 공정한 사람이 아니다. 사람을 쉽게 해하는 사람이다. 너무 가벼운 사람이다.

더 나아가 **'무죄추정의 원칙'**을 무시하는 불법의 사람이다. 이는 마치 축구경기에서 주심이 경기 규칙이나 반칙 규정에 따라 판정하는 것이 아닌 자기 주관대로 판정하는 것과 다르지 않다. 그런 사람은 주심이 아니다. 주심을 사칭한 사이비 주심이다. 무죄추정(無罪推定)의 원칙(原則)이란 **'형사절차에서 피의자(被疑者, 아직 기소되지 않은 사람)와 피고인(被告人, 죄를 지었다고 공소 제기를 당한 사람)은 유죄판결이 확정될 때까지는 무죄로 추정된다'**는 원칙을 뜻한다. 헌법 제27조 4항과 형사소송법 제275조의 2에 규정되어 있으며, **'10명의 범죄자를 놓쳐도 한 명의 억울한 피해자를 만들어서는 안 된다'**는 기조에 근거한다.

무죄추정의 원칙은 피의자와 피고인에게 유죄 인정에서 비롯되는 불이익과 사회 윤리적 비난을 최소화하기 위한 원칙이다. 누구나가 잘 아는 것처럼 재판을 통해서 가해자와 피해자가 바뀌고, 유죄와 무죄가 번복되는 일들이 허다하다. 그래서 더더욱 최종적인 확정판결이 나오기 전까지는 언론과 검찰과 대통령실과 여야 정치인과 대변인들이 뭐라고 하든지 모든 사람들은 중심을 잡고 기다려야 한다. 판단을 유보해야 한다. 현혹되지 말아야 한다.

참고로, 검찰은 수사와 기소만을 하는 곳으로 판결기관이 아니다. 그런데 검찰에서 검찰 출입 기자들을 모아 놓고 의혹과 혐의를 브리핑(설명)하면 언론은 그대로 받아쓰고 이를 본 사람들은 '나쁜 놈이네', '아니 땐 굴뚝에 연기나나?'라고 하면서 수사와 재판 중에 있는 사람을 범죄자로 판단해 버린다. 악마로 만들어 버린다. 그것도 연일, 매주, 몇 달, 몇 년을 그리 보도하면 이미 사형수가 되어 매장된다. 공정한 재판을 받기도 전에 사회적으로 매장이 된다. 사회적으로 살인을 당한다. 2019 한국 '사법연감'에 따르면 2018년 전국 지방법원에서 선고가 이뤄진 형사재판 1심의 피고인 총 수는 23만 7천699명이다. 이 가운데 면소, 공소기각 등을 제외하고 유죄 판결을 받은 사람 수가 20만 6천808명, 무죄 판결을 받은 사람 수는 7천496명이다. 무죄를 받은 사람 수(7천496명)를 유·무죄 피고인 합계(21만 4천302명)로 나누면 무죄율은 약 3.5%다. 이에 비해 일본은 0.2%라고 한다(2020.2.14. 연합뉴스).

이런 통계만 보더라도 검사에 의한 무리한 기소도 만만치 않다. 억울한 피해자들이 적지 않음을 알 수 있다. 그러니 누구든지 확정판결이 나오기 전까지는 침묵하고 쉽게 판단하지 말아야 하는 것이다. 특히 정치인 수사나 기소나 재판은 끝까지 기다린 후에 판단해야 한다. 불순한 의도가 너무 많기 때문이다. 역사가 산증인이다. 따라서 헌법과 형사소송법과 무죄추정의 원칙과 검사 기소 무죄율에 근거하면, 1심과 2심과 3심에서 확정 판결이 나오기 전까지는 누구도 범죄자가 아니다. 누가 진짜 범죄자인지 알 수가 없다.

여기에 당사자가 모든 것을 인정하고 시인하면 모를까 그렇지 않으면 법원의 최종 확정판결 전까지 누구도 어떤 의혹과 조사와 수사와 혐의를 받고 있는 사람에게 혹은 재판을 받고 있는 사람에게 범죄자라고 낙인을 찍거나 매도를 할 수 없다. 구속이 되었어도 범죄자가 아니다. 단지 혐의가 있어 보인다고 판단하여 법적 구속을 시킨 것뿐이다. 그러니 욕하고 싶고 공격하고 싶어도 확정판결이 나올 때까지 참고 기다려야 한다. 혹 미리 예단하는 사람이 있다면 초법적인 사람이거나 막무가내 사람이라고 할 수 있다. 아주 가벼운 사람이다.

그런 사람은 민주주의나 법치주의 나라와는 맞지 않는다. 독재국가나 공산주의 국가에 딱 어울리는 사람이라고 생각한다. 법이 왜 존재하는가? 재판이 왜 3심까지 있는가? 구약 성경에 왜 도피성이 있는가? 성경에 왜 '정의를 강물처럼 흐르게 하라'고 하는가? 한 사람이라도 억울한 자가, 피해자가 없게 만들기 위함이다. 한 영혼, 생명은 천하보다 귀하기 때문이다. 그러기에 함부로 범죄자, 나쁜 자라고 말하지 말아야 한다. 그런데 자칭 기독교인, 목사라고 하는 자들이 헌법과 성경을 무시하고 어떤 사람과 정치인에 대하여 언론 보도만 접하고는 자기 마음대로 범죄자, 나쁜 자, 악인, 죽일 놈이라고 규정해 버린다. 이는 하나님의 형상으로 지음을 받은 귀한 생명과 영혼을 아주 가볍게 여기는 짓이다.

역지사지(易地思之, 입장을 바꿔 생각함)로 생각해 보라. 아직 확정판결도 나오지 않았는데, 재판 중인데 만일 언론과 검찰과 사람들로부터 범죄자라고 취급을 받고 있는 그 당사자가 자기와 자기 자녀들과 가족이라면 그렇게 깃털보다 가볍게 단정하고 판단할 수 있겠는가? 전혀 그렇지 않을 것이다. 억울하다고 하소연할 것이다. 자기와 자기 가족의 건이 아니라고 쉽게 판단하지 말아야 한다. 아마 공정하게 수사와 재판을 해 달라고 하소연할 것이다. 사람들에게 재판이 끝날 때까지 판단을 유보해 달라고 할 것이다. 그런데 자기와 자기 가족이 아닌 남이라고, 자기와 이념과 정당이 다른 정치인이라고, 싫어하는 정치인이라고, 확정판결도 나오지 않았는데 함부로 나쁜 사람으로 규정해 버린다.

이는 이웃을 사랑하라는, 모든 일을 공의롭게 하라는 하나님의 말씀을 업신여기는 불신앙과 불순종이다. 악한 짓이다. 기독교인은 일반은총 가운데 세워진 사법부와 헌법과 법률과 성경의 말씀을 존중하고 따라야 한다. 자기 실력과 안목이 부족하면 잠잠해야 한다. 자기의 무능함을 섣불리 드러내지 말아야 한다. 정확히 알지도 못하면서 아는 체하지 말아야 한다. 결과를 보고 나중에 욕을 하거나 비판해도 늦지 않다.

그리고 정치 이야기만 나오면 인상을 찌푸리고 사납고 민감하게 반응하는 자들이 있다. 공적인 자리나 모임이 아닌 사석과 쉬는 시간에서는 얼마든지 정치 이야기를 할 수 있다. 이는 각자의 주권이다. 자기가 지지하는 정당이나 정치인인 경우에 더욱 예민하게 반응한다. 이 또한 성숙한 자세가 아니다. 헌법과 법률과 성경을 위반하지 않는 이상 누구나 표현의 자유와 언권의 자유가 있다. 피차 기본권리를 제한하지 말아야 한다. 이는 민주시민의 기본권리이다. 독재나 깡패가 아닌 이상 누구도 민주시민의 기본권리를 제재하거나 침해할 수 없다.

어떤 사안이나 어떤 정치인에 대하여 찬반을 갖는 것은 자연스러운 일이고 잘못된 것이 아니다. 정치 이야기가 나왔을 때 자기 생각만 말하면 된다. 흥분하거나 다른 사람에게 정치 발언을 하지 말라고 할 이유가 하나도 없다. 진정으로 공정하고, 균형 있고, 겸손한 사람이라면 항상 어떤 의견과 주장에도 마음을 열고 귀를 기울인다. 자기 생각과 확신이 항상 옳은 것이 아니고, 자기가 접한 정보가 항상 진실은 아니기에 누구와 어떤 주제로 말을 해도 겸손히 마음을 열어 놓고 들어야 한다.

그러나 한쪽으로 기울어진 사람, 성격이 완고한 사람, 교만한 사람, 고집이 센 사람은 무조건 자기가 듣고 싶은 말이나 성향이 아니면 닫아 버린다. 흥분한다. 화를 낸다. 자기가 믿고 싶은 것만 믿고 듣고 싶은 것만 듣는다. 과거 교만하고 어리석은 왕들과 임금들이 그렇게 통치를 하다가 비참하게 죽었다. 그런 사람들 주변에는 간신배들만 득실거린다. 진정으로 성숙한 사람이라면 자기와 생각이 다른 상대방에게 객관적인 근거를 통해서 논리적으로 설명해 달라고 할 것이다.

그렇게 듣고 상대방 의견과 주장과 생각이 더 타당하면 수용하면 그릇이 큰 자이고 타당함에도 거부하면 그릇이 작은 자이다. 프로야구장에는 재미있는 광경이 언제나 목도된다. 그것은 친구인데 옆자리에 앉아서 서로가 다른 팀을 응원하는 것이다. 그런데 싸우지 않는다. 상대방이 득점을 하면 시무룩해지고 경기에 패하면 속상하지만 결코 폭언과 폭력을 행하며 다투지 않는다. 축하해 준다. 서로 존중한다. 정치 논쟁도 그리하면 아무런 문제가 없다. 각자 자기 의견만 잘 설명하면 된다.

자기의 생각과 같이하든지 달리하든지 그것은 각자의 주권이다. 자기와 다르다고, 자기가 지지하는 정치인과 정부를 비판한다고 얼굴을 찌푸릴 이유가 하나도 없다. 왜 흥분하는가? 기독교인들과 목사들은 야구장에서 양 팀으로 갈리어 사이좋게 응원하는 야구팬들보다는 나아야 한다. 서로 정치적 견해가 다르다고 싫어하거나, 다투거나, 침묵을 강요하는 못난 짓은 접어야 한다. 그리고 어떤 의혹과 혐의를 받고 있는 사람이든지, 기소를 당한 자이든지, 재판 중에 있는 자이든지 3심까지 최종 확정판결이 나오기 전까지는 헌법과 형사소송법에 명시된 **'무죄추정의 원칙'**에 따라 범죄자 취급, 정죄, 비난, 매도는 절대 금해야 한다. 그렇게 하는 자가 정의로운 기독교인이다. 이런저런 것에 부족하고 못난 기독교인은 오직 자기 지식 선에서만 인정한다. 자기가 알고 있는 정치와 정치인에 대한 그 어떤 지식과 정보와 다르면 다 거부한다. 못난 사람이다. 성숙한 기독교인이라면 그런 자세는 버려야 한다.

제24장

정치인 목사

목사와 정치인 목사의 개념과 정의는 천지 차이이다. 목사는 말 그대로 하나님의 종이다. 하나님의 종이란 하나님의 말씀, 메시지, 명령만 전하고 따르는 자이다. 내 방식이 아닌 하나님의 방식대로 행하고 순종하는 자이다. 하나님의 음성인 성경을 잘 해석하여 바르게 전달하는 자이다. 자기 생각, 주관, 경험, 체험, 비전, 소원을 전하거나 펼치는 자가 아니다. 다른 메시지를 전하는 자는 더더욱 아니다. 이에 비해 정치인 목사는 말 그대로 세속적인 정치적 발언을 예배 중 강단에서, 교회에서 어느 이념과 정당과 정치인 편에 서서 지지 발언을 하는 자가 정치인 목사이다. 아니면 세속적인 정치 집회나, 정치인이나, 장소나 정당에 찾아다니면서 편향적으로 정치적 발언을 하는 자이다.

이런 목사는 마치 변질된 김치나 맛을 잃은 음식처럼, 세속적으로 변질된 목사라고 할 수 있다. 가장 대표적인 자가 전○○ 목사이다. 이런 전○○ 목사는 지지하고 추종하는 목사들이 전국적으로 적지 않다. 비슷한 수준의 목사들이라고 보면 된다. 짐승이나 사람이나 같은 종끼리 어울린다. 이를 유유상종이라고 말한다. 부부나 목사나 사람이나 정치인이나 정당은 유유상종이다. 부부들도 유심히 보면 상당수가 부창부수이다. 다른 것 같은데 마음 씀씀이나 하는 짓을 보면 어쩌면 그렇게 비슷하고 동일한지 모른다. 이런 자들은 선거철만 돌아오면 교회나 기타 집회나 모임과 강연 중에서 알게 모르게 어느 편을 안티하고 어느 편은 지지하는 발언을 하거나 냄새를 풍긴다. 개인적으로 친한 사람을 만나면 근거 없는 주장을 하면서 누굴 지지하라고 말한다. 아니면 은밀하게 어느 정치인들이나 정당과 내통하면서 사전선거운동을 한다. 이는 다 선거법 위반이다.

대한민국 국민이라면 누구나 기본 권리가 있다. 누구나 개인적으로는 정치적 소신을 가질 수 있다. 어떤 정당과 이념과 정치인을 지지할 수 있다. 자기가 생각하는 대로 투표하면 된다. 그것은 잘못이 아니다. 하지만 어느 모임과 집회나 예배 중에서 누구를 지지하라고, 누구는 나쁘다고, 어느 정당은 그렇다고 우회적으로나 은근슬쩍 지지와 반대 정당을 표현하는 것은 불법이고 악한 것이다. 정상적인 목사, 건전한 목사의 모습이 아니다. 목사가 정치에 개입하고 공적인 모임에서 정치적인 발언을 하는 순간 정치인 목사라고 해도 과언이 아니다.

단, 이렇게 원리와 원칙만 말하는 것은 정상이다. '여러분! 언제 어디서나 기독교인의 판단 기준과 선택과 지지 여부는 사람이든 정당이든 성경 말씀대로 주장하고, 정책을 내고, 집행을 하는지 여부를 보고 판단하시라' 아니면 '기독교인이든, 일반인이든, 정당이든, 정치인이든 완전하지 않으니 사안에 따라 성경사상에 가장 가까운 사람, 그런 공약을 내걸고 지난 과거를 살아왔고 주장하는 사람을 선택하는 것이 기독교인의 바른 자세라'고 한다면 문제가 없다. 정당과 정치인들을 보면 어느 때는 성경에 충돌되지 않고 어느 때는 성경에 충돌되는 짓들을 한다. 그러니 사안별로 평가해야 한다.

참 목사라면 공적인 집회에서 공개적으로 어느 정치성을 드러내지 않고, 선거법에 저촉되지 않는 범위 안에서 선거에 나온 자들에 대한 평가와 선거와 투표에 임하는 기본적인 자세와 원리만을 제시한다. 자신이 진보 성향이든 보수 성향이든 그것을 떠나 대선과 총선 후보자가 성경 말씀대로, 십계명대로 가장 근접하게 정치활동을 하거나, 정책을 집행하거나, 공약을 하거나, 선거 유세를 하는 자를 지지하라고 하면 된다. 참 기독교인이라면 자기가 좋아하는 이념을 추구하는 정치인이라도 거짓말을 자연스럽게 하고, 낙태를 찬성하고, 불법을 하고, 동성애를 지지하는 등의 언행을 하면 지지하지 말아야 한다. 이때도 정당 정책이 아닌 개인 의견이면 개인만 성경 잣대로 판단하면 된다. 만일 당 전체가 그리하면 당 전체를 판단해야 한다.

기독교인은 하나님의 자녀로 하나님의 말씀을 따르는 자이지 어느 정당과 이념과 정치인을 따르는 자가 아니다. 이런 부분에서 오판하는 자들이 있다. 목사들은 성도들이 선거 때에 누구에게 투표를 해야 할지에 대하여 우왕좌왕하지 않도록 원리와 원칙만을 제시하면 된다. 특정 정치인과 정당을 언급해서는 안 된다. 스스로 알아서 잘하는 기독교인이 있는가 하면, 중간에서 갈등하는 자가 있거나, 전혀 그렇지 못한 자들도 있기 때문이다. 딱 거기까지만 권면해야 건전한 목사이다. 그 이상 선을 넘어 노골적으로 누굴 지지하라고 하거나 어느 정당과 이념 집회에 참석하여 누굴 반대하거나 지지하는 발언을 하는 자는 정치인 목사이다. 어느 대학교에든 정치인 교수가 있듯이, 어느 교단이든 정치인 목사가 반드시 있다.

언론과 방송을 통해서 보면 이름이 알려진 여러 목사들이 정치인들과 어울리면서 별짓들을 다 한다. 국가조찬 기도회나 나라를 위한 기도회라고 하면서 엉뚱한 짓들을 한다. 메시지도 그렇고 기도도 그렇다. 교만하고, 어리석고, 변질되었기 때문이다. 자신들은 떳떳하다고 할지 모르지만 행동과 주장과 열매를 보면 판단이 된다. 과거 존경받던 목사들 중에는 시간이 흐르자 사리분별력이 약화되어 변질된 목사들이 있다. 나이를 잘 먹어야 한다. 과실수나 사람은 무성한 잎사귀와 말로 판단 받는 것이 아니라 열매와 행위로 판단 받는다. 자기가 아니라고 한다고 해서 아닌 것이 아니다. 바라기는 목사들은 교회 안팎에서 정치인 목사가 되지 말아야 한다. 오직 하나님의 말씀만을 전하는 순수하고 순결한 목사가 되어야 한다. 성경의 방식대로만 행하며 살아야 한다.

제25장

유튜브 정치

지금은 유튜브 세상이다. 기독교인들도 유튜브를 많이 보고 많은 영향을 받는다. 온갖 유튜브들이 우후죽순처럼 난립되어 있다. 정치와 관련된 유튜브도 많다. 여기에는 보수와 진보 등으로 나누어져 있다. 어느 유튜버는 비교적 공정하고 정확성을 유지하지만, 어떤 유튜버는 한쪽으로 확 치우쳐서 방송한다. 극단적인 진보와 극단적인 보수 유튜버가 있다. 다 좋다. 이 또한 헌법과 법률이 인정한다. 어느 이념을 추구하는 유튜버든 상관은 없는데 사실과 거리가 먼 방송을 한다는 것이다.

한마디로 바다와 산에 온갖 위험 요소가 도사리고 있는 것처럼, 유튜브 판도 온갖 위험 요소가 도사리고 있다. 이에 불건전한, 불공정한, 한쪽으로 기울어 버린 유튜버를 접하거나 오랫동안 시청하면 시청자도 한쪽으로 확 기울어져 버린다는 것이다. 무엇이든지 한 번 기울면 다시 원상회복하기란 매우 어렵다. 이것을 소위 '중독'(의존성)이라고 한다. 한 번 불공정한 유튜브에 사로잡히게 되면 그 유튜버가 말하는 것만 받아들이고 나머지는 다 거부하는 증상이 나타난다.

이에 대한 근거는 사람들과 어떤 정치인에 대한 대화를 나누다 보면 쉽게 파악이 된다. 사람들은 자기가 본 것, 안 것, 들은 것 안에서만 말하는 경향이 있다. 마음에 가득한 것을 입으로 말하는 것처럼 말이다. 어떤 사람은 황당한, 근거도 없는, 사실이 아닌 주장을 한다. 어디에선가 사실이 아닌 근거 없는 것을 접하고는 그대로 말한다. 그런 사람은 십중팔구 진보든 보수든 어느 한 이념을 추구하는 유튜브를 지속적으로 본 자일 가능성이 크다. 편식한 자와 같다. 이런 자들은 대부분 고집이 세다. 누구의 말도 듣지 않고 자기가 유튜브에서 본 것만 강하게 주장한다. 어디에서든지 보았다고 말한다. 상대방의 타당한 주장에 대해서는 들으려고 하지 않는다. 상대방에게 반대 논리를 해 보라고 기회도 주지 않는다. 그냥 귀를 막아 버린다. 이단에 빠진 자들과 동일한 특징을 보인다.

이단자들이나 이단에 빠진 자들은 건전한 진리를 들으려고 하지 않는다. 자기들이 이단교회나 집단에서 배운 것만 말하고 고집하고 그 외 다른 진리는 거부한다. 이처럼 균형 있게 이쪽 유튜브와 저쪽 유튜브를 왕래하며 시청한 자들은 비교적 한쪽으로 치우쳐 있지 않다. 그런데 시종일관 한쪽 유튜브만 시청한 자들은 오직 거기에서 보고 들은 것만 주장하고 믿는다. 이런 자들을 만나면 대화가 되지 않는다. 너무나도 힘들다.

그러므로 기독교인들은 어떤 마음과 자세로 정치 유튜브를 시청하고 들어야 하는가? 우리가 골고루 음식을 먹고 편식을 하지 않듯이 진보 정치 유튜브와 보수 정치 유튜브를 오가며 시청하고 들어야 한다. 그래야 한쪽으로 치우치지 않고 무엇이 차이이고 거짓인지 알 수가 있다. 그런데 아쉽게도 그런 자세로 신앙생활과 일반생활과 유튜브를 접하는 자들이 많지 않다. 자기 성향이나 이념에 맞거나 자기가 듣고 싶은 말만 해 주는 사람이나 유튜브를 찾고 고정하여 시청하고 듣게 된다. 마치 자기 입맛에 맞는 음식만 찾고 먹는 것과 같다.

그렇게 지속하면 몸과 마음은 영양 불균형으로 병들어 버린다. 겉으로 볼 때는 멀쩡해 보이는데 속은 엉망이 된다. 다른 주장을 하는 사람은 싫어한다. 짜증을 낸다. 이래서 사람이 어느 쪽이든 꼴통, 골수가 되는 것이다. 어느 쪽을 시청하고 좋아하든 각자의 주권이다. 기독교인이라면 무엇을 보고 듣든지 유튜버가 말하고 주장하는 것에 대한 증거, 근거, 물증이 객관적이고 구체적인 것인지를 확인해야 한다. 무조건 믿지 말아야 한다. 오염된 정보와 지식과 사람들이 너무 많기 때문이다. 자기가 주장하는 것에 대한 타당한 논리도 부실하고 근거도 제시하지 않으면서 무조건 어떻다고 말하면 거부해야 한다. 또한 모든 일과 사건과 사고는 육하원칙에 따라 정리가 되고 주장이 되어야 한다.

유튜브 동영상도 마찬가지이다. 뜬금없이 하늘에서 뚝 떨어진 것처럼 유튜버가 한쪽으로 치우쳐서 정치인을 후려치는 것은 황당한 일이다. 예를 들면 이런 것이다. '좌파들은 다 공산주의자들이다', '대한민국에는 빨갱이들이 많다' 얼마나 허술하고 황당한 주장인가? 아무런 근거도 논리도 구체성도 제시 없이 이런 식으로 단정하고 매도해 버린다. 누구라고 이름도 대지 않는다. 좌파와 진보는 다 그렇다고 말해 버린다. 그렇게 단정적으로 말하는 유튜버는 한 사람 한 사람을 일일이 다 검증했는가? 유튜버 개인이 가타부타 결정하지 못한다. 이런 부분도 법정에서 확정되어야 한다. 그렇다면 함부로 말하지 말아야 한다. 하지만 함부로 예단해 버린다. 그런데도 댓글을 보면 수많은 사람들이 광신도들처럼 따른다. 이렇게 하는데도 좋다고 믿고 시청하는 자는 동일한 수준의 시청자이다. 어떤 유튜버가 정직하고 사실인지 확인하는 방법은 간단하다.

앞에서 언급한대로 법적, 객관적인 자료와 근거와 물증인지를 먼저 확인하고 그다음으로 누가, 언제, 어디서, 무엇을, 어떻게, 왜 그랬는지에 대한 육하원칙 주장을 명확하게 하는지에 대하여 살펴보면 된다. 이 둘의 잣대로 평가하면 어느 정도 답이 나온다. 이 둘의 것이 없거나 빈약하면 불량한 동영상이나 유튜버 개인 주장이라고 판단해도 틀리지 않는다. 아무튼 불량한 정치 유튜브나 유튜버들이 많다는 것만 알고 보자. 신중하게 보자. 어떤 정치 유튜브만 보지 말자. 어느 한쪽만 보고 듣게 되면 한쪽으로 기울게 되어 있다. 쉽게 고쳐지지 않는다. 북한의 김일성 주체 사상만을 세뇌당하면 변하지 않는 것과 같다. 그러나 민주주의와 공산주의 가치와 사상을 균형 있게 보고 듣고 배우면 북한 사람들은 전혀 다른 판단과 주장을 할 것이다. 정치에 대한 것도 마찬가지이다. 어떤 것이든지 한쪽으로 치우치지 않는 실력은 미혹과 유혹과 사기를 당하지 않는 지름길이자 귀한 자산이다. 무조건 맹신, 맹종, 지지하는 사람처럼 무서운 사람은 없다. 기독교인들은 달라야 한다.

제26장

검사 탄핵

　민주당이 2023년 11월 일부 검사들을 탄핵하려고 하자 검찰총장과 국민의힘과 검찰 출신 사람들이 하나같이 반대를 하고 나섰다. 지금까지 건국 이래 처음으로 검사 세 명을 탄핵했다. 현 이○석 검찰총장은 "검사 탄핵은 이재명 수사에 대한 보복, 검사를 겁박하고 검찰을 마비시키려는 협박 탄핵에 해당"한다고 말했다. 그러면서 "차라리 자신을 탄핵하라"고 말했다. 터무니없는 주장이다. 초헌법적인 주장이다. 검찰총장이 할 말이 아니다. 국회에 의한 검사 탄핵은 헌법이 보장한 정당한 행위이다(헌법 제65조 2항). 이렇게 법적 근거가 명백한데 국회가 지금까지 제대로 그 권한을 실행하지 않은 것이다.

　국회가 지금 헌법에 명시한 것을 행하려는 것뿐이다. 비위와 불법 의혹이 있는 검사가 있으니 당연히 탄핵을 해야 맞다. 이것은 마치 검사가 비리 혐의가 있는 자들을 수사하고 압수수색을 하는 것과 같다. 이는 정당한 행위이다. 이를 탓하면 무식한 사람이다. 따라서 이 같은 저항들은 반헌법적인 자세이다. 그러면 검사가 불법 혐의자들을 수사하고 기소하는 것에 대하여 하지 못하게 한다면 어찌 말하겠는가? 검사가 수사하고 기소하는 것도 헌법에 보장되어 있다. 검사가 다른 사람을 수사하고 기소하는 것은 되고 국회가 헌법이 보장한 검사 탄핵은 하면 안 되는 것인가? 한마디로 전혀 말이 되지 않는 억지주장이다.

이런 주장을 하면서 부끄러움을 모른다. 당당하게 말한다. 지금까지 그런 일을 당하지 않았기 때문에 검사를 탄핵하면 안 되는 것으로 알고 있는 것이다. 검사는 치외법권 영역과 존재로 살아왔기 때문이다. 대한민국 국민이라면 누구든지 법 앞에 평등하다. 법을 어기면 누구도 예외가 없다. 예외가 있어서도 안 된다. 검찰총장과 일부 검사들이 반항하는 것은 양심과 의식이 마비되어 버렸거나 초법적인 위치에 있다고 착각하기 때문이다. 검사가 위법한 자를 법대로 수사하는 것은 되고, 헌법에 보장된 국회에 의한 검사 탄핵은 왜 안 된다는 것인가? 대꾸할 가치가 없는 저항들이다.

대한민국 건국 이래 지금까지 검사 탄핵은 2023년 9월에 딱 1건뿐이다. 왜 이런 말도 안 되는 일이 있어 왔는가? 오직 검사만이 기소권이 있기 때문이다. 검사들의 권한이 너무 막강하니 보복이 두려워서 감히 검사 탄핵에 나서지 못한 것이다. 검사들이 완전해서가 아니다. 검사들은 무슨 죄를 지어도 같은 가족인 검사가 그럴듯한 명분을 만들어 기소를 하지 않으면 그만이고 처벌을 받지 않는다. 그러니 일부 검사들이 당당하게 나쁜 짓을 하는 것이다. 불법을 무서워하지 않는다.

검사들의 비위에 대하여 회초리를 댈 수 있는 법이 딱 하나 있는데 헌법이 보장한 '탄핵'이다. 검사의 '탄핵소추안'이 국회를 통과하면 즉시 직무가 정지된다(헌법 제65조 3항). 헌법재판소에서 탄핵이 가결되면 검사는 공직으로 나갈 수도 없고, 변호사 개업도 5년간 제한된다. 돈과 권력을 모두 잃게 된다. 이는 대통령 거부권 행사 대상도 아니다. 국회에서 결정만 하면 곧바로 헌재로 넘어간다. 그러니까 검사들이 세상에서 무서워하는 것이 딱 하나가 있는데 그것이 탄핵인 것이다. 그래서 검찰총장과 검사들과 검사 편을 드는 자들이 흥분하는 것이다. 흥분하거나 궤변을 늘어놓을 것이 없다. 정직하고 준법하면 무서울 것이 하나도 없다. 자신들이 깨끗하면 발끈할 이유가 하나도 없다.

법은 누구에게나 공정해야 한다. 누구에게만 유리한 법은 법이 아니다. 누구든지 비위와 불법을 저지르면 처벌을 받아야 한다. 건국 이후 2023년 8월까지 단 한 사람의 검사도 탄핵을 받지 않은 것은 충격이다. 지금까지 검사들 세상이었던 것이다. 그렇다고 검사들이 모두 준법만 하고 산 것이 아니다. 지금까지 검사들의 비위 사실이 한둘이 아니었다. 그럼에도 불구하고 검사들은 거의 처벌을 받지 않았다. 유독 검사들만 성역으로 절대 안전을 보호받아 왔다. 수사와 기소는 오직 검사들만 해 왔기 때문이다. 검사들이 무슨 짓을 해도 검사가 수사나 기소를 하지 않으면 그만이다. 오직 국회에서 국회의원들이 탄핵을 통해서만 비위 검사들에게 대가를 받을 수 있게 할 뿐이다. 그것을 이제야 민주당이 현직 검사들의 비위에 대하여 헌법이 사용하라고 준 탄핵 권한을 사용하는 것뿐이다. 대통령도 탄핵을 당하는데 검사는 말할 것도 없다. 향후 검찰개혁을 통해서 검사의 막강한 권한을 대폭 축소해야 한다. 검사는 기소만 하도록 하고 검찰은 기소청으로 만들어야 한다.

아무튼 지금까지 국회, 국회의원들이 잘못한 것이다. 검사들에게 잘못된 확신과 사인을 주었다. 직무유기를 한 것이다. 탄핵을 하지 않았기 때문이다. 왜 그랬을까? 수사권과 기소권을 가진 검찰의 보복이 무서워서 그랬을 것이다. 이젠 국회도 달라져야 한다. 국회의원도 잘못하면 처벌을 받고 검사도 잘못하면 탄핵을 받아야 한다. 그래야 공정하다. 억울할 것이 하나도 없다. 향후 무소불위(無所不爲, 못할 일이 없음)의 검사 권한을 대폭 손질해야 한다. 누구도 법과 불의 앞에 성역이 없도록 해야 한다. 아마 다음 정권이 바뀌면 검찰은 해체 수준의 변화가 있을 가능성이 크다. 왜냐하면 검찰 스스로는 절대로 변화와 개혁을 기대할 수 없고, 절대 권력은 그대로 내버려 두어서는 절대 권력을 행사하기 때문이다. 그렇게 해왔다. 여당이든 야당이든 검찰의 강력한 권한은 큰 부담이 아닐 수 없다. 절대 권력은 절대로 부패하게 되어 있다. 이는 검사들에게도 불행이다. 그래서 어느 권력기관이든지 상호 견제와 비판이 반드시 있어야 한다. 절대적인 권한을 부여하지 말아야 한다.

이런 사실을 기독교인들은 잘 알고 있어야 한다. 잘 모르고 살면 이용당하고 오해하고 오판하게 된다. 특히 서울과 지방의 검찰청 안에서 근무하고 있는 기독교인 검사들은 결코 비위와 불법을 저지르지 말고 빛과 소금의 역할을 잘 감당해야 한다. 무조건적인 상명하복을 거부해야 한다. 기독교인 검사는 오직 진리만 따르는 자이다. 검사들의 비위와 불법에 대하여 제 식구라고 감싸거나 옹호하거나 모른 체하지 말아야 한다. 기독교인 검사들은 항상 진리와 정의 편에 서야 참 기독교인이다. 무조건 검찰 조직과 검사들을 위하는 기독교인 검사가 있다면 그는 하나님의 사람이 아니라 검찰의 사람이다.

검찰과 검사들은 말로만 법과 원칙을 말하지 말고 오직 법과 원칙과 정의에 따라서만 수사와 기소를 해야 한다. 공정한 검찰과 검사가 되어야 한다. 결코 정치인 검사나 검찰이 되지 말아야 한다. 그렇게 되는 순간 검찰은 신뢰를 잃게 된다. 개혁의 대상이 되고 만다. 언젠가는 검찰이 반드시 개혁될 것이다. 너무 정치적이기 때문이다. 삼척동자도 다 아는 사실이다. 검찰과 검사가 바로 서야 법이 바로 서고 나라가 바로 선다. 억울한 자가 발생하지 않는다.

군부시절이 지나갔듯이 검사 시절도 곧 지나간다. 뿌린 대로 거둔다. 어떤 권력이든지 영원하지 않다. 그러니 권력자들과 권력기관들은 겸손해야 한다. 그다음 하나님의 심판 앞에 서게 된다. 기독교인 검사들과 사람들은 항상 하나님의 심판을 기억하고 두려워해야 한다. 언제 어디서나 하나님의 방식을 따르고 하나님의 편에만 서 있어야 한다. 기독교인 검사들은 승진과 출세에 목을 매지 말고, 오직 공정한 수사와 기소에만 전념해야 한다. 그것이 기독교인 검사의 기본 사명이다.

제27장

기독교인 정당 지지

미국의 정치 정당은 공화당과 민주당의 양당 정치 체제이다. 우리나라는 여러 정치 정당이 있다. 가장 대표적인 양당은 국민의힘(국힘당)과 더불어민주당(민주당)이다. 국힘당은 보수와 우파와 극우와 중도층 일부가 지지한다. 민주당은 진보와 좌파와 중도층 일부가 지지한다. 이념의 차이는 뚜렷하다. 하지만 모두 헌법에 근거를 두고 있고, 헌법이 보장한 이념 아래에 있다. 모두 합법 정당이다. 따라서 국민의힘이든 민주당이든 헌법과 법률에 근거하면 아무런 문제가 없다. 잘못된 당이 아니다. 그러니 서로 비방하거나 공격하지 말아야 한다. 서로 존중하고 이해하면서 선의의 정책 경쟁만 해야 한다.

모든 유권자들과 국민들은 어느 당을 지지하든 이런 사실을 바로 알고 존중해 주어야 한다. 그런데 헌법과 법률지식이 부실한 자들은 상대방 정당에 대하여 '극우니', '꼴통 보수니', '좌파니', '빨갱이니' 하면서 반목하고 불신하고 배척한다. 모두 그릇된 인식과 주장들이다. 법적으로 아무런 문제도 없는데 이렇게 지칭하면서 서로 비난하고 공격하는 것은 무식한 자들이나 하는 짓들이다. 천상천하 유아독존적인 자세이다. 이런 사람들은 법치주의와 민주주의 국가에서 살 자격이 되지 않는다.

일부 정치인들과 사람들을 보면 자기들만 옳다고 한다. 상대를 인정하지 않는다. 자기들이 법이고 진리이다. 그렇게 말하는 근거란 자기 입이고 생각이다. 억지이다. 주관적이다. 법적이고 객관적인 근거가 전혀 없다. 타당한 설명을 못 한다. 이런 사람들 때문에 사회가 망가지고 분열이 발생한다. 이런 사람들은 우리 사회에서 부패한 음식과 같은 자들이다. 우리 사회의 안녕과 질서를 지탱해 주는 것은 법이다. 누구의 말이나 사상이나 이념이 아니다. 공적인 헌법과 법률이 인정하는 정당이나 이념이나 사람과 정치는 다 존중하고 이해해야 한다. 자기들이 추구하는 이념과 정당만 옳다고 하지 말아야 한다. 이는 어느 나라에서도 마찬가지이다.

이런 기본 의식과 인식과 상식이 없는 사람은 대화가 불가능하다. 사회악이다. 기독교인들은 절대로 억지나 궤변이나 초법적인 주장은 접어야 한다. 성경도 양심과 사상과 표현의 자유를 보장한다. 창세기 1장을 보면 하나님에 의한 천지창조가 나오는데 아주 다양하게 창조하셨다. 따라서 성경과 헌법과 법률이 정한 바에 반하지 않으면 존중해 주고 인정해 주고 대화를 해야 한다. 함께 공생해야 한다.

이런 기본 지식과 인식하에 그렇다면 기독교인들은 어느 정당을 지지해야 하는가? 자기가 살던 고향, 연고, 지연, 이념, 종교, 혈연, 학연, 친분의 정당이면 무조건 지지하면 안 된다. 아무리 이념이 같다고 하더라도 무조건 지지하면 바르지 않다. 다시 강조컨대 세상의 이념과 사상과 정치는 진리가 아니다. 어느 정당이든지 전체 혹은 부분적으로 부패할 수 있다. 그래서 사안과 사람과 현안과 정책과 실상에 따라 지지 여부를 판단해야 한다. 각 정당에는 향후 추진해야 하는 정당 정책이 있다. 각 정당에는 여러 성향의 국회의원들이 있다. 그래서 어느 정당을 한두 가지로 좋다 나쁘다로 규정하기란 어렵다. 예를 들어 동성애를 주장하는 국회의원이 있을 수 있다. 그렇다고 그 정당 소속 의원들이 모두 그런 것은 아니다. 그 사람이 속한 정당을 전부 매도할 수는 없다. 그것은 불공정한 일이다. 한 사람이 잘못한 것에 대하여 단체기합을 받는 성격이 있다.

이보다 더 무서운 것이 거짓말이다. 거짓은 마귀(사단)의 아비이다. 거짓말을 자연스럽게 하는 국회의원이 적지 않다. 자기 당이 거짓말을 하는데도 침묵한다. 그런 경우는 전체가 잘못하고 있어 당에 대하여 비판을 해도 틀리지 않다. 아무튼 선별적으로 판단해야 한다. 어느 국회의원 한 개인이 성경에 반하는 주장을 하면 그 사람만 비판하고 저항해야 한다. 그것이 타당하다. 이젠 정책이다. 정당 정책이 낙태(친자태아살인)나 산아제한 정책을 펴면 그 정당 전체를 저항해야 한다. 이는 친자태아살인으로 '살인하지 말라'는 성경에 반하고 생육하고 번성하라는 하나님의 말씀에 반하기 때문이다. 이처럼 국회의원 한 사람과 정당 전체를 판단하고 저항하는 것을 잘 분리하고 분별해서 해야 한다. 그래야 성숙한 사람이고 참된 기독교인이다. 피해자가 발생하지 않는다.

이런 신자가 있다. '자기는 보수주의니까 보수 정당과 국회의원은 무조건 지지한다. 자기는 진보주의니까 진보 정당과 국회의원을 무조건 지지한다'고 말한다. 한참 미숙하고 부족한 기독교인이다. 그렇게 맹신과 맹종을 하면 옳지 않다. 앞에서 언급한 것처럼 정당별로, 국회의원별로, 정책별로, 사안별로 구분해서 판단하고 지지해야 한다. 그러기 위해서는 기독교인들이 똑똑해야 한다. 신중해야 한다. 정확하게 잘 알고 있어야 한다. 어떤 사람이 어떤 말을 했다고 무조건 따르지 말고 스스로 사실 여부를 확인해야 한다. 특히 언론은 절대적으로 믿지 말아야 한다. 진보와 보수 언론을 떠나 한쪽으로 기울어진 언론들이 너무 많기 때문이다. 꼼꼼하게 진보와 보수 언론을 보면 잘 보인다. 생각 없이 대충 보고 들으니까 실수하고 오판하는 것이다. 이용당하는 것이다.

어느 정당을 지지하는 것은 어디까지나 각자의 주권이다. 하지만 가능하면 성경사상에 맞게, 정의롭게 지지해야 한다. '나는 무조건 어느 정당이야!', '나는 어느 지역 정치인을 무조건 찍을 거야!'라고 하는 말은 '나는 생각을 하지 않는 바보야!'라고 하는 말과 다르지 않다. 스스로 영혼과 뇌가 없는 자라는 것을 공표하는 것과 다르지 않다. 심지어 마트에서 식재료를 살 때도 지역, 연고 상품이라고 무조건 사지 않는다. 그런 것을 초월하여 좋은 상품을 구매한다. 이것이 기본과 상식이다.

정치인과 정당 지지도 그런 자세로 해야 한다. 만약 어느 지역과 어느 정치인에 대하여 맹신과 맹종을 한다면 성경을 덮어놓고 신앙생활을 하는 사람과 다르지 않다. 아주 위험한 사람이다. 국익에 도움이 되지 않는 사람이다. 그래서 이단과 사이비들에게 빠지고 미혹된다. 바른 교훈을 모르거나 생각지 않고 모든 것을 결정하기 때문이다. 기독교인들은 사도행전 17장에 나오는 베뢰아 성도들처럼 항상 상고하고 검토하는 자이어야 한다. 무조건 아멘, 무조건 지지는 맹신주의와 맹종자들이나 하는 자세이다. 최악의 사람이다. 국가와 국민과 이웃에게 피해를 주는 사람이다.

제28장

60 대 30 고착 지지율

2022년 윤○열 정부가 들어선 이후 현재까지 국정운영 지지율에 대한 국민 민심은 60 대 30으로 고착되어 버렸다. 2년 가까이 지지율에 큰 변동이 없다. 30%의 박스에 갇혀 있다. 국정운영을 '잘 못한다'가 60% 정도이고 '잘한다'가 30% 정도이다. 대부분의 여론조사 결과가 이렇다. 이것이 말하는 바가 무엇인가? 선거 때 기대를 하고 지지해 주었는데 2년 가까이 지켜보니 '아니네!'라고 판단한 것이다. 사람이 사는 세상에서는 이런 경우들이 많다. 이는 마치 어떤 축구 선수를 기대감을 갖고 국가대표로 선발해서 경기에 투입했는데 막상 뚜껑을 열어 보니 실망스러울 정도로 경기력이 형편없음을 확인한 것과 다름이 없다. 이에 감독과 관중과 축구 팬들이 실망을 한 것과 유사하다고 볼 수 있다. 왜 그럴까? 그것은 선수나 정치인이나 결국 실력 때문이다. 실력에 대해 과대평가한 것이다. 오판한 것이다. 실력이라 함은 전문성이다. 전문성이 형편없다는 말이다. 전문성에서 무능함이 드러난 것이다.

　더 심각한 문제는 실력이란 짧은 시간에 개선되는 것이 아니라는 데 있다. 그래서 여론조사에 의하면 국민 다수는 향후 남은 임기 동안에 대해서도 별 기대를 하지 않는다고 한다. 이래서 불행이고 큰일이다. 왜냐하면 아직도 임기가 3년이나 남았기 때문이다. 생각해 보라. 실력이 없는 선수를 가지고 시합을 계속해야 한다고 하면 감독이나 축구 팬들은 얼마나 답답하고 속상하겠는가? 시합을 한다고 해도 기대보다 걱정이 앞설 것이다. 그런 선수가 뛴 시합은 보고 싶지 않을 것이다. 더욱더 스트레스만 받고 실망만 커지게 될 것이다. 그래서 모든 영역에서 사람을 쓸 때는 전문성과 도덕성이 우수한 자를 선발해서 투입한다. 이는 기본이고 상식이다. 아무 사람이나 마구 쓰는 사람은 없다.

　더욱 큰 문제는 자신의 실력이 이러하고 국민 다수의 평가가 이러하면 자신을 돌아보고 국정 운영을 달리하고 변화를 주어야 하는데 그렇지 않다는 것이다. 법과 원칙과 공정을 외치던 자가 정작 자신이 권자에 오르자 법과 원칙과 공정을 선택적으로 행한다. 살아 있는 권력이든 뭐든 성역이 없다고 한 사람이 정작 자신에게는 적용하지 않는다. 자기 아내와 장모와 측근들과 검사들에게는 한없이 자비를 베풀고, 그렇지 않은 사람들이나 정적에 대해서는 무서울 정도로 법을 휘두르고 있다. 게다가 항상 전 정부 탓만 한다. 국민에게 사과하는 법이 없다.

국민들이 항상 옳다고 말하면서도 1% 지지를 받아도 자기 고집대로 국정을 밀고 가겠다고 한다. 너무나도 답답한 상황이다. 이러니 국가는 경쟁력이 떨어지고 국민들은 고통을 당한다. 실력이 부족하고 전문성이 떨어지면 마음과 귀라도 크게 열고 전문가들의 조언을 들어야 하는데 그렇지 않다. 무능하면서도 고집이 센 자들이 주로 그렇다. 경제도 엉망, 민심도 엉망, 외교도 엉망, 언론과 표현의 자유도 엉망, 물가도 엉망, 각종 지표들도 마이너스다.

이런 결과가 도래할 것이라는 것은 이미 알 만한 사람들은 다 알고 있었다. 왜냐하면 윤 대통령은 수십 년 동안 정치를 해 본 자가 아니다. 정치수업과 교육을 받은 일이 없다. 검찰에서 오직 수사와 기소만 한 사람이다. 검찰 칼만 휘두른 사람이다. 다른 영역, 즉 행정과 정치영역에 대한 실력이 없다. 그러니 아주 복잡한 국정을 어찌 잘할 수 있겠는가? 전문 정치인들도 힘들다는 정치와 국정을 어찌 잘할 수 있겠는가? 잘못 뽑은 것이다. 게다가 타국 정상들을 만나는 외교는 더더욱 어려운 것이다.

이러한 것은 마치 검사 생활만 수십 년 한 사람을 축구대표에 발탁한 것과 다르지 않다. 얼마나 황당한 일인가. 국정은 정치가가, 검사는 검사가, 축구는 축구 선수가, 환자 처방과 수술은 의사가, 과학은 과학자가 해야 잘할 수 있다. 이는 상식이고 기본이다. 그래서 우리 사회는 전 영역에서 전문가가 있고 전문가를 예우한다. 정치는 전문 정치인이 해야 맞다. 유권자들이나 국민들이 이런 사실을 바로 알고 투표해야 한다. 무조건 내 편과 네 편을 갈라놓고 인기투표로 지도자를 세우면 코미디 같은 일이 발생하는 것이다. 지금과 같은 60 대 30의 구도가 지속적으로 나타난다. 어느 편에 있는 자이든 실력이 있는 자를 세워야 모두가 산다. 상품이든 선수든 지도자든 경쟁력이 있는 사람을 뽑고 세워야 한다. 무조건 어느 편과 어느 이념과 어느 정당과 어느 지역 사람을 지지하고 맹신하고 맹종하고 추종하는 것은 바보들이나 하는 짓이다.

어떤 사람인지를 잘 확인한 다음 지지 여부를 결정해야 한다. 누구를 세웠든지 일을 맡겨 주고 시간이 지나면 실력이 다 드러나게 되어 있다. 그러면 국민들의 정서는 확연히 드러난다. 그것이 60 대 30의 국민 정서이다. 대통령이 무능함에도 무조건 지지하는 지역과 사람들은 정말로 답이 없다. 국가에 전혀 도움이 되지 않는 자들이다. 사실을 몰라서 그러는지, 무지해서 그러는지, 알고도 그러는지는 모르지만 좀 생각을 하고 살아야 한다. 어느 사람이든지 무조건 지지하는 것은 그 사람도 지지하는 사람도 다 망하는 짓이다.

그래서 지혜롭고 훌륭한 어머니는 자기 자식이 망나니짓을 하면 자기 아들을 경찰서로 데리고 가서 처벌해 달라고 요청한다. 무조건 아들을 지지하거나 감싸지 않는다. 그래야 아들을 살리고 자신도 살기 때문이다. 그런 자가 참 어머니이다. 어리석고 저급한 어머니는 자식이 잘하든 잘못하든 무조건 감싸고 지지한다. 그러면 자식은 망나니 습관에서 탈출하지 못한다. 정치인과 국가 지도자를 대하는 유권자들의 자세가 이런 참 어머

니와 같은 마음이어야 한다. 그래야 모두가 행복하게 된다. 기독교인들은
더욱 그리해야 한다.

제29장

가장 나쁜 선거 정책과 선거 운동

우리는 종종 어떤 약속이든지 하고 산다. 약속이란 반드시 지켜야 하는 것이다. 그래서 지킬 수 있는 약속만 해야 한다. 그렇지 않으면 상대를 속이는 것이 된다. 약속을 지키지 않으면 신뢰를 잃게 된다. 신뢰를 잃은 사람은 마치 짠맛을 잃은 소금과 같다. 그런데 어떤 사람은 약속을 남발하는 경향이 있다. 특히 정치인들이 그렇다. 언제 그리하는가? 선거 때이다. 선거는 전쟁과 같은 것이다. 전쟁은 반드시 승리해야 한다. 전쟁에 지는 순간 모든 것을 잃기 때문이다. 이에 표를 얻을 수만 있다면 무엇이든지 공약, 정책, 약속을 해 버린다. 일단 이기고 보자, 일단 표를 얻고 보자는 심산이다. 그래서 선거 때를 보면 유권자들의 욕망을 자극하고, 유권자들이 가장 염려하는 것들, 두려워하는 것들, 호주머니를 두툼하게 해 주는 것들, 유권자들이 좋아하는 것들, 유권자들의 숙원 사업 등을 터치하고 개선해 주겠다고 급조된 약속을 한다. 특히 어떤 지역의 개발을 약속한다.

그러면 유권자들은 혹해서 지지한다.

　그리고는 선거가 끝나면 언제 약속했느냐는 식으로 나온다. 이런저런 핑계를 대면서 선거 때의 공약과 약속을 없던 일로 해 버린다. 이런 일들이 비일비재하다. 전에 이○박 대통령은 **"선거 때는 무슨 말을 못하겠느냐"**고 당당하게 말했다. 하나님을 믿는 장로가 그런 말을 했다. 정말로 충격이었다. 진실한 그리스도인이라면 이런 말을 못한다. 인간관계나 정치는 신의를 먹고 사는 것이다. 약속과 맹세와 서약과 공약은 생명과 같은 것이다. 유·불리를 떠나 반드시 지켜야 하는 것이다. 불가피하게 지키지 못할 때에는 합리적인 해명과 책임을 져야 한다. 진심 어린 사과를 해야 한다. 자기 이익만을 위해서 약속을 남발하고 오용하는 것은 '사기'이다. 이런 사람은 멀리해야 한다. 다시는 지지하지 말아야 한다. 5년마다 대선과 4년마다 총선이 있다. 기타 보궐선거들이 있다.

　기독교인들이나 유권자들이 알아야 할 것은 후보자들이 무슨 정책과 공약과 유세와 약속을 하든지 그것이 현실성이 있는 것인지, 실현성이 있는 것인지, 지킬 만한 것인지를 잘 확인해야 한다. 예산이 뒷받침되지 않으면 실현 가능성이 희박하다. 왜냐하면 어떤 사업을 하든지 반드시 돈(재정, 비용)이 들어가기 때문이다. 만일 어떤 정책과 약속을 했는데 그에 따른 비용이 구체적으로 뒷받침하지 않으면 속임수라고 생각해야 한다. 왜냐하면 재정이 없는 공약과 약속과 정책은 말 그대로 공약(空約)이기 때문이다. 속임수에 불과하다. 후보자들은 유권자들을 속여서는 안 되고, 유권자들도 후보자들의 공약과 약속들에 속거나 이용당하지 말아야 한다. 특히 기독교인들은 유권자들의 마음과 귀를 솔깃하게 하는 정치인들의 공약들에 쉽게 넘어가지 말아야 한다.

제30장

대통령·국회의원·지자체장·
구의원·도의원·시의원 자격

어디에나 자격을 어느 정도 갖춘 자들도 있지만 자격이 미달한 자들도 있다. 전문성이나 지식이 별로인데 아빠 찬스든 낙하산이든 어떤 자리에 이르게 된 자들이다. 어떤 지위와 직무와 자리이든지 자격을 갖춘 자가 맡아야 한다. 그래야 그 직무를 잘 수행할 수 있기 때문이다. 그래서 자격증을 발급하는 것이다. 운전도 아무나 하지 못한다. 운전 면허증이 있어야 한다. 운전 학원에 다니면서 운전을 배운 후 자격시험에 합격한 자에 한하여 운전을 하도록 하고 있다. 그래야 자신과 타인의 생명을 보호할 수 있기 때문이다. 자격증이 있어도 교통사고를 내는데 자격이 되지 않는 사람이 운전을 한다면 얼마나 위험하겠는가? 이래서 모든 분야와 부문에서의 자격을 갖추는 것은 매우 필요하다.

정치인들의 자격 또한 중요하다. 정치는 아주 복잡하고 고도의 정치 기술이 요구되기 때문이다. 따라서 대통령이든, 국회의원이든, 지자체장이든, 각 의원이든 그에 걸맞은 자격을 갖춘 사람들을 세워야 한다. 예를 들어 축구는 착한 사람, 사랑이 많은 사람을 뽑는 것이 아니다. 축구에 탁월한 사람을 선발해야 한다. 축구 실력은 형편없는데 사랑만 많고, 사람만 좋고, 착하기만 하는 사람을 축구 선수로 선발하여 시합에 투입하면 그 팀은 승산이 없다. 기본적인 도덕성을 갖춘 자로서 축구 실력이 뛰어난 자를 선수로 선발하여 시합에 투입해야 승산이 있다. 정치도 마찬가지이다.

선거는 인기투표 형식을 취한다. 전문가들의 평가에 의해 뽑히는 것이 아니라 실력과 전문성이 있든 없든 유권자들에 의해서 다수의 지지를 받은 사람이 정치 지도자로 선발된다. 그래서 선거의 맹점이 있다. 무능한 자가 정치인이 될 수 있는 길이 열려 있는 것이다. 이는 매우 위험한 요소가 아닐 수 없다. 모든 나라의 선거의 맹점이다. 그래서 불량한 정치인이 지도자가 되어 국가와 국민을 힘들게 하기도 한다. 독재가가 나온다. 수많은 사람들을 죽인다. 섬겨야 할 국민들과 시민들을 협박한다. 그런즉 어떤 자를 지지해야 하는가?

일단 도덕성이 뛰어나고 청렴한 자를 지지해야 한다. 사익 추구와 나쁜 전과 기록이 없는 자이어야 한다. 정치 전문성과 경력이 있는 자이어야 한다. 과거에 선한 일들을 한 경험이 있는 자이어야 한다. 불법과 거짓말을 하지 않은 자이어야 한다. 무엇보다도 정의롭고 공정한 사람이어야 한다. 공인이기 때문이다. 그렇지 않으면 생선 가게의 고양이와 같은 자를 선출하게 된다. 기독교인들은 아주 신중하고 냉정하게 지지와 투표를 해야 한다.

개인적인 친분이나 신앙과 이념과 지연을 근거로 지지하고 투표하는 행위는 최악이다. 신앙인이라 할지라도 엉망인 사람이 있다. 기독교인들은 세상의 빛과 소금이기에 우리들을 대신하여 정치를 하는 자들 또한 빛과 소금의 역할을 잘할 수 있는 자를 뽑아야 한다. 아무리 선·후배 사이이고, 자기 지역 사람이고, 친분이 있고, 자기 진영 사람이라고 해도 자격에 한참 미치지 못하는 자에 대해서는 지지하지 말아야 한다. 공익을 먼저 생각해야 한다.

제31장

이간질과 분열 정치

정치인들 중에는 정치를 순수하고 정도로 하는 자도 있지만 비겁하고 야비하게 하는 자들도 있다. 정치인들에게 있어서 정치란 다양한 수법이 있다. 정공법도 있지만 비정공법도 있다. 비정공법이란 쉽게 말하면 게릴라 전술이다. 정공법이나 정당한 선거나 경쟁으로는 승산이 없다고 판단되면 야비하고 비겁한 정치인 이간질과 분열 정치를 한다. 유권자들의 심리를 역이용하는 전술이다. 지역과 지역을 갈라치기 하고, 세대와 세대를 이간질시킨다. 남자와 여자를 갈라치기 하고, 정규직과 비정규직을 이간질시킨다. 젊은이들과 노인들을 분열시킨다. 호남과 영남과 충청을 갈라치기 한다. 종교적인 민감한 이슈를 건드린다.

문맥을 보면 폄하가 아닌데 노인 폄하니, 여성 폄하니 쪽으로 몰아가서 서로 싸움을 붙이고 정치적인 이득을 취한다. 이때 동원되는 것이 언론이다. 정치인들은 언론과 짬짜미를 통해서 이간질과 분열 책동을 극대화하여 이득을 취한다. 이러한 게릴라 정치 전술은 건국 이래 줄곧 이어져 왔다. 특히 남북한이 대치하고 있고 이념이 첨예하게 대립하고 있는 상황에서 일부 정치 세력들은 안보와 반공을 구실로 톡톡한 재미를 보았다. 툭하면 빨갱이 타령과 좌파 타령과 공산주의 타령과 안보와 전쟁 위험 등을 운운하며 결집과 표를 취했다.

그러다가 선거가 끝나면 언제 그런 일이 있었느냐는 식으로 잠잠해진다. 그러다가 선거철이 돌아오면 강남에 갔던 제비가 다시 돌아오는 것처럼 이간질과 분열 정치, 갈라치기와 게릴라 정치가 다시 활개를 친다. 이런 야비한 방식으로 재미를 본 정치인들과 정당은 선거 때마다 이런 방식을 사용하고픈 유혹을 받는다. 시대가 바뀌었고 철이 지난 것도 모르고 과거 방식을 사용하려고 한다. 이에 일부 유권자들은 또 속고 이용당한다. 적지 않은 목사와 기독교인들이 이용을 당한다. 기독교에서 민감한 사안인 부분들을 자극하면 발끈하고 튀어나온다. 동성애, 인권, 우상숭배 등이다. 반공을 외친다. 사람에게 사기를 치는 놈이 가장 나쁘지만 매번 사기를 당하는 사람도 정상은 아니다. 두 번 이상 동일한 사기를 당하면 그 사람의 실력이다.

언제 여야 정치인들이 진리와 한국교회를 위해서 정책을 펴고 입법을 했는가? 언제 복음을 위해서 애썼는가? 언제 하나님을 위해서 정치를 했는가? 언제 동성애에 대하여 진심을 보였는가? 단지 줄기차게 기독교와 교회와 목사들과 성도들을 이용만 해 왔다. 그런데 기독교인들 상당수는 이런 사실을 모른다. 기독교를 사랑한다고 착각한다. 분별력이 없어도 너무 없다. 정치인들은 진리나 기독교의 교리에 관심이 없다. 오직 자기들 잇속만 챙기기에 바쁘지 기독교 편을 들어주지 않는다. 진리를 위해서 싸우지 않는다. 이런 사실을 바로 알아야 한다. 그러면 선거 때에 덜 이용을 당한다.

개인이든 정치인이든 국가 지도자든 명백한 근거나 물증을 제시하지 않으면서 방송과 언론과 브리핑을 통해서 말로만 이간질과 분열과 갈라치기 등을 할 때는 무조건 지지하지 말아야 한다. 또 사기를 치는 것이라고 생각해야 한다. 아니면 말고 식으로 이런저런 말을 마구 던지는 정치인들과 정부 관계자들과 검찰이 있다면 속지 말아야 한다. 선거 때마다, 선거 유세 때마다 중상모략과 허위사실 유포와 상대방 비방이 흘러넘친다. 상대방 후보나 어떤 후보든지 사법부에서 확정판결이 난 것이 아닌 이상 무죄추정의 원칙에 따라 죄인, 범인이 아니다. 따라서 사법부의 확정판결이 나지 않았다면 경찰이 수사를 하고, 검찰이 수사와 압수수색과 기소를 하더라도 무시해야 한다. 언론에서 아무리 조사, 수사, 압수수색, 기소, 재판을 한다고 떠들어대도 현혹되지 말아야 한다. 무슨 죄가 있을 것이라고 추정도 하지 말아야 한다.

야비한 정치인들과 일부 정치 검사들은 이런 식으로 비겁한 정치를 한다. 상대방 사람에 대하여 나쁜 이미지를 씌운다. 이는 교묘한 정치 기술이다. 사실 감추고 속여서 그렇지 우리 사회에서 가장 불순하고 더러운 집단은 상당수 정치인들이고 법을 다루는 일부 사람들이다. 국민들이 자꾸 속아 주고 이용당하니 그 나쁜 버릇을 자주 사용한다. 여기에 영혼과 뇌가 없는 무능한 기자들이 정치인들이나 검찰이 발표한 것을 그대로 받아쓴다. 보도한다. 기사화한다. 믿는다. 옹호해 주고 편들어 준다. 짬짜미까지 한다. 낯 뜨거울 정도로 띄워 준다. 그것이 사실인지 아닌지, 확정된 것인지 아닌지, 진행되고 있는 것인지 아닌지 취재나 확인을 하지 않는다. 이래저래 국민들은 속고 이용당할 수밖에 없는 정치 환경과 언론환경과 검찰 환경에 처해 있다.

가장 심각한 것은 언론들이 너무 불공정하고 실력들이 없다는 점이다. 게다가 갈대들이다. 극히 일부 언론을 제외하고 대부분의 언론들과 언론 종사자들은 권력의 눈치만 보는 자들이다. 유권자들과 기독교인들과 국민들이 똑똑하지 않으면 매번 이용당하고 또 당하고 속는다. 성경은 이간질과 분열 정치를 절대 반대한다. 사단이 이런 짓을 주로 한다. 적어도 목사, 사모들만큼은 제발 사악한 일부 정치인들, 검사들, 언론들, 불순한 유튜버, 기자들에게 이용당하지 말자.

제32장

정치인들의 자극적인 발언

우리 속담에 이런 말이 있다. '방귀 뀐 놈이 성낸다' 우리나라 정치 세계
와 언론세계를 보면 아사리판이다. 아사리판이라 함은 몹시 난잡하고 무
질서하게 엉망인 상태를 말한다. 양심과 정의는 찾아보기 어렵다. 한마
디로 개판이다. 삼류 수준이다. 정의, 진실, 공공성은 없고 오직 이전투구
(泥田鬪狗, 진흙탕에서 싸우는 개)뿐이다. 자기 이익만을 위해서 볼썽사
납게 싸우기만 한다. 모든 정치인이 그렇다는 말은 아니다. 정치인들 중
에는 신사적인 사람, 유능한 사람, 정의로운 사람도 있다. 그러나 상당수
는 이기적이고 집단으로 모이면 정의나 양심은 온데간데없다. 오직 승리
를 위한 개싸움밖에 없다.

그러다 보니 분명히 잘못을 하고 불법을 했는데도 적반하장(賊反荷杖)
으로 나온다. 너무 뻔뻔하고 당당하다. 그대로 인정하면 불리하다고 생

각하고는 당당하게 역공을 취한다. 이때 정당 대변인이나 관계자의 입에서 나오는 주장과 발언들을 보면 환상적이다. 얼마나 그럴듯하게 역공을 펴고 포장을 해서 나오는지 감탄이 절로 나온다. 정말로 양심과 염치라는 것은 찾아보기가 어렵다. 그런 모습을 보고 있노라면 정치인에 대한 혐오감이 든다. 정치인들에 대한 불신이 강하게 든다.

우리나라 정치 수준은 삼류이기 때문에 부정과 불법과 잘못한 정치인과 정당이 사과하고 속죄하는 모습을 보기란 하늘의 별을 따기보다 어렵다. 설사 사과를 한다고 해도 진정성이 없다. 말뿐이다. 무조건 부인하고, 오리발을 내밀고, 뻔뻔하고, 도리어 역공을 펴는 것이 이기는 것이라고 잘못 배운 것 같다. 자기의 잘못을 인정하고 시인하면 정치 생명이 끝나는 것으로, 선거 때 표를 잃는 것으로 생각한다. 그러니 죽기 살기로 부인한다. 도리어 물타기를 한다. 상대방보다 더 자극적인 용어와 단어를 동원하여 상대방을 공격한다. 이젠 이런 자세로는 국민들의 마음을 얻을 수 없다. 과거에는 통했지만 이젠 안 통한다. 다수 국민들이나 유권자들이 개·돼지가 아니기 때문이다. 속으로 다 판단하고 기억해 둔다. 그리고는 선거 때에 표로 심판한다. 현재 대통령과 정당 지지율이 잘 보여 주고 있다.

아무리 검찰과 언론과 여론조사 기관과 대변인을 통해서 화장을 하고, 마사지를 하고, 포장을 해도 다수 국민들은 속지 않는다. 그래서 지지하지 않는다가 60%대, 지지한다가 30%대로 고착되어 버렸다. 시험 점수로 말하면 30점 받는 학생이다. 그런데도 부끄러워하지 않고 당당하다. 국정운영에 변화를 주지 않는다. 무능하면서 자기 고집대로만 한다. 이러한 결과는 다가오는 총선과 대선에서 확연하게 나타날 것이다. 뿌린 대로 거두게 될 것이다. 어리석고 오만한 자들은 발등에 불이 떨어져야 뜨거운 것을 안다. 이젠 말장난이나 언론조작과 포장은 그만해야 한다. 다수 유권자들은 똑똑하다. 여론조사 기관을 통해 여론 수치의 정직한 실상 감추기도 그만해야 한다. 방송장악, 언론장악 시도도 멈추어야 한다. 다수 국민들과 유권자들은 대통령과 장관들과 정치인들 머리 위에 있다. 우습게 보면 큰코다친다.

기독교인 정치인들은 항상 정의롭고 정직해야 한다. 겸손해야 한다. 진리 편에만 서야 한다. 잘못한 것이 있으면 어느 정당에 있든지 인정하고 사과하고 다시 잘하겠다고 해야 한다. 그러면 다시 신뢰와 지지를 받는다. 누구나 실수하기 때문이다. 기독교인이라고 하면서 국회와 정당에서 불신자들과 동일한 자세와 방식을 취하면 사이비 기독교인 정치인이라고 해도 할 말이 없을 것이다. 말 그대로 정치인 기독교인이다. 사람은 입과 말로 자기 정체성을 증명하는 것이 아니라 행위와 열매로 입증하는 것이다. 말로야 무슨 말을 못 하겠는가? 언제 어디서나 기독교인들의 각성이 요구된다.

제33장

방송사의 낙하산 사장 정치 행태

2023년 11월 20일경에 어느 한 방송사에서 전무후무한 일이 발생하였다. 이는 마치 아프리카 어느 후진국에서 반군에 의해 방송국이 폭력적이고 전격적으로 장악되는 모양과 유사한 일이 벌어졌다. 공영방송국인데 사장은 편향된 사람인데다가 낙하산 인사였다. 더 기막힌 것은 사장으로 임명이 되자마자, 아니 발령을 받지도 않았는데 정치적 성향과 이념이 다르다는 이유로 많은 방송 진행자들에게 그만두고 출근하지 말라고 통보했다고 한다. 회사 출입 금지를 당했다. 더 심각한 것은 뉴스를 맡은 앵커를 비롯해서 그동안 프로그램을 진행했던 많은 사람들이 시청자들이나 청취자들과 마지막 인사도 못 하고 그냥 쫓겨났다고 한다. 그런 시간과 기회를 아예 주지 않았다고 한다. 민주주의 국가에서는 있을 수 없는 일들이 일부 방송국에서 벌어지고 있다.

기본적인 예의와 절차가 모두 생략된 해괴한 일들이 민주주의 국가에서 백주에 벌어지고 있고 벌어진 것이다. 입만 열면 공정과 정의와 원칙과 상식을 주장했던 윤 정부인데 어느 방송국을 그런 식으로 장악해 버렸다. 그들의 변은 일부 사람들이 편향적이기 때문이라고 한다. 이 또한 황당하다. 완전히 중립에 있는 사람이 어디 있는가? 어느 쪽에 있든지 방송만 정의롭게 행하면 되는 것이다. 낙하산으로 사장에 임명된 그 사람 자체가 그동안 칼럼 등을 통해서 쓴 글은 보면 매우 편향적이었다. 현재 4월 총선을 앞두고 이미 전반적인 방송 장악 시도를 다방면으로 하고 있다는 의심을 갖기에 충분한 일들이 벌어지고 있다. 과거 군사반란에 의한 정권 탈취 때나 군부가 행하였던 짓들이다. 검찰 출신 대통령이 권좌에 오르자 상상할 수 없는 일들이 다방면에서 발생하고 있다.

　국영 방송사든 민영 방송사든 어느 한쪽으로 편향적일 수는 있지만 법과 원칙과 공정한 절차와 질서가 있어야 한다. 다른 곳에서도 언급했지만 미국 방송과 언론들은 편향적이다. 보수든 진보든 지지한다고 공개하고 방송을 운영한다. 그래도 비교적 정직하고 공정하게 진행하고 보도한다. 그런데 우리나라는 내부적으로나, 역사적으로나, 실제적으로 어느 이념과 정당을 노골적으로 편들고 지지하면서도 아닌 척하며 방송과 보도를 하는데 너무 불공정하다. 솔직하기라도 했으면 한다. 너무 뻔뻔하고 노골적이라 대꾸할 가치도 느끼지 못한다. 일제 강점기 때는 일본의 편에서 언론 활동을 하고, 군사 독재시절에는 군부 편에서 그리하고, 이젠 검찰 권력의 편에 서서 단물을 빨아먹고 있다.

자기들은 그렇게 해 왔고 하면서 반대편에 있는 자들에게는 편향적이라고 말한다. 편향적인 방송을 하면 비판을 받아야 하지만 그 사람 성향과 이념 자체가 편향성이 있다고 해서 비판하거나 해고를 하는 것은 잘못된 것이다. 탓하고 나무랄 법적 근거가 없다. 예를 들어, 공무원은 법에서 중립을 요구한다. 이를 어기면 처벌을 받는다. 그래서 정신이 바로 박힌 공무원들은 편향적인 공무를 보지 않는다. 그런 발언도 하지 않는다. 그렇다고 모든 공무원들이 보수나 진보는 아니다. 중도도 아니다. 보수도 있고 진보도 있다. 우파도 있고 좌파도 있다. 그렇다고 편향적이고 중립을 지킬 수 없으니 쫓아내겠다고 하지 않는다. 편향적인 언행을 할 때만 제재를 받는다. 이것이 정상이다. 방송국 종사자들도 그렇다. 그런 원리와 시각으로 보아야 한다. 그래야 공정하다.

권불십년(權不十年)이라고 했다. 어떤 정권이든지 화살처럼 지나간다. 아주 짧다. 뿌린 대로 거둔다. 인과응보다. 역사가 두고두고 증거하고 심판한다. 이런 것을 아는지 모르는지 그저 권력의 견이 되어 한동안, 하루살이처럼 양지 생활을 하고 권력을 누리겠다고 정의를 버린다. 어리석은 사람이다. 눈앞의 이익만 생각하고 사는 사람이다. 권력에 취해 자기들 마음대로 하는 날도 결코 오래가지 않는다. 역사가 잘 증명하고 있다. 그러므로 어느 방송과 언론 사장이든지 본래의 역할과 사명에 맞게 중심을 잡고 정의롭게 방송과 언론 활동을 해야 한다.

그래야 나중에 본인과 자식들이 부끄러움을 당하지 않는다. 자기 발등을 찍지 않는다. 국가와 국민들에게 피해를 주지 않는다. 시대와 정권이 바뀌었을 때 처벌을 받지 않는다. 특히 기독교인 사장이나 언론인이라면 더더욱 정의롭게 해야 한다. 권력에 따라 갈대처럼 하지 말아야 한다. 권력과 불이익과 사람을 무서워하지 말고 오직 하나님만을 두려워하며 정의롭게 살아야 한다. 그렇지 않은 방송국 사장이나 종사자들은 짠맛을 잃은 소금일 뿐이다. 기독교인들은 이런 부분에서 상식과 원칙에 따라 행동해야 한다. 치우친, 편협된 사고는 버려야 한다.

제34장

대통령·장관 등 공무원 탄핵

일부 검사들의 비위와 불법 혐의를 근거로 야당이 탄핵을 말하자 검찰총장을 비롯한 법무부 장관, 일부 검사들과 집권 정치인 등이 몹시 불편해하며 반발하고 나섰다. 이는 마치 경찰과 검찰과 감사원 등이 어떤 비위 혐의자에 대하여 수사를 하고 기소를 하겠다고 하니 반대편에 있는 사람들이 반발하는 것과 유사하다. 이는 황당하기 그지없는 일이고, 헌법과 법률에 역행하는 쿠데타적인 자세이다. 왜냐하면 헌법과 법이 탄핵을 정당화하고 지지하기 때문이다. 탄핵(彈劾, 죄상을 물어 책망하거나 처벌하는 일)이란 대통령, 국무총리, 법관 등 신분이 강력하게 보장되어 있어 소추나 처벌이 어려운 고급 공무원의 위법행위에 대하여 헌법에 따라 처벌하거나 파면하는 특별한 제도이다. 탄핵은 우리나라 헌법 제65조, 그리고 제111조 1항 2호에 따라 국회에 의한 탄핵소추와 헌법재판소에 의해 탄핵심판이 이루어진다.

탄핵소추는 국회의원의 3분의 1 이상이 고위 공무원 탄핵에 대한 의안, 즉 탄핵소추안을 내놓는 것을 말한다. 탄핵소추안에 대해 국회의원 과반수의 찬성이 있을 경우 탄핵의 결정을 위해 헌법재판소로 넘어가게 된다. 만약, 대통령에 대한 탄핵소추안일 경우에는 국회의원의 과반수가 아닌, 3분의 2 이상의 인원이 찬성해야 한다. 헌법재판소로 넘어간 의안에 대해 7인 이상 재판관 중 3분의 2 이상이 찬성하면 탄핵이 확정된다. 박근혜 대통령도 탄핵을 당했다. 탄핵이 결정된 공직자는 공직에서 파면된다.

헌법 65조는 이렇게 말한다. **"기타 법률이 정한 공무원이 직무집행에 있어 법을 위반한 때엔 국회는 탄핵소추를 의결할 수 있다. 탄핵소추는 국회 재적의원 3분의 1 이상 발의 과반수의 찬성으로 이뤄진다."** 대통령과 장관과 검사는 국가 공무원이다. 민간인이나 사인이 아니다. 따라서 위법한 행위가 있으면 국회는 언제든지 탄핵소추를 할 수 있다. 이는 헌법과 법률이 정한 정당한 행위이다. 탄핵이 불편하면 공무직을 내려놓아야 한다. 그런데 탄핵을 운운하니 불편해하고 불쾌하게 생각하는 소속 당사자들이 있다. 이는 헌법에 반하는 자세이자 모습이다. 이런 사람들은 순수한 공무원이 아니라 변질된 공무원이다. 반국가세력이다. 공직을 맡으면 안 된다.

공무원의 자격, 입사, 근무, 의무, 역할, 책임 등의 모든 것은 헌법과 법률에 정한 바대로 하는 것이다. 공무원들의 기분과 감정과 유·불리에 따라서 찬반을 주장할 수 없다. 공무원은 공직자이다. 그래서 법으로도 공무원은 정치적 중립을 강제하고 있다. 위법과 불법 금지는 말할 것도 없다. 법을 어기면 해당 장이나 국회에 의해서 면직되거나 탄핵을 당한다. 이는 당연하고 정당한 행위이다. 그런데 국회의 권한인 탄핵을 운운하니 반대적이고 불편한 심정을 드러내는 것은 아주 잘못된 모습이다. 자신들이 공무원이라는 신분을 잊은 모양이다.

헌법과 법률을 지키고 싶지 않은 자, 탄핵을 거부하는 자들은 공무원이 되어서는 안 된다. 즉시 공무원 자리를 떠나야 한다. 공무원 신분과 사명과 의무를 망각하니 탄핵을 운운할 때 불편한 것이다. 공무원들은 탄핵을 거론하는 국회의원들을 탓해서는 안 된다. 탄핵은 국회의 권한이다. 국회를 탓하는 것은 법을 탓하는 것과 같다. 법이 허용하니 국회가 권한을 행사하기 때문이다. 고위공무원들은 법대로만 공직을 수행하면 된다. 법대로 살면 어떤 이유로 탄핵을 하든지 말든지 상관할 것이 없다. 무서울 것이나 불편할 것이 하나도 없다. 탄핵도 당하지 않는다. 탄핵 운운은 정치적인 행위라고 역공을 펴는 것은 유치한 주장이다. 당사자가 떳떳하면 국회의원들이 어떻게 하든 불편하게 반응할 이유가 하나도 없다.

날마다 법과 법률을 가지고 수사하고 기소하는 검사들이, 입법을 하는 국회의원들이 헌법과 법률에 근거하여 수사, 기소, 탄핵을 추진하고 주장하는데 가타부타 하는 것은 말이 되지 않는다. 그저 묵묵히 자기 책무를 다하면 되고 잘못을 했으면 처벌을 받으면 된다. 잘못이 없다면 무사할 것이다. 현재나 미래나 어느 정권이 들어오던지 공무원이 위법한 일을 저지르면 반드시 탄핵을 추진해야 한다. 그래야 공무원들이 처벌이 무서워서라도 반듯하게 공직을 수행하게 될 것이다. 공무원은 철밥통이 아니다. 언론들이나 국민들도 공무원들의 상식에 반하는 주장들에 대하여 따끔하게 비판하고 지적해야 한다. 같은 편이라고 옹호하고 지지하는 것은 정의롭지 못하고 저급한 자세이다.

국회는 과감하게 국회의 권한을 정당하게 행사하기 바란다. 기독교인들은 이런 사실을 바로 알고 어처구니없는 주장을 하는 일부 정치 검사들과 정치인들의 주장에 대하여 동조하거나 지지하지 말아야 한다. 무시해야 한다. 특히 기독교인 고위공무원들은 하나님 앞에서 정직하고 정의롭게 공직을 수행해야 한다. 비굴하고 비겁하게 자리를 사수하기 위해서 무조건 위에서 시키는 대로만 하지 말아야 한다. 불의한 상명하복은 거부해야 한다. 법과 양심과 신앙에 반하는 상관의 지시와 명령에 대해서는 당당하게 거부하고 불이익을 당해야 한다. 그런 자가 진실한 기독교인 공무원이다.

제35장

남 탓 정치

부산엑스포 유치가 무산되었다. 사우디아라비아 리야드로 결정되었다. 사우디아라비아는 119표, 한국은 29표를 얻었다. 이런 압도적인 참패와 참담한 결과에 대해 조직위 어느 사람은 사우디의 오일 머니 탓이라고 했고, 국민의힘 김○○ 대표는 문재인 정부 탓이라고 말했다. 이태원 참사도 정부는 시민들 탓이라고 했고, 새만금 잼버리대회도 지방정부 탓이라고 했다. 현 정부가 잘하는 것 하나는 '남 탓' 하는 버릇이다. 사람들을 만나다 보면 별의별 사람들이 다 있다. 어떤 일이 발생하면 자기 탓이라고 하는 사람도 있지만 다른 사람 탓이라고 책임을 회피하려는 자들도 적지 않다. 남 탓이 정당성을 갖기 위해서는 법적으로 하자가 있어야 한다. 그렇지 않으면 남 탓 하는 것은 무책임한 자세이다. 그렇게 남 탓, 전 정부 탓만 할 것 같으면 가만히 있으면 된다. 일을 맡지 않으면 된다.

물론 어떤 일과 사고와 사건에 대하여 자기 탓인 경우도 있고 남의 탓인 경우도 있다. 어떤 것은 구분이 확실하게 되지만 어떤 것은 경계가 모호한 것도 있다. 이유와 사정이 어떠하든지 일단 어떤 것을 맡은 이후 어떤 불편한 일들이 발생하면 그때부터는 새롭게 임무를 맡은 자들의 책임이다. 주로 남의 탓을 하는 자들은 무능하거나 자신감이 없거나 무책임한 자들이다. 그런 자들은 어떤 중책을 맡기면 안 된다. 사사건건 남의 탓을 할 가능성이 크기 때문이고, 그런 자들은 기대할 것이 없기 때문이다.

남의 탓을 가장 잘하는 집단이 정치인들이다. 정치인들은 표를 먹고 살고 지지율을 마시고 사는 자들이기에 자기들에게 돌아오는 책임을 무척 두려워한다. 그래서 어떤 일이 발생하면, 좋지 않은 지표가 나오면 전부 남의 탓으로 돌려 버리고 자신은 쏙 빠져나온다. 특히 현 정부가 들어선 지 1년이 넘었는데도 계속 전 정부 탓을 하는 것을 보았다. 사사건건 전 정부 탓이라고 책임을 회피하는 것을 보았다. 이런 정치인들과 지도자들은 수권 능력이 부족한 자들이다. 이것은 마치 이렇게 비유할 수 있다. 어떤 축구 선수가 결정적인 상황에서 골을 넣지 못하자 자기에게 패스를 한 선수를 탓하는 것과 같다. 패스가 정확했다면 반드시 골을 넣었을 것이라고 투덜대는 것과 같다.

유능한 선수는 패스가 부정확하게 오더라도 골로 연결하고, 무능한 선수는 정확하게 패스가 오더라도 골로 연결시키지 못한다. 선수나 정치인이나 무능하거나 무책임한 사람은 일이 잘못되면 모든 책임을 다른 사람에게 전가한다. 프로배구 시합을 보더라도 세터가 토스를 잘 하는 경우도 있고 엉터리로 하는 경우도 있다. 그때 스파이크를 하는 공격수들은 어떤 식으로든지 해결한다. 김연경과 같은 세계적으로 유능한 선수는 어이없는 토스를 받아도 성공을 시킨다. 그러나 실력이 부족한 선수는 스파이크를 실패한 이후 토스를 잘못했다고 세터를 바라보면서 얼굴을 찡그린다. 우리나라는 5년마다 정권이 바뀐다. 정권이 바뀔 때마다 몇 개월의 인수 과정을 거친다.

그때 이런저런 상황과 형편과 실상을 보고 받고 인수를 받는다. 그리고 새 정부가 출범한다. 한마디로 가게 주인이 바뀐 것이다. 그때부터는 그 가게에서 벌어지는 모든 일은 새 주인이 책임을 지는 것이다. 전 가게 주인이 가게를 엉망으로 운영했기 때문에 나도 어쩔 수 없이 가게를 이렇게 운영한다고, 음식을 그 정도밖에 만들지 못한다고 고객들에게 변명하지 못한다. 그렇게 맛과 서비스와 가격 등에 대하여 변명하고 핑계를 대면 어느 손님이든지 이해를 하지 못할 것이다. 그러면 손님들이 이렇게 생각할 것이다. '그렇게 전 주인 탓을 할 것 같으면 가게를 왜 인수했지?'라고 의문과 불신을 보일 것이다. 어느 고객도 새 가게 주인을 신뢰하지 않을 것이다. 윤ㅇ열 현 정부가 그와 같은 자세를 1년 이상 취하고 있다.

이는 스스로 자기 발등을 찍는 자세다. 스스로 신뢰를 잃는 행위다. 전 정부가 어떻게 했든지 자신이 대통령이 되었으면 그때부터 제대로 해야 하는 것이 상식이다. 인수받는 즉시 자기 책임인 것이다. 그럴 자신이 없었다면 인수를 받는 과정에서 인수를 받지 못하겠다고 해야 한다. 인수를 받지 말든지 아니면 권력을 내려놓아야 한다. 그러면 간단하다. 남 탓을 할 것도 없다. 주로 공부를 못하는 학생이 선생님 탓, 교과서 탓, 참고서 탓, 환경 탓, 학원 탓, 부모 탓, 머리 탓, 과외 여부 탓을 하는 법이다. 자신이 무능하고 불성실해서 공부를 못한다고 인정하지 못하고 남 탓만 한다.

기독교인 정치인이나 지도자들은 결코 남 탓을 하지 않아야 한다. 혹 남 탓을 할 것 같으면 어떤 자리든지 맡지 말아야 한다. 혹 남을 탓하더라도 객관적으로 검증된 정직한 자료, 지표, 숫자, 근거를 가지고 말해야 한다. 책임을 회피하기 위해서 일방적으로 그럴싸하게 남 탓, 전 정부 탓을 하는 자는 아무것도 맡지 말아야 한다. 그래야 자신도 좋고 다른 사람들도 좋다. 그래서 중요한 직책과 어떤 일은 아무나 맡는 것이 아니다. 감당할 수 있는 능력이 있는 자라야 한다. 진정한 부모는 자식이 잘못해도 자신의 책임이라고 사과한다. 자식이 잘못했어도 그 책임을 자식에게 돌리지 않는다. 정치인들이나 기독교인들은 누구 탓을 하지 말아야 한다.

제36장

대통령의 거부권 행사

더불어민주당이 이른바 윤 대통령 아내 '김건희 특검법'을 강행처리할 경우, 윤석열 대통령이 이 법안에 대해 '거부권을 행사하지 말아야 한다'는 의견이 70%에 달하는 것으로 10일 조사됐다. 반면, 윤 대통령이 '김건희 특검법'에 대해 '거부권을 행사해야 한다'는 응답은 20%에 그쳤다. '모름·응답 거절'은 10%였다. 특히 여권의 텃밭으로 분류되는 대구·경북 (TK) 지역에서도 '거부권을 행사하지 말아야 한다'는 의견이 67%로 '거부권을 행사해야 한다'(19%)는 대답을 압도했다(국민일보, 2023. 12. 10.). 결국 윤 대통령은 '김건희 특검'과 '대장동 50억 클럽 특검'에 대하여 거부권을 행사했다. 대통령의 거부권 행사는 법적으로 대통령의 고유권한이다. 하지만 향후 민심과 지지율과 국정운영과 4월 총선에 큰 영향을 줄 것으로 보인다. 왜냐하면 아무리 거부권이 대통령의 권한이라고 하지만 이 부분은 자기 아내와 관련된 사건이다. 이해충돌의 건이다. 게다가 국민 67%

이상이 특검을 지지하고 있기 때문이다.

평소에 공정과 상식을 주장해 왔으니 두고 볼 일이다. 대통령 중심제에서 입법·사법·행정 삼권이 분립되어 있지만 대통령의 권한과 영향력은 막강하다. 그래서 대통령을 잘 뽑아야 한다. 대통령의 권한 중의 하나는 거부권 행사이다. 국회에서 다수결에 의해 어떤 것이 통과되어도 대통령의 거부권 권한에 해당하는 것은 대통령의 주관에 따라 좌지우지된다. 그런 차원에서 대통령의 거부권은 일장일단이 있다. 오용되고 남용될 소지가 충분하다. 대한민국에서의 법률안거부권(法律案拒否權)은 입법부인 대한민국 국회에서 의결되어 정부에 이송되어 온 법률안에 대하여 대한민국의 대통령이 이의가 있을 때에 이의서를 붙여 국회의 재의를 요구할 수 있는 권한을 말한다. 법률안 '재의요구권'이라고도 한다.

대한민국 헌법 제53조 1~2항은 **"국회에서 의결된 법률안은 정부에 이송되어 15일 이내에 대통령이 공포한다. 법률안에 이의가 있을 때에는 대통령은 위의 기간 내에 이의서를 붙여 국회로 환부하고, 그 재의를 요구할 수 있다. 국회의 폐회 중에도 또한 같다."**라고 하여 대통령의 법률안거부권을 규정하고 있다. 대통령의 법률안거부권은 미국의 헌법에서 유래한 제도이다. 미국연방헌법과 같은 대통령 정부형태에 있어서 법률안거부권이 인정되는 것은, 입법권은 국회가 갖는 데 대하여 법률의 집행은 입법과정에 참여하지 못하는 행정부의 책임이므로 행정부의 입장에서 법률안에 이의가 있을 수 있기 때문이다.

거부권과 관련해서 대통령은 거부권을 매우 신중하고 무겁게 행사해야 한다는 것이다. 왜 그런가? 국민의 대의기관인 국회에 의해서 결정된 것이기 때문이다. 대통령은 국민의 민의를 존중해야 한다. 대통령도 다수 유권자의 지지를 받았고 국민 다의의 대의 대통령이기 때문이다. 윤 대통령도 언젠가 말하기를 "국민들이 항상 옳다."라고 했다. 당리당략 차원과 이념과 사상, 다가오는 선거의 유·불리, 어떤 악감정이나 보복 차원에서 거부권을 행사하는 것은 거부권을 오용하고 남용하는 것이 된다. 대통령이 아무리 원치 않는 것이라 할지라도 합리적으로 타당하고 다수 국민들이 원하면 국회의 결정을 존중해 주어야 한다. 현재 도이치모터스 주가조작 사건에 대해 국회에서 특검을 추진하려고 하고 있었는데 드디어 12월 28일에 국회에서 가결되었고, 이에 대하여 윤 대통령은 거부권을 행사했다.

2023년 12월 14일 독립 언론 「뉴스파타」에 의해 김건희 씨의 통정매매(통정거래) 의혹의 음성이 폭로되었다. 통정매매란 '장중에 미리 2인 또는 다수의 사람이 상호 간 주식을 주거니 받거니 하며 거래하는 행위'를 말한다. 누구나 확인할 수 있도록 유튜브에 떠 있다. 이젠 빼도 박도 못하는 외통수에 빠졌다. 윤 대통령은 어차피 맞을 매이기에 본인이 적극적으로 특검에 앞장서야 그나마 모양새가 좋아진다. 만약 정반대로 국회가 결의하였는데 윤 대통령이 아내를 위한다고 거부권을 행사한다면 대통령과 국민의힘에는 최악이 될 것이다.

4월 총선은 끝난 것이나 다름없고, 대통령은 신뢰를 완전히 잃고 식물 대통령으로 전락할 가능성이 짙다. 대통령 탄핵도 나올 가능성이 있다. 지금까지 보면 부당하고 비합리적으로 대통령의 거부권을 행사하는 경우가 종종 있었다. 대통령의 권한이라고 무한 권한은 아니다. 절제된 권한 행사이어야 한다. 특히 아내의 특검이니 거부할 명분도 없다. 자신은 이해당사자이니 대통령에게 거부권한이 있다고 하더라도 기피나 회피를 해야만 법 정신에 맞다. 국민 다수와 다수 여론의 요구를 무시하는 거부권은 역풍을 맞는다. 다수 국민들과 기독교인들은 이런 사실을 잘 주시해야한다. 그리하여 대통령이 거부권을 적절하게 행사하도록 해야 한다. 향후헌법을 개정할 때 이 부분도 수술이 불가피하다고 생각한다. 친인척의 범위 내에서 대통령의 거부권을 어느 정도 제한해야 한다.

제37장

어떤 자를 대통령 후보로 지지해야 하나

어떤 자를 대표선수로 선발해야 하는가? 실력이 뛰어난 선수, 전문성이 탁월한 선수이다. 대통령 선발과 지지도 마찬가지이다. 일반인들과 기독교인들이 생각하는 대통령은 차이가 분명이 있다. 왜 그런가? 대통령에 대한 가치관과 세계관이 다르기 때문이다. 그 기반은 성경에 둔다. 그러나 현실은 안타깝게도 기독교인답지 않은 기독교인 유권자들이 있어 속상하다. 기독교인들의 모든 판단과 행위의 근거와 기준은 성경이다. 어느 정당, 어느 정치 이념과 사상이 아니다. 더욱더 어느 지역에 산다는 연고가 기준이 될 수 없다.

그런데 기독교인들 중에는 불신자들처럼 상식에 반하는 기준을 갖고 투표와 지지를 하는 자들이 있다. 어떤 사람들은 이런 것에 대하여 '영혼이 나갔다'고 말한다. 대통령은 누구나 될 수 있지만 아무나 지지하면 큰

일 난다. 이는 마치 비행기 조종사는 누구나 될 수 있지만 아무에게나 함부로 조종석을 맡길 수 없는 이치와 같다. 한 번 상상해 보라. 정치 이념과 사상, 지역 연고, 친분, 인기투표, 다수결 등에 따라 비행기 조종석을 맡긴다면 어떤 일이 벌어지겠는가? 생각만 해도 끔찍하다.

일반인을 제외하고 기독교인들이 총선과 대선에서 지지할 수 없는 정치인은 다음과 같다. 이단, 사이비, 우상숭배자, 불량한 자, 역술인과 어울리는 자(천공 등), 거짓말한 자, 불법을 행한 자, 정치에 문외한인 사람이다. 전문성이 없는 자이다. 특히 아무리 자기가 추구하는 정치 이념과 정당을 가졌다고 해도 하나님이 가장 혐오하시는 미신과 우상을 섬기는 자는 거부해야 한다. 혼합주의 신앙을 가진 자도 거부해야 한다. 만일 이런 자임을 알고도 지지하고 투표한다면 우상숭배를 하는 것과 다르지 않다. 하나님을 대적하는 기독교인이 된다. 아주 무서운 일이다. 가능하면 올바른 신앙을 가진 정치인이면 가장 좋다.

하지만 그런 정치인은 찾아보기 힘들다. 정치인들 중에 신앙이 좋은 사람은 별로 없다고 보는 것이 맞다. 직분만 장로, 집사이고 교회만 다니지 사실은 형편없는 신앙을 소유한 정치인들, 기득권 유지와 사익을 추구하는 신앙을 가진 정치인들이 대부분이다. 정치활동과 정치 발언을 보면 선명하게 드러난다. 세상과 타협만 잘하는 자들이다. 또한 불신자이기는 하지만 비교적 정직하고 정의로운 정치인을 지지해야 한다. 그래야 비교적 나쁜 짓을 덜 한다.

현재 어떤 지도자는 혼합주의 종교인이다. 종교가 여러 개다. 어떤 신령한 역술인 ○공을 스승으로 모시고 사는 자라고 한다. 한마디로 우상을 숭배하는 자이다. 성경은 역술인을 절대로 반대한다. 말만 공정과 원칙과 상식과 정의를 외쳤지 정작 자기 가족과 측근들에 대해서는 법 적용을 적극적으로 하지 않는 자이다. 게다가 국민과 국가와 헌법에 충성하는 자가 아닌 조직에 충성하는 자이다. 그런데 그런 자를 지지하고 투표한 목사와 기독교인들이 적지 않다. 참으로 기막힌 일이 기독교인들 사이에서 벌어지고 있다. 그리고는 주일과 수요일에 교회에 가서 설교를 하고 하나님을 예배하고 찬양한다.

이러한 모습은 이스라엘 왕들과 백성들과 지도자들에게서 일관되게 나타난 혼합주의 신앙이다. 하나님도 섬기고 우상도 섬기는 혼합신앙이다. 무엇이 우선인지 모르고 산다. 진리보다, 하나님의 교훈보다 세상 정치, 정치인, 정당, 세상 이념과 사상을 더 중요하게 여긴다. 입으로만 목사와 기독교인이라고 하지 행위를 보면 성경 말씀과 거리가 먼 짓을 한다. 성경에 무지하고 하나님을 두려워하지 않는 기독교인이다. 삶과 신앙생활을 자기 기준과 자기 방식대로 사는 자이다. 이런 기독교인은 실패의 삶을 살고 있는 자이다.

기독교인이라면 자기 기준과 방식이 아닌 성경과 하나님의 방식과 기준으로 살아가야 한다. 세속 정치와 세속 이념과 세속 정치인과 정당에 빠져 진리를 외면하는 것은 어리석은 기독교인이다. 이런 자는 어디 가

서 기독교인이라고 하지 말아야 한다. 진정한 기독교인이라면 국가 지도
자를 뽑을 때 적어도 우상숭배자, 이단, 혼합주의 종교를 가진 사이비 종
교인과 정치인은 멀리해야 한다. 십계명 중에서 제1계명인 우상숭배자는
절대로 멀리해야 한다. 입만 열면 거짓말을 하는 사람이나 정치인도 멀리
해야 한다. 거짓의 아비는 마귀이기 때문이다.

기독교인들은 총선과 대선과 각종 선거에서 이러한 기준을 정하여 지
지하고 투표해야 한다. 성경도 무시하고, 합리적인 판단도 무시하고 무
조건 어떤 정당과 이념과 정치인을 맹신, 맹종하는 기독교인은 병든 자이
다. 결국 하나님의 영광을 가리고 하나님을 대적하는 자이다. 기독교인들
이 선거에서 지지할 수 있는 대통령 후보는 이단이나 우상숭배자가 아닌,
범죄 행위가 없는 이상 정당과 이념을 떠나 전문성과 도덕성과 사명감이
뛰어난 사람이어야 한다. 비교적 정직하고 공정한 사람이어야 한다. 그래
야 국가를 잘 경영할 수 있다.

제38장

무조건 정치인 매도와 안티

  사람들과 대화를 하거나 인터넷과 유튜브, 인터넷과 유튜브 댓글 등을 보면 어떤 정치인에 대하여 무조건 매도(罵倒, 심하게 욕하거나 꾸짖음)하고 안티(anti, 반대 입장)하는 자들이 적지 않다. 특히 정치 이념이나 성향에 따라 극과 극일 경우가 대부분이다. 아니면 어떤 선입견이 박히면 그런 것 같다. 다 좋다. 누구에 대한 호불호는 각자의 기본권이나 성향이니 좋다. 그러나 누구를 매도하거나 안티를 할 때는 티끌만 한 어떤 객관적인 근거가 있어야 합리적이다. 그런데 사실에 입각한 논리나 주장이 아닌 소설처럼 만들어진 내용을 가지고, 사실과 다른 내용을 가지고, 법원에서 확정판결도 나오지 않은 사람에 대해서 무조건 매도하고 안티를 한다. 객관적인 증거를 제시하지 못하면서 말로만 그리한다. 무조건 싫다고 한다. 무조건 욕한다. 무조건 반대한다. 타당하거나 합리적인 이유나 근거도 없다. 구체적인 설명도 없다. 무조건이거나 잘못된 정보와 지식에 기반한 경우가 많다. 이런 경우가 가장 황당하다.

이를 역지사지(易地思之, 처지를 바꾸어 생각함)로 생각해 보아야 한다. 만일 자신이 누군가로부터 그렇게 무조건 매도와 안티를 당한다면 마음과 기분이 어떠하겠는가? 분통이 터질 것이다. 만일 자기 부모나 배우자나 사랑하는 자식이 학교나 직장에서 다른 사람들에게 무조건 매도와 안티를 당한다면 그 기분이 어떻겠는가? 아마 속이 뒤집어지고 마음이 찢어지게 아플 것이다. 분노가 치밀어 오를 것이다. 남녀노소 누구나 각 가정에서는 천하보다 소중하고 귀한 사람들이다.

그래서 사람은 누구나 존중받아야 하고 무시하면 옳지 않다. 정당하게 대우를 받아야 한다. 다른 남녀노소에 대해서 함부로 공격하거나 매도하지 말아야 한다. 자신이 소중하면 다른 사람도 소중한 것이다. 어떤 사람도 함부로 대할 대상은 세상에 없다. 사람은 천하보다 귀한 존재이기 때문이다. 싫고 좋고를 할 때도 타인이 들었을 때 나름 객관적이고 타당한 이유와 근거가 있어야 한다. 무조건 매도와 안티를 당하는 것처럼 어처구니없는 일은 없다. 특히 정치인과 관련해서 이념과 정당 소속 여부에 따라서 극렬하게 다르다.

그렇다고 해도 누구든지 타인을 마음대로 매도하고 안티하는 존재는 아니다. 자기 자신을 사랑하고 존중하는 것처럼 타인을 사랑하고 존중해야 한다. 자기와 다른 것은 다른 것이다. 그것이 정당이든 이념이든 취향이든 다른 것은 다른 것일 뿐이다. 다른 것은 나쁜 것이나 틀린 것이 아니다. 자기와 다른 사람이 헌법과 법률과 진리에 명백하게 그릇된 주장과 행동을 하지 않는 이상 매도와 안티를 하는 것은 그렇게 하는 사람이 정상이 아니다. 우리나라는 이러한 극단적인 현상이 매우 지배적이다. 자기편이 아니면 사정없이 난도질한다.

사람이란 누구든지 매를 맞을 짓을 했을 때 매를 맞아야 억울하지 않고 분노가 차오르지 않는다. 명백한 잘못도 없이 무조건 매를 맞고, 자신이 왜 매를 맞는지조차 모르고 매를 맞는다면 얼마나 속상하고 화가 나겠는가? 매도와 안티를 당한다면 그 사람 심정이 어떠하겠는가? 편히 잠을 자겠는가? 엄청난 상처와 분노가 일어날 것이다. 인생이 망가진다. 사람이라면 이런 점을 헤아려야 한다. 객관적인 근거와 잘못도 없이 누군가를 매도하고 비난하는 것은 폭력이다. 깡패 짓이다.

특히 기독교인들이라면 더더욱 조심하고 신중하게 헤아려서 언행을 삼가야 한다. 어떤 사람이, 어디에서 누군가에 대하여 '이렇다더라'라고 한다고 확인과 검증 없이 함께 비난하고 매도한다면 어리석은 사람이다. 기독교인은 천박해서는 안 된다. 저급하고 비상식적이어도 안 된다. 막무가내의 사람이어서도 안 된다. 예의와 상식과 질서와 존중이 있어야 한다. 누구에게든지 그리해야 한다. 그런 사람이 건강하고 건전한 기독교인이다. 혹 지금까지 누군가를 무조건 매도하고 안티를 했다면 회개하고 다시는 그러지 말아야 한다. 사람은 사람다워야 아름답고 가치가 있다. 사람은 사람인데 하이에나처럼 무조건 사람들을 물어뜯는다면 사람이 아니다.

제39장

정치인 TV 토론

사람을 안다는 것은 결코 쉬운 일이 아니다. 오랫동안 사귀었다고 잘 아는 것이 아니다. 한 집에서 살았다고 해서 잘 아는 것이 아니다. 같은 직장에서 오랫동안 근무했다고 해서 잘 알지 못한다. 사람은 겉으로 보이는 것보다 보이지 않는 세계가 더 많기 때문이다. 사람의 마음과 지식은 자기 자신과 하나님밖에 모른다. 타인들은 일부만 안다. 속마음은 깊은 바다와 같아서 겉으로 잘 드러나지 않는다. 열 길 물속도 잘 알기 어렵지만 사람 마음속은 더더욱 알기 어렵다. 사람들은 각기 자기만의 비밀을 갖고 산다. 숨기고 싶은 것들이 있다. 그래서 자기 사생활을 투명하게 드러내고 사는 사람들은 별로 없다. 별것이 아닌 것들만 드러내고 산다. 그래서 서로 속고 속이는 것이다. 오해하고 오판하는 것이다. 이용당하고 배신을 당한다.

경찰에 직접 알아보고 통계를 보니 범죄사건 중에서 사기사건이 제일 많다고 한다. 그만큼 사람들이 사람에 속고 산다는 말이다. 속마음을 모르니까 속는 것이다. 마음을 알면 속지 않는다. 어떤 사람에 대해서 어떤 사람인가에 대하여 가장 잘 알 수 있는 장터가 있다. 그것은 TV 토론 현장이다. 이는 마치 거울과 같다. 수많은 시청자들이 생방송으로 보는 TV 토론은 그 자리에 참석한 자들의 내면세계와 실력이 어떠하다는 것을 가장 많이 선명하게 보이고 알 수 있는 자리이다.

특히 커튼 뒤에 숨어서 이중적인 언행을 하고 말만 잘하는 정치인들의 속마음과 실력을 검증하기 딱 좋은 자리가 TV 토론이다. 원고 없이 즉흥적으로 하는 난상과 자유토론이 거울 역할을 하게 만든다. 원고 없이 하도록 해야 한다. 그래야 그 사람의 순수한 실력이 나온다. 그동안 실력도 없으면서 온갖 포장과 가식으로, 다른 힘으로 이런저런 말을 해 온 정치인은 가장 두렵고 곤혹스러울 것이다.

한마디로 TV 토론은 목욕탕에서 발가벗고 몸을 씻는 것과 별반 다르지 않을 정도로 참석자들의 신체와 실력이 적나라하게 드러난다. 그래서 선거에 나오는 모든 후보들은 반드시 생방송으로 진행하는 TV 토론을 충분히 거치게 해야 한다. 이렇게 하면 실력이 없는 사람, 전문성이 없는 사람, 불량하게 산 사람은 감히 총선과 대선에 나오지 못한다. 정치인들뿐만 아니라 예비 결혼 당사자들과 회사에 지원한 자들도 그리하면 좋다. 교회의 예비 직분자들에 대해서도 그리하면 좋다. 어떤 중요한 이슈나 교리 몇 가지를 정하여 후보자들끼리 상호 자유롭게 주거니 받거니 토론하게 하는 것이다. 아니면 현장에서 밀봉된 봉투를 선택하게 하여 사회자가 그 안에 기록된 이슈에 대한 즉흥적으로 질문을 하는 것이다. 이렇게 하면 사전에 이런저런 지식이 없는 자는 답변을 못할 것이다. 아니면 잘못된 신앙과 지식을 갖고 있는 자들은 다 들통이 날 것이다.

이렇게 반드시 TV 토론을 하게 만들면 두 가지 효과가 나타난다. 정치에 입문하기를 원하는 자들은 열심히 공부를 할 것이다. 또 전문성과 실력이 없는 자들은 아예 지원을 하지 않을 것이다. 그리하면 불량하고, 무지하고, 무능한 정치인을 세우는 일은 대폭 감소할 것이다. 정치인들의 수준이 높아질 것이다. 환자에 대한 진단과 처방과 수술은 전문가인 의사들이 해야 하는 것처럼, 정치는 정치에 대하여 훈련을 받은 정치 전문가들이 맡아서 해야 제대로 할 수 있다. 그렇지 않으면 함량미달인 자들이 지원하고 온갖 불행한 사고들이 발생한다. 지금 우리가 목도하고 있지 않은가? 모두가 손해다. 국가적으로도 손해다. 내 편과 네 편을 나누는 것 자체가 아무런 의미가 없다. 한배를 탄 자들이기 때문이다.

예를 들어서 배가 침몰하고 있는데 주도권을 잡기 위해서 내 편과 네 편을 나누고 다투는 것이 무슨 의미가 있겠는가? 머지않아 다 수장된다. 서로가 생존할 수 있는 길을 선택해야 한다. 일반적으로 사람을 채용할 때나 배우자로 만날 때도 이런저런 주제를 사전에 만들어서 이런 자유와 난상토론을 하게 되면 어떤 사람인지 더욱 명백해져서 그 사람을 판단하는 데 큰 도움이 될 것이다. 교회와 기독교인들은 여러 방면에서 이런 원리와 방식을 잘 활용하면 실수와 오판, 리스크를 대폭 감소시킬 수 있을 것이다. 이런 것을 부담스러워하거나 불편해하지 말고 진지하게 고민해 보기 바란다.

제40장

기독교인 투표

기독교인은 기본적으로 투표를 반드시 하고 잘 해야 한다. 이는 민주시민의 기본 권리 행사이고, 애국애민이고, 비교적 바른 후보를 뽑아야 하기 때문이다. 국가에 기부와 봉사를 해야만 애국자가 아니다. 올바른 투표를 행사하는 것도 애국이다. 기독교인은 사회의 공공성 책무, 즉 세상의 빛과 소금이기 때문에 투표에는 반드시 참여하되 바르게 투표해야 한다. 기독교인들의 투표 마음과 자세와 실제는 어느 정당이나 이념이나 지역 연고에 치우치지 않고 오직 공의롭고 정의롭게 해야 한다. 왜 그렇게 해야 하는가? 성경이 그렇게 요구하기 때문이다. 기독교인이 존재하고, 하나님을 믿고 사는 모든 것은 하나님의 영광을 위하고 주님의 뜻을 실현하기 위해서다. 이웃사랑이다.

그렇다면 성경 말씀대로 순종해야 한다. 범사에 세상방식과 사람방식이 아닌 하나님과 성경방식대로 살아가야 한다. 투표도 그런 원리로 해야 한다. 그것이 기독교인의 의무이다. 그런데 실상은 그렇지 않다. 기독교인들이 보수와 진보로 나누어져서 무조건 어느 편을 지지한다. 물론 어느 정당이나 어느 후보나 온전한 자는 없다. 어떤 것은 무난하지만 어떤 것은 마음에 들지 않는다. 어떤 것은 성경적이지만 어떤 것은 성경적이지 않다. 그런 경우 종합적으로 판단해야 한다.

기독교인들이 투표할 때 조심하고 금지해야 하는 것은 무조건 어느 정당과 후보를 지지하고 그에게 투표를 하는 경우이다. 이는 매우 어리석은 투표행위가 될 수 있고, 악의 편에 설 수도 있다. 만약 자기가 지지한 후보, 투표한 후보가 나중에 알고 보니 불량하고, 의정활동을 하는 것을 보니 무능하고 형편없는 사람이고, 온갖 불의에 연관이 된 자라면 그를 지지하고 그에게 투표한 사람도 일정 부분 책임이 따른다. 그래서 투표를 신중하게 하고 공부를 해야 한다고 하는 것이다. 무조건 누구를 찍거나 주변에서 누구를 찍으라고 한다고 가볍게 투표를 해 버리면 자기에게도 책임이 돌아올 수 있다는 것이다. 이는 마치 시험을 볼 때 무조건 어떤 번호를 찍지 않고 신중하게 고민하고 풀어서 정답을 기록하는 것과 같다. 현재 우리나라 어느 지역들은 맹신과 맹종의 투표와 지지를 하고 있다. 각종 여론조사 결과가 잘 대변해 준다.

이는 매우 부끄러운 일이다. 각성해야 한다. 특히 기독교인들이 그리한다면 이는 회개해야 할 일이다. 기독교인은 어느 지역 사람, 어느 이념 사람, 어느 친분의 사람을 지지하고 투표하고 사는 자들이 아니다. 그런 것에 좌우되는 신분이 아니다. 오직 헌법과 성경사상과 상식에 부합한 언행을 하는 자를 지지해야 한다. 기독교인들은 항상 누구에게나 정의와 공의롭게 하는 자들이다. 오직 성경사상에 맞게 투표하고 지지하는 자들이다. 어떤 자들이나 어느 지역 사람들처럼 묻지 마 지지나 투표를 하는 자들이 아니다.

만일 이렇게 행하고 있다면 매우 수치스러운 일이다. 부족한 기독교인이다. 사람과 짐승은 무엇이 다른가? 양심과 이성과 높은 차원의 생각이 있다는 것이다. 이러한데 선거든 신앙이든 무엇이든 어느 정치인과 정당과 지역을 무조건 지지하고 투표하고 편들고 사는 것은 짐승처럼 생각 없이 사는 것이다. 사람이 할 짓이 아니다. 이런 부분에서 기독교인들은 투표에 임하는 자세부터 달라야 한다.

제41장

빚투 정책 정치

국가와 정부에서 하는 경제와 부동산 정책을 보면 여러 목적을 가지고 한다. 순수한 정부는 국가와 국민 모두의 상생을 위한 경제와 부동산 정책을 편다. 그러나 불순하거나 기득권자들을 위한 정부는 국민과 서민 편에서 정책을 펴지 않는다. 서민들과 국민들을 위하는 경제와 부동산 정책처럼 포장을 하여 내놓지만 사실은 가진 자들인 건설업자들의 이익과 은행들을 위해서 한다. 그것이 영끌(영혼까지 끌어들여 투자하는 것)과 빚투(빚을 지고 투자하는 것)를 하게 만들어 은행으로부터 대출을 받아 집을 사게 하는 정책이다.

그런데 서민들과 자기 집이 없는 자들은 잘 모른다. 자기들을 위한 정부의 정책이라고 오판한다. 자기 집이 없는 사람들이 참지 못할 정도로 매력적인 제안을 한다. 가장 대표적인 것이 특례보금자리론으로 '50년 주택

담보대출' 정책 등이다. 또한 집이 없는 자들을 위한 각종 저금리 대출 정책이다. 사실 대출 정책으로는 무주택자와 서민들을 위한 해법이 아니다. 도리어 개인의 가계 부채만 증가시킬 뿐이다. 힘들게 하는 것이다. 자세히 들여다보면 건축업자와 은행만 배불리는 정책이고 건축 경기를 부양하는 것에 불과하다.

이런 정책이 나오면 자기 집이 없는 자들, 전세와 월세 생활에 지친 자들은 기회는 이때다 하고 은행으로 달려가서 무리하게 대출을 받아 집을 산다. 결국 자신이 갚아야 하는 무거운 빚이다. 빚만 늘어난다. 이런 정책들은 건설업자들이 대규모로 건축한 미분양 아파트를 처리하는 전형적인 수법이자 꼼수이다. 그렇게 해야 건설업자들이 줄도산을 하지 않아 그 책임이 정부로 넘어오지 않기 때문이다. 많은 건설업자들이 아파트 미분양으로 줄도산을 하면 경기가 침체되고 은행이 부실해져서 정부에게 엄청난 부담이 된다.

그렇게 되면 정권을 잡은 정부의 책임으로 귀결되어 지지도와 인기가 바닥을 친다. 그러면 다가오는 총선과 대선에 치명적이기에 국민들과 서민들을 위하는 척하면서 건설업자들과 은행을 위하면서 결국 정권의 정치적인 이익을 위한 것이다. 이런 깊은 내막을 모르고 집이 없는 자기들을 위한 정책이라고 좋아하고 무리하게 영끌과 빚투를 해 버린다. 이렇게 한 경우 경기가 침체되거나, 개인적인 불행한 일이 벌어지거나, 금리가 상승하면 외통수가 되어 버린다. 대출받은 원금과 이자에 짓눌려 살게 된다. 더욱 비참한 형편에 처하게 된다.

과거에도 지금도 미래에도 정부와 정권은 각종 경기 부양책을 시도했고 시도할 것이다. 이에 따른 이용 대상은 언제나 서민과 국민이다. 집이 없는 자들이다. 2023년 현재 우리나라 가계 빚은 1천조가 넘는다. 한 가구당 빚이 9천만 원이다. 빚(대출)이란 적은 돈이든, 많은 돈이든, 단기든, 장기든, 쉽게 해결되는 것이 아니다. 수많은 변수가 도사리고 있다. 쉽게 갚아지지 않는다. 빚을 가볍게 생각하면 큰코다친다.

그래서 인생은 무리하게 대출과 빚 투자 인생이 되면 위험하다. 좀 불편하고 속상해도 자기 분수와 형편에 맞게 살아야 하루를 살더라도 안전하고 편히 살 수 있다. 빚을 지게 되면 그 시각부터 어깨에 무거운 바윗돌을 얹어 놓고 사는 것처럼 마음과 인생이 짓눌린다. 대출을 받아 상가를 인수하고 장사를 하다가 장사가 잘 안되거나 상가 단가가 대폭 내려가면 끝장이 난다. 비참해진다. 마음에 진정한 자유와 평화가 없다. 심리적으로 매우 쫓기고 누름을 당한다. 일을 하고 돈을 벌어도 재미가 없다. 빚을 져 보지 못한 사람은 이런 것을 잘 모른다. 이런 것을 정부와 정권은 관심이 없다.

그러므로 이런 사실을 알고 정부와 정권의 달콤하고 그럴듯한 부동산 정책과 금리 지원 정책을 내놓아도 쉽게 미혹되지 말아야 한다. 결국 최종적으로 자기가 결정하는 것이기에 누구의 탓도 못 한다. 누군가가 유혹했다고 해도 결국 거기에 넘어간 사람이 잘못이다. 우리가 잘 아는 것처럼 정치인, 정부, 정권들은 항상 정의롭지 못하다. 자기들의 정치적 목적을 지키고 영속하기 위해서는 무슨 짓이라도 한다. 그 이용 대상은 항상 서민들이다. 약자들이다. 그것이 정권을 잡은 자들이고 정치인들이다. 속히 순진한 생각에서 벗어나야 한다.

그래야 자기 자신과 가족을 지킬 수 있다. 사기꾼들만 우리들을 유혹하는 것이 아니다. 멀쩡한 정부가 그리한다. 특히 기독교인들은 이런 것을 잘 알고 누군가가, 정부가 무슨 달콤한 제안을 하여도 쉽게 받아먹지 말아야 한다. 순진한 물고기처럼 그럴듯한 낚싯밥을 보고 덜컥 물면 죽는다. 지혜롭고 조심스러운 물고기는 쉽게 낚싯밥을 물지 않는다. 그래야 자기 자신을 보호할 수 있다.

정부 정책과 제안 등에 대하여 깊이 생각하고 전문가들에게 지혜를 구해야 한다. 장·단기적으로, 종합적으로 만약에 대비한 안목을 가지고 움직여야 한다. 정치인들과 정부와 은행과 세상은 그리 만만하지 않다. 빚투와 영끌 투자는 가능하면 금해야 한다. 정부가 아무리 장·단기의 이런저런 달콤한 부동산 정책과 지원책과 저금리 정책을 내놓아도 쉽게 물지 말아야 한다. 함정이 있는 것은 무엇이든지 언제나 달콤하고 끌리게 다가온다. 달콤한 제안은 항상 함정이 있다. 그래서 보암직하고 먹음직스럽게 만든다. 그래야 속기 때문이다. 이것을 상식으로 알고 세상을 보자. 그래야 미혹되지 않고 이용당하지 않는다. 앞으로도 정부는 다양한 저금리 정책과 장기상환 정책 등을 펼칠 것이다. 이에 수많은 서민들로 하여금 은행으로 달려가서 대출을 받도록 흔들고 유혹할 것이다. 기독교인들은 늘 깨어 있어 지혜롭게 분별하고 대응하고 살아가야 한다.

제42장

요지경 속의 정치인과 정치판

선거철이 다가오면 가장 요동치는 곳이 여의도 정치판이다. 선거가 다가오면 가장 민감하게 반응하는 자들이 현역 정치인들이다. 자신이 속한 정당에서 다시 공천을 받을 수 있을지를 가장 촉각을 곤두세우고 지켜본다. 그러다가 공천 받을 가능성이 희박하면 갖가지 명분을 만들어서 내부 총질을 한 후 탈당을 시도한다. 그런 자들이 여럿 있으면 신당을 창당하려고 한다. 4년마다 총선을 치르는데 총선 6개월 정도를 앞두고는 이런 계산과 이합집산이 활발하게 이루어진다. 이런 경우 유권자들과 지지자들이 가장 분개하는 것이 있다. 탈당이든 신당 창당이든 자기를 지지한 자들과 뽑아 준 자들에게 사전에 알리거나 허락을 받지 않고 자기들 마음대로 한다는 점이다.

총선 전으로 되돌아가 보자. 각 당 후보자들이 총선 유세 때에 어떻게 했는가? 거리와 가가호호를 찾아다니며 인사를 하며 자기를 선택해 달라고 머리를 조아리며 협조를 구했다. 지역과 지역 주민과 국민을 위해서 좋은 국회의원이 되고 의정활동을 하겠노라고 약속했다. 그렇게 한 이후 당선이 된 뒤로는 전혀 다른 행보를 취한다. 그때부터는 자기들 마음대로 한다. 유권자들과 지지자들을 무시한다. 겉과 속이 다른 정치인이 너무 많다. 의정활동과 입법도 유권자들이나 국민들의 뜻과 어긋나게 자기들끼리 당론을 정해 놓고 당리당략 차원에서 투표를 한다. 진실로 정의롭고, 국민을 위하고, 국가를 위한 입법과 국정감사가 아닌 순전히 자기들 정치 이익을 위해서 한다.

가장 큰 문제는 자기 당 소속의 당원들의 뜻과 소리를 무시하는 점이다. 그럴 것 같으면 어떤 정당이든 소속하지 말고 무소속으로 활동해야 한다. 자기가 국회의원에 당선되기 위해서 정당이 필요하니 정당에 가입하여 어느 지역에 공천을 받아 당과 당원들의 도움과 지지를 받아 당선이 되고 난 이후로는 자기 마음대로 하는 것은 바른 정치가 아니다. 배신의 정치이다. 이런 사람들은 어느 정당을 막론하고 다시는 지지하지 말아야 한다. 국회의원 자격이 없다. 아무리 정치인이고 생물 정치판이라고 해도 금도가 있고 상도덕이 있어야 한다. 기독교인들은 이런 부분에서 잘 판단하고 살아가야 한다.

제43장

대통령 임기

　각 나라마다 다르겠지만 대통령 임기는 주로 4년에서 5년으로 단임제나 중임제를 한다. 우리나라는 5년 단임제다. 한 번 대통령을 하면 아무리 잘하고 인기가 있어도 다시는 대선에 나설 수 없다. 그러나 미국은 한 번 대통령에 당선이 되었다 하더라고 다시 대선에 나올 수 있는 중임제이다. 5년 단임제는 나름 고민을 하고 헌법에 명기한 사항이지만, 여러 문제점이 있다. 헌법 개정이 필요하다. 사실 5년 단기로는 어떤 정책을 계획하고 시행하여 뿌리를 내리고 열매를 거두기란 쉽지 않다. 적어도 8년 이상은 해야 제대로 할 수 있다. 그래서 미국은 4년 중임제를 한다. 일단 4년을 맡겨 보고 잘 못하면 더 이상 지지를 하지 않고, 잘하면 4년 더 대통령을 하도록 지지하는 것이다. 그러면 국가와 국민 모두가 이익이고 행복하다.

그래서 우리나라도 여러 가지를 논의하고 헌법을 개정하려고 하고 있다. 일부 정치인들이 의원내각제를 주장하기도 하지만 그것은 자기들 밥그릇 지키려는 것으로 어림도 없다. 의원내각제를 하면 맨날 싸우다가 날을 새울 것이다. 우리나라처럼 수준이 낮은 삼류 정치 상황에서는 절대로 도입해서는 안 되는 제도이다. 정치인들과 국민들이 성숙했을 때는 가능하다. 지금은 아니라고 본다. 우리나라는 대통령 중심제가 딱이다. 대통령 중심제를 하되 미국처럼 4년 혹은 5년 중임제를 해야 한다. 그래야 정책의 일관성도 있고, 국정을 체계적이고 알뜰하게 운영할 수 있고, 잘하는 대통령에게 다시 한번 기회를 주어 국정을 운영할 수 있도록 하는 것이 모두에게 이익이다. 5년 단임제로는 일을 시작하는 중에 마치는 기간이 될 가능성이 크다. 그러다 보니 장기적인 국책사업임에도 재임 중에 성과를 내려고 너무 무리하거나 서두르다가 실정을 하게 된다.

필자는 4년이든 5년이든 중임제가 알맞다고 생각한다. 그러기 위해서는 다음 국회나 정권에서 개헌을 해야 한다. 그렇지 않고는 어렵다. 혹 단임제 아래에서도 대통령이 위법한 일이 명백하면 신속하게 탄핵하도록 해야 한다. 물론 지금도 탄핵제도가 있지만 그 시간을 대폭 단축해야 한다. 최소한 대통령 부부가 불법을 저질러 형이 확정되면 탄핵을 통해 대통령의 사역을 멈추도록 해야 한다. 그것이 나라와 국민의 불행을 예방하는 길이다. 부부는 한 몸이다. 자기 자신과 아내를 잘 다스리지 못하는 자는 국정을 책임질 자격이 없다. 성경사상이기도 하다. 이런 것을 기독교인들은 잘 알고 판단해야 한다. 무조건 어느 정당과 어느 정당 소속 대통령을 지지하는 것은 기독교인으로서 바른 자세가 아니다. 대통령은 어느 편이나 정당 소속이든지 전문성과 도덕성이 뛰어난 자를 지지해야 한다. 그런 자에게 일할 시간을 더 주는 것이 타당하다.

제44장

대통령 TV 자유 토론

어느 주제에서도 언급했지만 TV 자유 토론은 누군가의 실력을 확인하고 검증하는 것으로 너무나도 좋은 방법이자 기회이다. 온 국민들이 정치인의 겉과 속을 거울 보듯이 확인할 수 있는 더 없이 좋은 방법이고 기회이다. 생방송으로 진행되는 TV 자유 토론은 누가 차기 대통령감인지를 90%이상 드러내고 확신할 수 있는 좋은 시간이다. 누구든지 공개적으로 투명하게 그 실력이 드러나는 시간이 없으면 결코 알 수 없다. 어떤 사람인지도 모르고 커튼 뒤에서 하는 말과 정책, 그리고 이력서만을 보고 듣고 뽑는 것은 마치 눈을 가리고 거리를 걷거나 운전하는 것과 다르지 않다.

그래서 모든 기업들은 공개적으로 다면 면접을 통해서 최종적으로 사원 채용을 확정한다. 정치인들은 사인이 아닌 공인이기에 정치인이 되겠다고 나서는 순간 모든 것이 투명하게 공개되고 드러나도록 만들어야 한다. 그렇게 할 수 있도록 하는 가장 좋은 방법이 TV 자유 공개 토론이다. 자기 자신과 사생활 등에 대하여 투명하게 공개할 자신이 없는 자는 애초에 정치인으로 나서지 말아야 한다. 특히 대통령은 말할 것도 없다.

대통령은 5년 동안 국민과 국가와 국정을 책임지고 운전하는 자이다. 비유하자면 고속버스 운전자요, 여객선 항해사요, 비행기 조종사요, 전쟁에서의 총지휘자이다. 이런 자가 대통령이다. 얼마나 중요한 자리인가? 국가와 국민의 안전과 생명과 미래를 책임지는 자가 대통령이다. 그래서 아무에게나 이념이나 정당이나 인기투표로 대통령의 자리를 앉게 할 수 없다. 반드시 대통령의 자리와 지위에 걸맞은 실력이 있는 자라야 한다. 그러나 누가 그런 실력을 갖춘 자인지는 아주 가까운 사람들 외에 대부분의 사람들은 잘 모른다. 그래서 공인인 대통령 후보자들에 대한 투명한 검증이 필요하다. 대통령감의 여부를 파악하고 검증할 수 있는 가장 좋은 방법이 TV 자유 토론이다. 이것처럼 좋은 방법은 세상에 없다. 대통령 후보자들의 면면과 내면과 실력이 적나라하게 드러난다. 일반 사람에 대해서도 마찬가지이다. 몇 시간이든 무제한이든 넉넉하게 시간을 주되 여러 주제를 가지고 난상토론을 하게 만들면 된다.

이때 원고나 기타 자료 없이 하게 해야 한다. 오픈 북 시험으로는 실력을 제대로 검증할 수 없다. 아무런 자료나 책을 보지 않고 토론하도록 해야 한다. 그래야 그 후보자들의 진짜 실력이 드러난다. 이렇게 하면 자신이 없는 대통령 후보, 무능하고 무식한 후보, 전문성이 없는 후보, 과거 생활에 자신이 없는 불량한 후보는 이런저런 핑계를 대면서 TV 토론에 나서지 못할 것이다. 그러면 무능한 자로, 부적합한 자로 판단하면 된다. 공개 토론장에 나오지 않는 후보는 하자가 많은 것으로 판단하여 지지하지 말아야 한다. 대통령 후보는 대통령이 되어서 연습하는 자리, 준비해서 하는 자리가 아니다. 그럴 시간이 없다. 대표선수는 준비된 선수이어야 한다.

어느 정도 준비된 자를 지지해야 한다. 자기 정당 사람, 자기가 지지하는 이념의 사람이라고 준비되지 않은 무능한 자를 대통령으로 지지해 버리면 함께 망한다. 앞에서 비유로 말했다. 대통령은 비행기 조종사와 같은 자이다. 수백 명의 비행기 승객들의 안전과 생명을 책임지는 자이다. 그런 중대한 자리인데 이념과 정당 여부를 따라 무능한 자를 조종석에 앉히면 어떻게 되겠는가? 만일 자기 온 가족이 어느 비행기에 탑승하려고 하는데 그 비행기 조종사가 실력이 없는 자기가 지지하는 무능한 조종사라고 알려지면 탑승하겠는가? 바보가 아닌 이상 절대로 자기 가족을 탑승시키지 않을 것이다.

대통령, 조종사, 고속버스 운전사, 의사 등은 내 편과 네 편, 이념 편, 정당 편, 연고 편, 친분, 학연 등을 따져서 맡기는 자리가 아니다. 어느 편을 떠나 가장 유능한 자를 세워야 한다. 내가 좋아하든 좋아하지 않든지 실력이 있는 자, 경쟁자, 유능한 자에게 맡겨야 모두가 행복하고 안전하게 된다. 이런 성숙한 시각과 마음이 모든 유권자에게 있어야 한다. 그런데 우리나라는 아직 멀었다. 그런 것을 고려하지 않고 그저 자기편, 자기 정당 사람을 대통령으로 지지할 뿐이다. 유권자들의 수준이 아직 멀었다. 그래서 우리나라 역대 대통령들을 보면 좋은 대통령이 그리 많지 않다. 유권자들이 잘못 뽑은 것이다. 국민들의 수준과 유권자들의 수준은 곧 대통령의 수준이다. 사람들은 무엇이든지 자기 수준대로 행하기 때문이다.

교회도 마찬가지이다. 성도들과 교회의 수준이 목사의 수준이 된다. 성도들의 수준이 높으면 성숙한 목사를 청빙할 수 있다. 그 결과 많은 고통과 스트레스와 불행한 일들을 피할 수 있다. 그런데도 정신을 차리지 못하고 선거 때만 돌아오면 다시 내 편과 네 편을 나눈다. 기독교인들만이라도 성숙한 자세를 취해야 한다. 누구든지 대통령의 자질이 부족하면 스스로 나서지 말아야 한다. 유권자들이 냉정하게 외면해야 한다. 권력에 대한 욕망 하나만을 가지고 대통령에 오르면 자신도, 국가도, 국민도, 소속 정당도 불행하게 된다. 반드시 자기편 사람이 대통령이 되어야 하는 것이 아니라 진영이 어느 쪽이든 탁월한 행정능력의 전문성을 가진 자가 대통령이 되어야 한다. 대통령 TV 자유 토론을 통해서 대통령 자질 여부를 확실하게 판단하자. 토론을 보면 거의 알 수 있다. 학벌과 스펙과 경험과 기타 등은 참고로만 알고 최종 토론을 통해서 확정하자.

제45장

정치인 심판

　정치인(대통령, 국회의원, 지자체장, 구의원, 군의원, 도의원, 시의원)
은 누구에 의해서 되는가? 유권자들의 선택에 의해서 된다. 정치인은 어
느 날 하늘에서 뚝 떨어진 자들이 아니다. 여당 정치인이든 야당 정치인
이든 유권자들의 지지에 의해 국회의원과 대통령과 지자체장 등이 된 것
이다. 그러니까 정치인을 만든 것은 정치인이 아니라 유권자들이다. 그래
서 유권자들의 책임이 크다. 문제는 불량하고 함량 미달 정치인을 뽑았을
때이다. 현재 대한민국은 정의롭고, 사명이 있고, 청렴결백한 사람을 정
치인으로 밀어주는 것이 아니라, 사명이 없고 정의롭지도 않고, 무능하고,
도덕성도 엉망인 자들이 정치인이 되고 있다. 부실한 정치인들 천국이다.
유권자들은 그런 자들이 자기 정당 사람이고, 자기와 이념이 같고, 자기
고향과 학교 출신 사람이라고 정치인으로 뽑아 주고 있다. 유권자들이 성
숙하지 않기 때문이다. 유권자들이 내 편과 네 편으로 나누어져서 실력이

있는 사람이든 없는 사람이든 개의치 않고 지지한다. 자기 쪽 사람이 이기고 당선만 되면 그만이라고 생각한다.

그 결과 부실하기 짝이 없는 정치인들이 비일비재하다. 사방에 널려 있어 입만 열면 거짓말을 한다. 실망스러운 짓들을 한다. 그들이 정치인이 되면 국가와 국민들을 위해서 일하겠는가? 국정감사장에서 잘 드러난다. 어느 편이 아닌 정의 편에서 국정감사를 하는 의원들을 보기가 어렵다. 고양이를 생선 가게 지킴이로 세우면 생선들을 위해서 지키겠는가? 천만의 말씀이다. 일단 대통령과 국회의원과 지자체장과 의원 등이 되면 그때부터는 자기 이익을 위해서 행동한다. 본색이 드러난다. 자기들 멋대로 행한다. 아니면 당리당략을 위해서 싸운다.

마치 생선 가게의 고양이와 같다. 이런 일들이 벌어질 것이라고 생각지 못하고 무조건 자기편 사람을 찍는다. 이래서 어리석다고 하는 것이다. 사명이 있고 정의로운 사람을 찍어야 어느 편에도 손해가 나지 않는다. 이는 기본이고 상식이다. 유권자들의 의식 수준이 낮다 보니 선거 때마다 불량한 자들이 정치에 입문하여 나라와 국민들을 어렵게 만들고 국회의 물을 흐리게 만든다. 유권자들의 책임이 크다.

그러면 자기 이익과 당리당략을 위해서만 활동하는 정치인들에 대하여 어찌해야 하는가? 나중에 깨달았으면 그 이후에는 달라야 한다. 어찌해야 하는가? 4년 혹은 5년마다 하는 선거에서 다시는 그런 사람이나 정당을 지지하지 말아야 한다. 따끔한 맛을 보여 주어야 한다. 다른 방법은 없다. 한 번 정치인이 되면 누구의 말도 잘 듣지 않는다. 그렇다면 다시 돌아오는 선거 때에 표로 심판해야 한다. 한 번 속은 것으로 만족해야 한다. 선거 때에 또 세치 혀에 속으면 그런 유권자는 구제불능이다. 무능한 유권자이다.

선거철이 다가오면 정치인들은 또 기술을 부린다. 허리를 숙인다. 온갖 감언이설을 한다. 또 찾아온다. 그래도 4년 혹은 5년의 정치활동, 의정활동, 국정 운영, 각종 언행, 입법활동을 평가하여 아니다 싶으면 절대로 찍어 주지 말아야 한다. 말과 유세만 화려하고 다음부터 잘하겠다고 하는 말에 속지 말아야 한다. 같은 이념을 지지하는 정당이라고 해서 무조건 찍지 말아야 한다. 그런 것은 별 의미가 없다. 모든 국민들은 한 국가라는 배에 승선한 운명 공동체이기 때문이다. 더 이상 그런 이념 세뇌에서 벗어나야 한다.

지금 이념 타령을 할 때인가? 전 세계적인 현상을 보아야 한다. 나쁜 쪽의 이념으로 가라고 해도 못 가고, 그런 쪽으로 나라를 이끌지도 못한다. 그런 정치 지도자에게 속을 국민이 얼마나 되겠는가? 그러니 더 이상 이념에 따라 투표하지 말고, 이념 타령 그만하고, 사명과 전문성과 정의성을 보고 투표를 해야 한다. 대한민국은 하나의 배와 같다. 함께 탄 배이다. 함께 살아야 한다. 배에 구멍이 나서 물이 들어오면 모두가 죽는다. 보수만 살고 진보만 죽는 것이 아니다. 진보만 살고 보수만 죽는 것도 아니다.

진보든 보수든 한배를 탄 대한민국 배이다. 살면 다 살고 죽으면 다 같이 죽는 것이다. 자기 지역만 볼 것이 아니라 전체를 한통으로 보고 투표해야 한다. 불량하고 무능한 정치인에 대한 심판은 투표밖에 없다. 상식과 공정으로 투표해야 한다. 이래서 가장 약하지만 선거철만 돌아오면 가장 강한 자가 유권자들이다. 이 권한을 잘 사용해야 한다. 그렇지 않고 잘못 사용하면 자기도 손해이고 모두가 손해를 본다. 정치인들은 똑똑한 유권자를 가장 무서워한다. 무조건 자기를 지지하는 사람은 제일 무시한다. 특히 기독교인들은 누구보다도 신중하고 정의롭게 투표해야 한다. 그래야 기독교인들을 존중한다.

제46장

의대 정원 정치성은 배격해야

전공의들의 86%가 의대 정원을 증원하면 단체행동에 참여하겠다고 말했다. 기가 막히고 코가 막힐 일이다. 언제부터 의사들이 이익 집단이 되었는가? 언제부터 자기 밥그릇을 챙기기 시작했는가? 무엇이 부족한가? 의대 정원 증원 여부 문제는 뜨거운 감자가 되었다. 다수 국민들과 대학 병원들은 의대 정원을 수천 명 증원해야 한다고 하는데 대한의사협회와 상당수 의사들은 반대하고 있기 때문이다. 왜 대한의사협회와 상당수 의사들은 반대하는가? 국민들과 환자들을 위해서인가? 그건 아니라고 생각한다. 왜냐하면 의협과 의사들의 밥그릇을 지키기 위해서라는 의구심이 들기 때문이다.

다른 업종은 이런 식으로 반대하지 않는다. 그것이 민주주의 자유 경쟁체제이다. 의사와 성직자와 사법부의 검사, 판사, 경찰들과 공무원들은 본래 기득권 유지와 사익을 위한 자들이 아니다. 공공의 이익을 더 우선하는 자들이다. 많은 돈과 권력과 명예를 얻고자 의사, 성직자, 검사, 판사, 경찰, 공무원이 된 것이 아니다. 순전히 국민과 시민과 약자들의 이익을 위해 사는 자들이다. 그런데 이런 사명과 역할들이 변질되어 이젠 돈 버는 수단, 기득권 유지 수단으로 전락해 버렸다.

모든 일에는 수요와 공급의 원칙에 따라 시장이 형성된다. 수익 분배가 이루어진다. 수요는 적은데 공급이 많으면 이익이 적어진다. 손해를 본다. 반대로 수요는 많은데 공급이 적으면 기존의 업자들은 상당한 이익을 얻게 된다. 의사 세계도 그렇다. 의대 정원이 대폭 증가하여 의사들이 많아지면 기존의 의사들이 위기를 느낀다. 자기들의 수입이 줄어들고 경쟁이 치열하기 때문이다. 그동안의 기득권 유지에 빨간불이 들어온다. 이에 정부와 의대와 국민들의 의대생 증원 요구와 정책에 반기를 든다. 의사가 될 때의 사명 선서와는 다른 행보를 걷는 것이다. 자기들의 이익이 먼저인 것이다. 부모의 마음이 아니다. 부모는 자녀의 건강과 행복과 이익을 위해서 양보하고 희생한다. 부모들은 자녀들을 상대로 이기적이지 않다.

의사가 본래 환자들과 국민들을 상대로 부모와 같은 심정으로 의사 역할을 해야 맞다. 의료 현장에 의사가 부족하면 의사협회가 나서서 증원하자고 해야 타당하다. 그것이 상식이다. 그런데 반대로 한다. 히포크라테스의 선서도 환자 중심이다. 그는 고대 그리스 시기 활동했던 의사이다. 당시까지만 해도 종교적 신비주의의 일환으로 다루어졌던 의술을 학문적

개념으로 분리하는 시도를 했다는 점에서 서양에서 의학의 아버지(Father of Medicine)로 불리고 있으며, 그의 이름을 따 오늘날에도 전 세계 의과 대학의 졸업식에서 시행되는 히포크라테스 선서로도 유명하다. 히포크라테스 선서(Hippocratic Oath)는 의사의 윤리 등에 대한 선서문으로, 희생·봉사·장인 정신이 담겨져 있다. 히포크라테스는 고대 의사의 전형으로 기록되고 있으며, 그는 이전 학파의 생각을 정리하여 시행해 보고, 환자를 치료한 것을 기록하고, 히포크라테스 선서를 만든 것을 통해 치료의학의 발달을 세웠다고 알려져 있다. 한국어 히포크라테스의 선서는 다음과 같다.

"나는 의학의 신 그리고 건강과 모든 치유, 그리고 여신들의 이름에 걸고 나의 능력과 판단으로 다음을 맹세하노라. 나는 이 선서와 계약을 지킬 것이니, 나에게 이 의술을 가르쳐 준 자를 나의 부모님으로 생각하겠으며, 나의 모든 것을 그와 나누겠으며, 필요하다면 그의 일을 덜어 주겠노라. 동등한 지위에 있을 그의 자손을 나의 형제처럼 여기겠으며 그들이 원한다면 조건이나 보수 없이 그들에게 이 기술을 가르치겠노라. 교훈이나 강의 다른 모든 교육방법을 써서라도, 나는 이 지식을 나 자신의 아들들에게, 그리고 나의 은사들에게, 그리고 의학의 법에 따라 규약과 맹세로 맺어진 제자들에게 전하겠노라. 그러나 그 외의 누구에게도 이 지식을 전하지는 않겠노라. 나는 나의 능력과 판단에 따라 내가 환자의 이익이라 간주하는 섭생의 법칙을 지킬 것이며, 심신에 해를 주는 어떠한 것들도 멀리하겠노라. 나는 요청을 받는다 하더라도 극약을 그 누구에게도 주지

않을 것이며 복중 태아를 가진 임신부에게도 그러할 것이다. 나는 결석이
라도 자르는 일은 하지 않을 것이며, 이러한 기술을 행하는 자(외과 의사)
에 의해서 이루어지게 할 것이다. 내가 어떠한 집에 들어가더라도 나는
병자의 이익을 위해 그들에게 갈 것이며 어떠한 해악이나 부패스러운 행
위를 멀리할 것이며, 남성 혹은 여성, 시민 혹은 노예의 유혹을 멀리할 것
이다. 나의 전문적인 업무와 관련된 것이든 혹은 관련이 없는 것이든 나
는 일생 동안 결코 밖에서 말해서는 안 되는 것을 보거나 들을 것이다. 나
는 그와 같은 모든 것을 비밀로 지켜야 한다고 생각하기에, 결코 누설하
지 않겠노라. 내가 이 맹세를 깨트리지 않고 지낸다면, 그 어떤 때라도 모
든 이에게 존경을 받으며, 즐겁게 의술을 펼칠 것이요 인생을 즐길 수 있
을 것이다. 하나 내가 이 맹세의 길을 벗어나거나 어긴다면, 그 반대가 나
의 몫이 될 것이다."

　히포크라테스 선서는 의학 윤리 AMA(1847년에 처음 채택 된), 영국
의 종합 의학위원회(General Medical Council)의 우수 의료 실무(Good
Medical Practice)와 같은 국립 의학 협회가 발행한 보다 광범위하고 정기
적으로 업데이트되는 윤리 강령에서 이러한 직업윤리 문서로 대체되었
다. 이 문서는 의사와 환자 및 사회에 대한 의무와 전문적인 행동에 대한
포괄적인 개요를 추가 제공한다. 이 규범을 위반한 의사는 의료행위를 할
수 있는 면허 소실을 포함하여 징계 절차를 받을 수 있다.

　연합뉴스와 연합뉴스TV가 2023년 11월 공동으로 이와 관련된 여론조

사를 했는데 그 결과가 8일에 나왔다. 응답자의 76%가 의대 정원에 찬성했고 18%만이 반대했다. 2023년 11월 김윤 서울대 의대 의료관리학과 교수는 YTN과 여러 언론에 나와서 효율적인 의대 정원 확대를 역설했다. 현재 전국 의대 정원이 3,058명인데 지금보다 2배는 더 있어야 한다고 하였다. 의과대학에서도 2,000명 넘게 정원을 늘려 달라고 요구한 조사를 발표했다. 우리나라의 의사 수는 한의사를 제외하면 OECD(경제협력개발기구) 국가의 56% 수준이라고 한다. 필수의료 인력이 부족하다고 한다. OECD 국 의사 수를 보면, 평균이 3.7명인데 한국은 2.6명에 불과하다. 독일이 4.5명, 호주가 4.0명, 프랑스가 3.2명, 미국이 2.7명이다. 2030년까지 최대 4천 명이 필요하다고 한다.

전국 40개 의대가 의대 증원을 요청했다. 그런데 대한의사협회만 반대하고 있다. 대한의사협회는 환자들과 국민들의 이익을 대변하는 곳이 아니라 의사들의 이익을 대변하는 곳이다. 의대 증원에 반대해 온 대한의사협회는 총파업까지 예고하였다. 참으로 가슴 아픈 일이다. 환자들을 인질삼아 자기들의 이익을 지키겠다는 심산이다. 반대할 명분이 없는데도 반대하고 있다. 정말로 환자들과 국민 건강을 우선한다면 반대하지 않을 것이다. 의사 수가 많아지면 환자들과 국민들의 서비스가 더 좋아진다. 자기들도 덜 피곤해진다. 단, 한 가지 약점은 의사들의 수익이 줄어들 수 있고 경쟁이 치열할 수 있기에 반대하는 것이다. 결국 돈이다.

그렇다면 정부가 정당한 통계와 사유로 국가와 국민의 건강을 위해서 정책을 과감하게 밀고 가야 하는데 대한의사협회의 눈치를 보고 있다. 정치적으로 정책을 추진하려고 한다. 그러면 무능한 정부가 된다. 정부가 왜 의사들의 이익을 대변하는 대한의사협회의 눈치를 보는가? 이는 정부가 취할 기본자세가 아니다. 아주 못난 짓이다. 정부 정책은 시종 국민의 안전과 건강과 생명 보호와 이익이 우선이다. 어느 단체들의 이익 요구가 아니다. 파업을 하든 말든 정의로운 정책은 밀고 가야 한다. 만일 파업을 하면 과감하게 법과 원칙대로 처리하면 된다.

이런 경우 기독교인 의사들은 성경과 이웃 사랑의 원칙에 따라 행동해야 한다. 자기 이익과 대한의사협회의 이익을 위해 행동하는 것은 성경에 반하는 짓이다. 의사들도 초심으로 돌아가 의사의 사명과 의무와 역할이 무엇인지 성찰해 보아야 한다. 진정으로 환자와 국민 건강을 원한다면 반대할 수 없다. 일반적으로 의사들 수입은 괜찮다. 더 이상 욕심을 부리지 말아야 한다.

제47장

정당과 정치인 맹신과 맹종

누구든지 어느 정치인과 정당과 이념을 믿고 추구하고 따르는 것은 각자의 기본 권리이다. 헌법이 보장하고 있다. 이런 기본적인 개인 권리를 탓하고 공격하는 것은 헌법과 성경에 비추어 보면 옳지 않다. 신앙도 마찬가지이다. 문제는 맹신과 맹종하는 자세와 태도이다. 맹신과 맹종은 눈을 감고, 이것저것을 헤아리지 않고 무조건 믿고 따르기 때문이다. 맹신(盲信)이란 '옳고 그름을 가리지 않고 덮어놓고 믿는 것'을 말한다. 이는 마치 시험을 볼 때 문제를 충분히 읽거나 숙고하지 않고 무조건 찍거나 쓰는 것과 같다. 맹종(盲從)이란 '옳고 그름을 가리지 않고 남이 시키는 대로 덮어놓고 따르는 것'을 말한다. 이는 마치 길을 가는 어린 학생이 누가 부르고 어디를 가자고 하니 누군지도 모르고 덮어놓고 따라가는 것과 같다. 이런 식으로 신앙생활과 정당과 정치인을 믿고 추종하면 큰일 난다.

왜 맹신과 맹종이 위험한가? 지구상에 존재하는 어느 정당과 정치인이라도 완전하지 않고 그들의 면면을 잘 모르기 때문이다. 만일 정당과 정치인이 호랑이나 사자라고 가정해 보자. 그의 손과 발을 잡거나 추종하면 상상만 해도 끔찍하다. 비참한 최후를 맞이하게 될 것이다. 그래서 지혜자들과 현명한 자들은 돌다리도 두드리고 건너곤 했다. 아무리 튼튼해 보이는 다리라도 반드시 확인하고 점검하고 조심스레 건넌다. 어느 사람이나 정당, 어느 정치인이나 정치 집단은 부패하고 타락했기에 전적으로 믿고 따르는 것은 너무나도 위험하다. 마치 부실한 다리와 같다. 보수와 진보를 초월해서 그렇다. 그럼에도 불구하고 사람이란 어느 정치 이념과 사상에 빠져 버리면 그때부터는 열렬한 팬이 되어 맹신하고 맹종한다. 누구의 권면도 듣지 않는다. 각 정당과 정치인들은 이런 것을 역이용하여 자기 잇속과 속셈을 채운다.

가장 대표적인 정치인과 정당이 누구인가? 유대인을 6백만 명이나 학살한 아돌프 히틀러와 나찌당이다. 그 당시 독일 국민 70% 이상이 히틀러를 지지했다. 전 세계적으로 그런 정당과 정치인이 역사 속에 많았다. 지금도 그렇다. 인터넷 댓글과 유튜브를 보면 유튜버를 맹신하고 맹종하는 것을 볼 수 있다. 각종 방송과 언론들도 그렇다. 기독교인들은 교회, 노회, 총회, 직장, 국회, 대통령실, 언론, 검찰, 경찰, 정당 안에서 진리와 정의에 부합할 때만 추종해야 한다. 그렇지 않으면 불량한 정치인들로 인하여 자신과 사랑하는 가족, 이웃과 국가에 큰 피해가 돌아간다.

제48장

권력자를 두려워하는 기자들

 2023년 11월 21일경에 윤 대통령의 신복 이○○ 차장 검사의 처남댁 강모 씨가 자기 남편의 마약 복용에 대한 내용과 이를 감싸기 한 것과 기타 위법한 행위를 한 것들에 대하여 얼굴과 실명을 공개하며 구체적으로 조목조목 폭로했다. 이는 충격적인 뉴스가 아닐 수 없었다. 왜냐하면 현재 윤 정부가 마약과의 전쟁을 선포한 상태이고, 검사와 검사 가족이 연루되었기 때문이다. 그럼에도 불구하고 조·중·동이나 기타 메이저 방송과 언론에서는 다루지 않고 있다.

 야당 정치인들이 사소한 말 한마디 실수를 해도 전광석화처럼 보도하고 며칠씩 우려먹는데 잠잠하다. 속보도 아닌 것들을 속보라고 보도하는 것들이 많다. 그 이유는 살아 있는 권력이기에 보복이 무서워서 그렇다고 추정해 본다. 윤 정부에서는 걸핏하면 압수수색과 소환이 밥 먹듯이 벌어지고 있기에 언론과 기자나 다들 몸 사리고 있다. 보신주의가 강하게 작동하고 있다. 그러니 현 정부의 권력자들과 검사들에 대한 보도와 기사는 가능하면 외면하는 것이다. 현 정부를 불편하게 하는 기사는 일절 쓰지 않는다.

일부를 제외한 대부분의 사람들은 누구로부터든지 자기가 불이익과 보복을 당하는 것을 제일 두려워한다. 특히 검찰에 의한 압수수색과 수사와 기소와 보복을 가장 두려워한다. 마음만 먹으면 어떻게 해서라도 무엇이든지 만들어 낼 수 있는 능력들이 있기 때문이다. 권력이란 마음만 먹으면 있는 죄도 감출 수 있고 없는 죄도 만들어 낼 수 있다. 전에 서울시 공무원 유우성 씨가 그렇게 당할 뻔했다가 가까스로 살아났다. 군사독재 시절에는 비일비재했다. 지금도 기소된 건들에 대한 무죄율이 잘 말해 준다. 수많은 사람들이 살아가고 있지만 정의롭게 사는 자들은 그리 많지 않다. 그런 자들은 모난 돌이 정을 맞는다고 상당수가 불이익을 당했다. 이런 사실을 기자들은 잘 안다. 그러기에 자기와 자기 회사가 살기 위해서 더욱 힘센 자들과 관련된 사건들을 외면하는 것 같다. 몸을 낮춘다.

그러나 기자들이 생각해야 할 것이 있다. 언론과 기자란 사실 보도와 사회적 이슈에 대한 것을 가감 없이 공정하게 보도하고 기사화하는 전문 직업이다. 그런 자들이 기자이다. 이런 것을 할 때 기자의 자부심과 생명력이 있다. 이는 마치 축구 경기에서 운동장에 나가서 경기를 뛸 수 있는 자들이 선수들인 것과 같다. 시합이 개시되었는데 선수들이 등장하지 않는다면 어찌 되겠는가? 이런저런 중대한 사건들이 발생하고 폭로되었는데 이런 것을 기자들이 찾아와서 취재하지 않고 외면해 버린다면 어찌 되겠는가? 별것도 아닌 것들은 기사화하고 정작 중대한 사건들은 외면한다면 기막힌 일이다.

그런 기자들은 앙꼬가 없는 찐빵이자 짠맛을 잃은 소금과 같은 기자일 뿐이다. 인조 인형과 같은 기자들이다. 전쟁터에 나가 취재하고 보도하는 종군 기자들을 보라. 그들은 언제 죽을지 모른다. 그럼에도 불구하고 기자의 사명을 가지고 목숨을 걸고 군인들과 함께 카메라만 들고 전쟁의 한복판을 누비며 취재하고, 기사를 쓰고, 보도를 한다. 그렇게 해서 전쟁 중에 죽는 종군 기자들이 한둘이 아니다. 종군 기자처럼은 하지 못할망정 사회적으로 중대한 사건과 일들에 대한 기사는 외면하지 말고 불이익을 감수하고 기사화하고 보도해야 한다. 그래야 살아 있는 기자라고 할 수 있다.

살아 있는 권력자들과 정치인들이 두려워서, 보복이 두려워서, 불이익이 두려워서 그들과 연관된 사건 보도를 외면한다면 견(犬)만도 못한 것이다. 개들도 강도나 도적이 쳐들어오면 주인과 주인의 집을 지키기 위해서 목이 쉬도록 짖어대고 방어하다가 칼에 맞아 죽는다. 사람이라면 개보다는 나아야 한다. 이성이 없는 개들도 자기 사명을 다하지 않는가? 기자는 국민들의 알 권리를 위하고 공익적인 활동을 위해서 존재하는 자들이다. 현재 검찰 공화국과 같은 현실에서 기자들의 사명과 역할이 그 어느

때보다도 절실하다. 권력자들과 정치인들, 힘센 자들을 두려워하지 않는
기자들이 간절히 요구된다.

기독교인들은 오직 영혼과 몸을 멸하시는 하나님만을 두려워하고, 오
직 몸만 상하게 하는 정치인과 권력자는 두려워하지 말아야 한다. 언제
죽어도 다 죽게 되어 있다. 비겁하고 비굴하게 사느니 사람답고 의젓하게
살다가 낙원에 가는 것이 부끄럽지 않은 인생이다. 기독교인 기자들은 세
상의 빛과 소금이다. 이런 사명과 믿음으로 기자의 역할을 다해야 한다.
힘센 자들의 눈치를 보고 비겁하고 비굴하게 살면 두 번 죽는다.

제49장

지독한 이념 공격

2023년 11월 27일 국민의힘 하○경 의원이 서울 종로 출마를 선언한 데 대해 앙숙인 홍○표 대구시장이 하 의원의 출신을 거론하며 비난하자 김영삼 전 대통령 손자가 홍 시장을 겨냥한 비판을 내놨다. 홍○표 시장은 페이스북에 "종로는 아직도 대한민국의 상징적인 곳인데 주사파 출신이 갈 곳은 아니다"라며 "출마는 자유지만 착각이 도를 넘는다"고 지적했다. 그러자 김영삼 전 대통령 손자 김 전 행정관은 페이스 북에 "1995년 친북 좌파가 주류인 민주당에 입당하려다 김영삼 전 대통령의 설득으로 막판에 뜻을 바꿔 신한국당(현 국민의힘)에 입당해 당을 지켜 주신 시장님께 항상 감사하고 존경하는 마음"이라고 적었다.

이는 지난 1996년 당시 잘나가던 '스타 검사'에서 정계 진출을 준비하던 홍 시장이 김영삼 전 대통령 연락을 받고 신한국당에 입당한 사실을 끄집

어낸 것이다(노컷뉴스). 참고로, 주사파란 주체사상파(主體思想派, 주사파)의 줄임말로 민족해방파(NL)에서 비롯된 운동권 계열로, 조선민주주의인민공화국의 지도이념인 주체사상을 지지하고 친북(親北) 성향을 특징으로 하였다. 한마디로 김일성 주체사상을 지도 이념으로 삼은 남한의 반체제 운동 세력을 가리킨다. 주체사상파(主體思想派)는 1980~1990년대에 대학가에서 북한의 통치이념인 주체사상을 추종하던 NL(민족해방파) 세력을 일컫는 말이다.

우리나라는 2023년 현재 민주주의와 법치주의 국가의 국회의원이다. 그 당시에는 어떤 상태였는지 정확히 모르지만 현재는 헌법과 법률에 전혀 하자가 없기에 대한민국 국회의원이 된 것이다. 그것도 진정한 보수파라고 할 수 없지만 자칭 보수파라고 하는 국민의힘 소속이다. 그렇다면 더 이상 이런저런 말로 공격하지 말아야 한다. 전혀 불법이 아니고 헌법이 보장한 것이기 때문이다. 과거에 어떠했든지 현재 합법이면 누굴 탓하지 말아야 한다. 그렇게 탓하는 자가 못난 자이다. 현재 국민의힘에는 북한에 오랫동안 고위직으로 지내다가 귀순하여 국회의원으로 활동하는 태○호 의원도 있다. 그런 시각이라면 이런 사람은 국민의힘에서 받지 말았어야 한다. 홍 시장의 시각이라면 국민의힘도 문제이다. 지금은 북한의 주사파를 따르라고 해도 따를 자가 없다. 이제는 공산국가 북한과 민주국가 남한의 정치, 경제, 군사, 문화, 생활 등등에서 비교조차 할 수 없는 상태이다. 주사파는 이미 낡고 낡은 이념에 불과하다.

주사파의 실상을 잘 몰랐을 때, 암흑한 시대에는 일부가 추종했을지는 몰라도 지금은 절대로 추종할 수 없는 사상이자 시대이다. 그런데 수십 년이 지난 지금까지도 주사파 낙인을 찍어 공격하는 정치인이 있다는 것이 서글프다. 과거에 오판과 불가피한 어떤 사정으로 실수와 잘못과 나쁜 언행을 하지 않은 사람이 몇 명이나 되겠는가. 과거 좋지 않은 곳에 몸담았다가 개과천선하여 새롭게 인생을 사는 자들이 얼마나 많은가. 그런데 지금도 여전히 과거의 어느 한 굴곡 된 일을 끄집어내어 줄기차게 공격하고 비난하는 것은 이해할 수 없다. 이는 낙인찍기로 아주 나쁜 버릇이다. 같은 국민의힘 소속인데도 낙인찍기로 공격한다.

건전한 보수나 정통 보수도 아니면서 자칭 보수라고 하는 자들 가운데는 지금도 이런 식으로 주장하는 자들이 한둘이 아니다. 헌법과 법률에 아무런 문제가 없는데 주관적으로 이념 공격을 한다. 그것도 객관적인 물증이나 근거도 제시하지 못하면서 그리 말한다. 필연코 문재인 대통령이 재임 시에도 대통령을 비롯한 청와대 직원들 대부분이 다 빨갱이, 주사파라고 공격했었다. 지금도 민주당에 대해서 그런 식으로 공격하고 주장하는 자들이 적지 않다. 보수가 무엇인지도 제대로 알지 못하는 자들이 그러고 있다. 보수(保守)란 기본적으로 헌법과 법률을 지키고 존중하는 자들이다. 이것이 보수의 핵심적이고 본질적인 가치이다. 그렇지 않은 자들은 보수가 아니라 사이비 보수이다. 양의 탈을 쓴 보수자이다.

문 대통령과 청와대 직원 상당수가 주사파, 빨갱이였으면 국민들이 지지해서 대통령이 되었겠는가? 사법부가 내버려 두었겠는가? 자칭 보수 언론들이 난리를 쳤을 것이다. 아마 살아남지 못했을 것이다. 문재인 대통령 당시 검찰총장이었던 현 윤석열 대통령은 무엇이 되는가? 그 당시 검찰이 살아 있는 권력에도 칼을 댄 시대였다. 과거에 어떠했든지 지금은 주사파나 빨갱이 주장과 삶을 살지 않고 헌법과 법률을 준수하며 살면 존중하고 더 이상 낙인찍기로 공격과 비난은 하지 말아야 한다. 예를 들어, 과거에 깡패집단에 몸담고 살았다가 그 집단에서 탈출하여 새롭게 잘 살고 있는 사람에게 볼 때마다 "너 그 깡패집단 출신이지?"라고 비난하고 공격한다면 말이 되는가? 올바른 사람이라면 그렇게 말하지 않을 것이다.

그런 사람이 정상적인 사람, 정상적인 정치인, 진정한 보수 정치인이다. 헌법과 법률을 준수하고 있으니 사법부에서도 내버려 두는 것이다. 그렇지 않고 주사파와 빨갱이 행동을 하면 경찰과 국정원과 검찰에 신고하여 처리하면 그만이다. 자꾸 말로 할 것이 아니다. 그것은 어디까지나 자기 주관이고 생각일 뿐이다. 그렇게 확신이 있으면 국정원과 경찰에 신고하면 된다. 기독교인들은 어떤 사람과 정당에 대하여 헌법과 법률을 위반한 것도 제시하지 못하면서 공격하고 비난하는 짓은 결코 행하지 말아야 한다. 그런 자가 진정한 기독교인이자 건전한 보수라고 할 수 있다. 비겁한 주장과 말과 공격은 당장 금해야 한다. 그리고 거듭 주장하지만 헌법과 성경은 양심의 자유, 표현의 자유, 이념의 자유, 신앙의 자유를 보장하고 있다. 자기와 다른 이념과 신앙과 사상을 가졌다고 주사파, 빨갱이 등이라고 공격하는 것은 아주 저급하고 못난 사람이다.

틀린 것과 다른 것에 대하여 정확히 알고 말해야 한다. 틀린 것을 다르다고 말하거나 다른 것을 틀리다고 말하는 것은 그 사람의 실력이다. 틀린 것과 다른 것은 천지차이이다. 바른 지식과 공부와 신앙을 가진 사람이라면 이런 식으로 공격하거나 비난하지 않는다. 어설프게 알고 사는 자들이 골수분자가 되어 아무나 공격하는 것이다. 낙인찍기와 마녀사냥과 인민재판식으로 사람을 비난하고 공격한다. 보수가 아닌 정치인들과 사람들에 대하여 좌파니 진보니 하면서 좋지 않게 말하는 자들도 동일하다. 자기 자신도 소위 보수와 진보의 삶과 선을 넘나들면서 입만 살아가지고 보수를 외치는 자들이 한둘이 아니다. 언제부터 보수였는가? 모든 시각이 전부 보수인가? 출생 시부터, 갓난아이 때부터 보수였는가? 그런 사람은 없다. 그럼에도 불구하고 자신과 다른 이념을 가진 자들을 공격하고 비난한다. 이는 옳지 않다. 비겁한 짓이다.

보수든 진보든 우파든 좌파든 진리나 헌법이 아니다. 정답도 아니다. 항상 옳은 것도 아니다. 보수만이 진리처럼 생각하고 사는 자들이 많은 것 같다. 이는 마치 장미만 꽃으로 생각하며 사는 자와 다르지 않다. 진정한 보수주의자들은 언제 어디서나 헌법과 법률과 진리를 위반하고 사는 자들에 대해서만 탓한다. 그러나 사이비 보수주의자들, 무늬만 보수로 포장한 자들은 무조건 다른 편에 있는 정치인들과 사람들을 공격한다. 더 이상 공격할 것이 없고 할 말이 없으면 주사파니, 종북이니, 좌파니, 빨갱이 타령을 한다. 더 이상 무지하고 무식한 주장과 말은 그만하고 살자. 기독교인들은 이런 막무가내의 언행은 결코 취하지 말아야 한다. 도리어 더 인정하고 존중해 주어야 한다.

제50장

언론들의 부끄러운 민낯 정치 기사

2023년 11월 27일 많은 언론들의 기사 중에서 코미디 같은 기사가 도배되었다. 그것은 배우 이○재와 한○훈 법무장관이 서초구 어느 식당에서 저녁 식사를 한 내용과 밖에서 찍은 사진이었다. 둘은 현대고 동기동창이라고 한다. 이것이 무슨 공익성과 높은 가치가 있다고 기사화한단 말인가. 누가 보아도 누구를 띄워 주기 위한 정치성 기사였음을 알 수 있다. 왜냐하면 현재 한 장관은 정치권에서 설왕설래가 있는 자이기 때문이다. 이에 반해 이○섭 차장 검사 처남댁(강미정)이 자기 남편의 마약, 불법 등의 행위를 무마한 의혹 사건들에 대하여 얼굴과 실명을 공개하고 인터뷰를 했다.

이미 5년 전에 거대 자칭 보수 언론들과 인터뷰를 했다고 한다. 그녀는 2023년 11월에 유튜브 언론에 나와서 목숨을 걸고 다시 폭로를 했다. 그녀의 폭로 내용은 매우 충격적이고 공익적인 내용이었다. 현직 실세 차장 검사의 비위 의혹이었다. 윤 대통령의 측근으로 알려져 있다. 게다가 현 정부가 마약과의 전쟁을 선포한 상태에서 나온 의혹이었다. 더 놀라운 것은 영화나 드라마에서나 나올 법한 경찰의 기막힌 행태를 아주 구체적으로 진술했다. 이 정도면 언론사들은 다른 것은 다 제쳐 두고 취재하고 기사화해야 정상이다. 공익성이 충분하기 때문이다. 그런데 대부분의 언론들과 방송들은 외면하고, 잠잠했다. 기이한 일이다.

공익적 가치도 없고 가십거리에 불과한 내용들에 대해서는 수많은 언론들이 기사화하고, 속보라고 전하면서 이렇게 중대한 공익적인 가치가 있는 인터뷰나 폭로에 대해서는 침묵하거나 외면해 버렸다. 이유는 간단하다. 살아 있는 권력자에 대해서 나쁜 기사를 쓰면 그 이후에 당할 불이익이 두렵기 때문이다. 언론과 기자들이 자기들의 정체성을 잃어버리고 보신주의, 안일주의에 빠져 버린 것이다. 이는 마치 전쟁터에 나간 군인들이 목숨을 걸고 적과 총격전을 벌이는 것이 아니라 땅을 파고 숨어 버리거나 도망가는 것과 다르지 않은 모습이다. 정권을 잡은 정치인들이 무섭게 나오면 살살 기고 알아서 마사지를 해 주는 기사를 쓴다. 하찮은 것들은 기사화하고 정작 중대한 건에 대해서는 외면해 버린다.

윤 정부가 들어서 현재 이런 패턴이 언론과 기자들에게 일상이 되어 버렸다. 얼마나 비겁한지 모른다. 세상을 참 쉽게 살아간다. 일제 강점기 때는 일제의 입맛에 맞추어 기사를 쓰고, 군사군부 독재시절에는 군사반란으로 정권을 잡은 군인들의 입맛에 맞게 기사를 써 준다. 이젠 검찰공화국이 되다 보니 언론과 기자들이 검찰의 눈치를 보며 기사를 쓴다. 검찰에 밉보이면 곧바로 압수수색과 수사가 들어온다는 것을 잘 알기 때문이다. 자칭 보수 언론들은 시대 시대마다 잘도 적응해 왔다. 그러면서도 부끄러움을 모른다. 이미 영혼이 없는 언론과 기자가 되었기 때문이다. 아주 뻔뻔하게 살아간다.

기독교 언론들과 기독교인 기자들은 달라야 한다. 만일 기독교 언론과 기자들마저 그런다면 짠맛을 잃은 소금이다. 아무런 가치가 없다. 단지 밥충이에 불과하다. 언론이 언론답고 기자가 기자답기 위해서는 어느 정권이 들어와도, 어떤 불이익을 당해도 사실보도와 공정보도, 건설적인 비판 기사를 써야 한다. 그런 언론과 기자들만이 진정으로 사랑을 받는다. 진정한 소금과 빛이다. 사람이 사람으로 살지 못하면 짐승으로 사는 것이다. 언론이 언론답지 못하면 그 언론은 쓰레기에 불과하다. 사람이라면 하루를 살더라도 부끄럽지 않게 살려고 애써야 한다. 비겁하고 보신주의로 사느니 당당하게 살다가 잘리는 것이 천 배는 낫다. 이는 마치 부정한 방법으로 돈을 많이 벌어 좋은 집에서 살고 맛있는 고기를 먹고 사는 것보다, 정당하게 돈을 벌어 월셋집이나 라면을 끓여 먹고 사는 것이 떳떳하고 자긍심이 있는 것과 같다. 자기 자식들 보기에 부끄럽지 않다. 기독교인들이라면 범사에 그렇게 살다가 낙원으로 가야 한다.

제51장

시장의 원리에 반하는 아파트 분양 정책

강물은 본래 흐르는 대로 내버려 두어야 강도 살고, 강물도 깨끗하고, 물고기도 살고, 각종 철새들이 날아든다. 환경이 파손되지 않는다. 이런 저런 이유로 강둑을 만들거나 비정상적으로 만들면 그런 강은 본래 강의 모습을 찾기 어렵게 된다. 녹조가 생기고, 수질이 악화되고, 새들이 떠나고, 조개들이 폐사하고, 강물은 정체되어 악취가 난다. 정부의 집값 정책도 시장 흐름에 맡겨야 한다. 무슨 말인가? 건설사들에 의해 아파트 매몰이 많이 나오든지 적게 나오든지 소비시장에 맡기고 개입하지 말아야 한다. 공정한 거래를 위한 주심만 보아야 한다. 아파트와 집값 시장은 사실 소비자들이 잡고 있다. 실소유자들은 무주택자들과 소비자들이기 때문이다. 그런데 소비자들이 역이용당하고 있다. 집값은 건설사들이 정하는 것 같지만 실상은 소비자들이 쥐고 있다. 이런 사실을 소비자들이 잘 모른다. 소비자들이 집값 칼자루를 쥐고 있다.

소비자들이 똑똑하고 연대만 잘하면 집값을 아주 낮은 가격에 구입할 수 있다. 시장의 집값 형성을 그리할 수 있다. 집값이 너무 비싸면 모두 사지 않는 것이다. 외면하면 된다. 정부나 언론에서 아무리 달콤한 제안을 해도 외면하면 된다. 그러면 집값은 이내 곧 내려가게 되어 있다. 건설사들이 미분양 아파트를 오랫동안 소유할 수 없기 때문이다. 건설사들도 은행으로부터 엄청난 대출을 받아 아파트를 건축하기에 그 이자가 만만치 않다.

이런 상황에서 정부는 개입하지 말고 건설사와 소비자들이 반칙만 하지 못하도록 주심을 잘 보면 된다. 그런데 정부가 그렇지 못하다. 건설사에 의해 아파트 매물이 쏟아지거나 미분양이 많아지면 개입한다. 많은 건설사들이 언론을 소유하고 있어 미분양이 되면 건설경기가 악화된다고, 경제가 침체된다고 나팔과 엄살을 불어 정부가 나서도록 만든다. 인위적이고 정치적인 거래를 하도록 한다. 분양가 시장이 스스로 알아서 돌아가도록 지켜보아야 하는데 참지 못하고 개입한다.

무주택자와 집을 구하려는 자들에게 달콤하고 인위적인 장·단기적 상환과 저금리 대출 부양 정책을 편다. 이런저런 이름하에 저금리로 몇십 년에 걸쳐 집값을 상환하도록 한다. 그러면 무주택자들은 혹해서 은행으로 몰려가 무리하게 대출을 받아 아파트를 매입한다. 그러면 건설사는 환호한다. 비싼 미분양 아파트를 해결하고, 건설사 부도를 막았기 때문이다. 그런 재미와 돈으로 또 아파트를 건축한다. 이런 패턴이 반복되고 있다. 무주택자들과 서민들은 마냥 좋아할 것이 아니다. 장기간 빚을 지고 살아야 한다. 더 싸게 집을 구할 수 있었는데 정부가 정치적, 인위적으로 개입함으로 인하여 비싸게 집을 구입하는 것이다. 시장이란 무엇이든지 스스로 조정을 하며 돌아간다.

물건이 많이 생산되어 매물이 많아지면 가격이 내려가고 물량이 적으면 비싸게 거래가 된다. 시장이 스스로 그리 작동한다. 이런 가운데 생산자인 건설사들은 이익도 보고 손해도 본다. 부도가 날 수도 있다. 정부는 경기 안정과 분양 차원에서, 건설사를 위하는 차원에서 자꾸 시장에 개입한다. 그러면 결국 손해를 보는 자들은 무주택자들과 소비자들이다. 건설사들은 나쁜 습관이 든다. 건설사들은 언제 어디서나 아파트를 짓고 비싼 가격에 분양을 한다. 싸게 분양가를 책정할 이유가 없는 것이다. 그렇게 해도 결국 정부가 또 나서서 해결해 줄 것이기 때문이다. 건설사들은 이런 사실을 잘 안다.

건설사들도 때론 부도가 나도록 내버려 두어야 한다. 그렇지 않고 해마다 때마다 정부가 건설사 편에 서서 인위적이고 정치적으로 개입하여 아파트 분양 정책을 펴면 건설사들은 정부의 이러한 것을 악용하여 비싼 값으로 아파트를 판매한다. 건설사들만 이익을 취한다. 무주택자들과 소비자들은 항상 손해를 당한다. 장기적으로 빚만 늘어간다. 장기 저금리 상환이라고 좋아할 것이 못 된다. 정부가 무주택자들과 소비자들을 위하는 것 같지만 실상은 그렇지 않다.

여기에 속아서 정부가 당근 정책만 내놓으면 너도나도 집을 구매한다. 정부는 건설사들도 시장 원리에 맞게 살기도 하고 죽기도 하도록 내버려 두어야 한다. 국민들이 알아야 할 것은 정부가 항상 시민들을 위한 정책만을 펴는 것이 아니라는 것이다. 어느 나라나 정부나 국가는 항상 정의롭지 못하다. 건설사들과 재벌들의 안녕과 이익을 위한 정책이 더 많다. 무주택자들과 소비자들은 항상 두 가지 낚싯밥에 걸린다. 하나는 저금리 대출 상품이고, 또 하나는 장기 상환 대출로 내 집 마련 상품이다.

이런 것에 혹해서 무리하게 집을 구매하는 자들이 아주 많다. 그래서 우리나라의 가계 빚이 1천조가 넘었다. 모두 정부의 정치적, 인위적인 부양 정책과 장기 저금리 정책 때문이다. 결국 정부 정책은 무주택자들에게, 서민들에게 빚을 내서 집을 사게 만든다. 이젠 더 이상 이용당하지 말아야 한다. 사실 아파트 집값이 수도권과 지방을 불문하고 너무 비싸다. 거품이 심하다. 건설사들과 은행들만 폭리를 취하고 있다. 지난해 은행들의 이윤이 무려 60조 원에 이른다고 한다.

해마다 은행들의 대출 상품에 따른 결산을 보면 순이익이 엄청나다. 건설사들이 망하지 않고 있다. 집값을 더욱 낮추게 할 수 있는 열쇠는 무주택자들과 서민들이 쥐고 있다. 정부가 아니다. 아파트가 비싸면 연대해서 사지 않으면 그만이다. 그러면 집값은 자동적으로 내려가게 되어 있다. 거품이 심하면 대폭 내려갈 것이다. 건설사들이 싸게라도 판매한다. 예를 들어 배추 한 포기가 2만 원씩 한다고 했을 때, 너무 비싸다고 생각하면 너도나

도 사지 않으면 배춧값은 반드시 반값으로 내려가게 되어 있다. 그렇게라
도 판매하지 않으면 시간이 갈수록 썩거나 다 버려야 하기 때문이다.

그래서 생산자들과 주인들은 싸게라도 판다. 이것이 시장원리이다. 아
파트 매물도 마찬가지이다. 집을 사라고 부추기는 언론들과 건설사들과
은행들과 정부의 인위적이고 정치적인 정책을 조심하기만 하면 집값이
내려가서 비교적 싸게 살 수 있다. 정부는 얼마든지 무주택자들과 소비자
들을 위한 정책을 펼 수 있다. 그것은 공공임대아파트(고령자복지주택,
청년주택 등)를 대폭 늘려 공급하거나 미분양 아파트 시장에 개입하지 않
는 것이다. 정부는 정부가 마땅히 할 일을 해야 한다.

그러면 무주택자들과 소비자들에게 큰 도움이 될 것이다. 부동산 시장
의 거품이 대폭 빠질 것이다. 내 집 마련이 좀 더 수월해질 것이다. 그리고
다주택을 소유하고 있으면 손해가 나도록 하는 정책을 펴면 된다. 주택은
거주가 목적이다. 그런데 투자와 투기 수단으로 전락했다. 그러니 최소한
1가구 2주택 이상의 다주택을 소유하고 있으면 중과세로 다스리면 된다.
그리하면 아파트가 시장에 매물로 많이 나올 것이다. 상품과 매물은 많이
나올수록 시장의 가격은 떨어진다. 그런데 윤 정부는 도리어 다주택자들
의 중과세를 폐지하겠다고 한다.

기독교인들은 주택을 투자나 투기 목적으로 취하면 불로소득이다. 옳
지 않다. 떳떳한 소득이 아니다. 어떤 것이든 투기는 하지 말아야 한다.

성경은 사랑의 빛 외에는 물질적인 빚을 지지 말라고 한다. 은행으로부터 대출을 쉽게 받지 말아야 한다. 현실과 세상 탓을 하지 말고 자기 형편과 분수와 처지에 맞게 살아야 한다. 자기 형편과 분수에 맞게 사는 사람이 가장 지혜로운 사람이다. 똑똑한 사람이다. 부끄러운 삶이 아니다. 그리 하면 무리하게 빚을 질 이유가 없다. 좀 부족하고 불편하게 살면 된다. 그 렇게 하루를 지나면 부자들과 다를 바가 없다.

좋은 집에서 산다고 인생이 달라지는 것이 아니다. 좋은 차를 굴린다고 더 좋은 곳에 가는 것이 아니다. 자동차는 싼 차라도 고장이 나지 않고 잘 달리면 결국 수억 원대의 비싼 차를 굴리는 것과 다르지 않다. 바람과 비와 추위와 더위를 막아 주는 싼 아파트에서 산다고 하면 수십 억 원의 아파트 에서 사는 것과 다를 것이 없다. 가난하게 사는 것도 하루를 사는데 지장이 없고 의식주에 문제가 없다면 부자로 사는 자들과 다를 바가 없다.

하루, 일주일, 한 달, 일 년, 남은 인생은 다를 바가 없다. 그렇게 인생은 살게 되고 결국 죽음 앞에서는 다 동일하다. 부자라고 하루에 다섯 끼씩 먹지 않는다. 좀 불편하고 부족하게 산다고 실패한 삶이나 못난 삶이 아 니다. 좋은 집과 좋은 차와 많은 돈을 소유하고 산다고 성공한 삶이나 잘 난 삶이 아니다. 어디에서 어떻게 살든지 양심에 부끄럽지 않게 사는 것 이 부자로 사는 길이다. 이렇게 사나 저렇게 사나 다 지나간다. 이런 확신 과 신념과 마음과 자신감으로 살자.

제52장

피의사실공표와 무죄추정의 원칙

우리나라는 법원에서 재판도 시작하기 전에, 의혹만을 가지고, 수사하고 압수수색만으로, 기소만으로, 언론에 오르락내리락만으로 확정판결이 나오기도 전에 죄인 취급을 하는 경향이 아주 강하다. 그래서 정치 검사와 불순한 정치인들은 이런 분위기를 악용한다. 정적을 제거하는데 낙인찍기, 인민재판, 피의사실공표, 여론재판, 각인하기로 멀쩡한 사람을 범죄인으로 만들어 사회적으로 매장을 시키는 아주 못된 기술과 버릇들이 있다. 법을 준수해야 하는 자들이 위법한 것을 알면서도 법과 언론을 이용하여 자기들에게 유리하도록 일부러 그리한다. 이와 관련하여 가장 대표적인 것이 피의사실공표와 무죄추정의 원칙이다.

피의사실공표(被疑事實公表)란 형법 제126조에 따라 '검찰·경찰 기타 범죄수사에 관한 직무를 행하는 사람이나 감독·보조하는 사람이 직무상 알게 된 피의사실을 기소(공판청구) 전에 공표하는 것'이다. 이를 어기면 3년 이하의 징역 또는 5년 이하의 자격정지에 처한다. 이는 헌법상 '무죄추정의 원칙'에 의한 것으로, 수사 중이거나 입증되지 않은 피의사실을 공표함으로써 부당한 인권침해를 방지하기 위한 것이다. 이러한 피의사실 공표는 주로 수사 기관에서 한다.

무죄추정의(無罪推定) 원칙이란 '형사소송에서 피고인이 범죄를 저질렀다는 것을 증명하기 전까지는 죄가 없는 사람으로 보아야 한다는 법의 원칙'이다. 형사절차에서 피의자와 피고인은 유죄판결이 확정될 때까지는 무죄로 추정된다는 원칙을 뜻한다. 대한민국 헌법 제27조 4항과 형사소송법 제275조의 2항에서 규정하고 있다. 헌법과 형사소송법에 명백하게 명시되어 있음에도 불구하고 일부 검사와 정치인과 언론들은 무시한다. 그리하여 피의사실을 공표하여 아직 유무죄로 확정이 되지 않은 사람을 범죄자로 만들어 사회적으로 매장을 시킨 이후 자기들 의도대로 수사와 기소를 한다. 피의사실을 공표하는 자는 누구든지 악한 자이다. 불법을 행하는 자이다. 반드시 무겁게 처벌해야 한다. 그래야 억울한 자가 발생하지 않는다. 경찰관과 검사와 고위공무원이 그리하면 탄핵해야 한다.

그리고 모든 사람들은 이와 같은 법을 바로 알고 무죄추정의 원칙에 따라 언론, 검찰, 정치인, 대통령실 등이 그 어떤 말을 해도 믿지 말아야 한다. 특히 요즈음 대통령실의 발언과 주장은 반드시 팩트 체크를 해야 한다. 사실이 아닌 발표가 많기 때문이다. 기독교인들은 누구든지 확정판결을 받기 전까지는 죄인 취급을 하지 말아야 한다. 단정적으로 말하지 말아야 한다. 확정판결도 나오지 않았는데 나쁜 자라고, 범죄자라고 몰아가는 자가 불순하고 나쁜 사람이다.

기소가 되고 언론에 보도가 되어도 뒤에서 나쁜 자라고 수군거리지 말아야 한다. 우리나라 사람들은 언론과 검찰에서 떠들면 아주 나쁜 사람으로 여기는 경향이 강하다. 그냥 믿어 버린다. 아주 못난 짓이다. 낮은 수준의 모습이다. 이런 사실을 잘 아는 검찰과 수사 기관은 교묘하게 기자들 앞에서 피의사실을 공표한다. 더 이상 불법인 피의사실공표에 이용당하지 말아야 한다. 무죄추정의 원칙에 따라 사람을 대하고 판단해야 한다.

제53장

여론조사를 이용한 정치

정치인들은 정치 기술이 매우 다양하고 교묘하다. 여론조사를 이용하여 자기들에게 유리한 분위기를 조성하려고 한다. 하나의 얄은 꼼수이다. 여론조사 기관은 수십 군데 이상이다. 여심위(여론조사심의위원회)에 따르면 지난해(2022년) 말 기준 조사 결과를 공표할 수 있는 등록 여론조사 기관은 총 91곳이다. 사람이 많다 보면 별의별 사람들이 다 있는 것처럼, 여론조사 기관들도 별의별 기관들이 다 있다. 무슨 말인가? 순수한 기관도 있고, 불순한 기관도 있고, 정치권과 밀착된 기관도 있고, 독립적인 기관도 있다는 말이다. 믿을 만한 기관도 있고 믿을 수 없는 기관도 있다. 공정한 기관도 있고 불공정한 기관도 있다. 엉터리 조사 기관도 있고 신뢰할 만한 기관도 있다.

그렇다면 각 정당과 정부와 독자들은 어떤 식으로 여론조사 기관의 결과를 살펴보아야 하는가? 좌우로 치우침이 없이 이런저런 조사 기관의 결과를 다 참고해야 한다. 그런데 실제로는 그렇지 않다. 자기 정당에 유리한 여론조사 결과만 인용하여 공개한다. 자기 당과 정부와 자기에게 유리한 수치가 나온 기관만을 선호한다. 자기가 보고 싶은 것만 본다는 말이다.

참고로, 피겨스케이팅 대회 채점방식은 최고와 최저를 뺀 나머지 점수 결과를 합산하여 공개한다. 그래야 심사위원의 편협 된 점수에 이용당하지 않기 때문이다. 여론조사도 그리해야 한다. 어떤 여론조사는 표본도 2~3%밖에 되지 않고 한쪽으로 과표집 된 설문 조사 결과를 발표한다. 설문 내용도 교묘하게 작성한다. 응답자의 성향이 보수와 진보의 엇비슷한 상태에서 조사를 해야 비교적 공정한 결과가 나온다.

어떤 여론조사는 바닥 민심과는 동떨어진 결과를 발표한다. 그러다 보니 평상시의 여론조사 수치와 실제 선거 때의 여론조사 수치가 너무 다르게 나온다. 최근 가장 대표적인 사례가 서울 강서구청장 보궐선거 판세였다. 대부분의 여론조사 기관과 언론들은 선거 결과와는 전혀 다른 판세를 주장했다. 많은 차이를 보였다. 여당 후보에게 유리한 결과를 내놓았다.

그러나 결과는 정반대였다. 야당 진○훈 후보가 17%라는 압도적인 표 차이로 당선이 되었다. 이 수치에 가장 근접하게 발표한 곳은 여론조사 기관 '꽃'뿐이었다. 16% 표 차이로 야당 후보가 당선이 된다고 예측 조사 결과를 발표했었다. 그런데 정부와 여당은 여론조사 기관인 '꽃'의 주장을 일축했다. 그 결과 참패였다. 여론조사 기관 '꽃'은 독립된 기관이다. 정부나 어느 기관으로부터 후원을 받지 않는 유일한 기관이라 독립성과 공정성이 보장된다. 민주당 성향이지만 한쪽으로 치우침이 없다. 여론조사에도 가장 비싸게 비용을 지불하고 한다. 이렇게 매주 비싼 돈을 투자하여 여론조사를 하는 기관은 '꽃'밖에 없다고 한다. 그래서 신뢰할 만하다. 이미 실제 상황에서 믿을 수 있는 여론조사 기관이라고 증명했다.

여야 정당이나 정치인들은 정신을 차려야 한다. 손바닥으로 하늘을 가리려고 하지 말아야 한다. 잠시는 엉터리 여론조사 결과를 가지고 인위적으로나 속임수로 분위기를 띄우거나 판세를 바꾸려고 하는데 나중에 다 안다. 강서구청장 보궐선거가 잘 보여 주고 있다. 한번 그렇게 속으면 다시는 엉터리 여론조사 기관을 신뢰하지 않는다. 정부와 여당에서 아무리 이런저런 여론조사 결과를 발표해도 믿지 않는다. 유권자들과 국민들은 한 번은 속지만 두 번 이상은 속지 않는다. 똑똑하다. 그래서 필자는 여론조사 기관 '꽃'을 신뢰한다. 왜 그런가? 정확도가 선거를 통해서 확인, 검증되었기 때문이다. 단지 민주당 성향이라고 외면하는 것은 단세포적인 단견이다.

어느 쪽 사람이나 성향이라고 해서 다 불신할 것이 아니다. 공정성 여부를 보아야 한다. 다른 여론조사 기관은 여당 성향이었지만 조사 결과가 바르지 않아 도리어 여당에게 오판을 할 수 있게 만들어 실패하게 했다. 실전 선거에서 실력이 검증된 것이다. 이보다 더 신뢰할 만한 기관이 있는가? 다른 무슨 말이 더 필요한가? 다수 국민들은 선거에서 실제로 확인된 여론조사 기관만을 믿는다. 그러므로 각 정당과 정치인들은 꼼수, 기술, 편협, 불순함을 버리고 정직하게 정치를 하기 바란다. 여러 여론기관의 수치를 참고하기 바란다. 실제 여론과 동떨어진 자료를 가지고 유권자들과 민심을 호도하거나 속이려는 수작은 금해야 한다. 신뢰라는 탑은 쌓기는 어려워도 무너지는 것은 한순간이다.

지금도 종종 혹은 매주 대통령과 각 정당과 내년 4월 총선 후보자들에 대한 지지도 여론조사를 하고 있다. 정부와 여당은 여전히 자기들에게 유리하게 나오는 여론조사 기관의 수치를 가지고 선전하고 홍보하고 있다. 안타까운 일이다. 그러면서 이들보다 더 공정하고 정확한 조사 결과를 발표하는 여론조사 '꽃'의 수치는 외면한다. 어리석은 짓이다. 조사 결과가 유리하든 불리하든 판세를 정확히 짚어야 비교적 올바른 대책과 준비를 할 수 있다. 현실을 바로 직시하고 대비할 수 있다.

그렇지 않으면 잘못된 조사 자료로 인하여 대응과 대책도 엉터리로 하게 되어 실제 선거에서 참패를 당한다. 비유하자면, 의사가 환자를 정확하게 진단해야 처방도 바로 나오고 환자도 살릴 수 있다. 의사와 관계가 좋지 않아도 실력이 있는 의사라면 믿고 따라야 자기가 산다. 기독교인들은 여러 여론조사 기관의 수치를 참고해야 한다. 어느 한쪽의 여론조사 수치만 보지 말아야 한다. 그래야 스스로 속지 않게 된다. 공정한 판단을 하고 정확한 판세를 읽을 수 있다. 무엇이든지 한쪽으로 치우치는 것이 제일 위험하다.

제54장

정치인 인사 검증

조국 전 법무부 장관은 과거에 철저하게 인사 검증을 못 했다고 자기 잘못을 시인했다. 누구에 대한 이야기인가? 윤석열 전 검찰총장이자 현 대통령에 대한 이야기이다. 필자도 다음의 말에 오판했었다. **"나는 사람에게 충성하지 않는다."** 적지 않은 사람들이 필자처럼 이 말에 오판했다. 이 말은 검찰 조직에 충성한다는 말이었다. 결과론적으로 보니 심각하게 오판했다. 누군가가 '만사는 인사'라고 했다. 사람을 바로 안다는 것은 매우 어려운 것 같다. 사람의 마음과 내면과 생각과 전 삶을 볼 수 없기 때문이다. 그래서 겉모습과 내면 모습 모두를 속이려고 작정하면 누구나 속을 수 있다. 적지 않은 사람들이 사람들의 말장난에 놀아난다. 인류 최초의 사람 아담과 하와도 에덴동산에서 사단의 말장난에 사기를 당하여 죄를 범했다.

전지전능하신 하나님 외에는 누가 사람의 마음을 정확히 알겠는가? 그래서 누구나 속고 속는 인생을 산다. 배우자에게 속고, 친구에게 속고, 동업자에게 속고, 정치인에게 속고, 지인에게 속고, 종교인에게 속고 산다. 특히 국민을 대리해서 국정 전반에 대해 정치를 하는 정치인들에게 속는 것은 매우 치명적이다. 막강한 권한을 가지고 있기에 한 번 오판해서 잘못 임명해 버리면, 투표를 잘못하면, 검증을 제대로 하지 못하면 5년마다 엄청난 재앙이 된다. 막강한 권력과 권한으로 무자비하게 칼을 휘두르기 때문이다. 현재 다수 국민들은 실감하고 있다.

그래서 정치인 검증은 미국 고위공직자 인사청문회가 하듯 깊고 넓게 해야 한다. 특히 대통령과 법무부 장관과 검찰총장과 경찰청장과 국회의장과 방송통신위원장과 대법원장과 감사원장 등은 전문성과 도덕성이 탁월한 자를 임명해야 한다. 어느 한두 가지 장점과 주장과 말에 감동을 받아 '괜찮은 사람이네!'라고 섣불리 판단하지 말아야 한다. 한두 가지가 탁월하다고 해서 모든 면이 탁월한 것은 아니다. 사람들은 어느 한두 가지에 감동을 받으면 나머지의 것은 다 생략해 버리고 지지한다. 다른 것은 볼 것도 없다고 말한다. 이래서 실수하고 오판하는 것이다. 정치인들은 말을 먹고 산다. 정치인들의 말은 그 혀에 기름 친 말이다. 일부 목사들 중에도 말만 번지르르하게 하는 자들이 있다. 말은 언제든지 변개가 가능하다. 말은 포장되어 있는 경우가 있다. 말은 회칠한 무덤과 같다. 말만 듣고 어떤 사람이나 정치인을 판단하면 실수하는 것이다.

그러면 무엇을 검증해야 하는가? 이런저런 것들이 있겠지만 딱 한 가지만 선택한다면 과거의 개인 역사를 검증해야 한다. 현재와 미래의 삶은 과거를 통해서만 증명되고 나오기 때문이다. 이를 비유하자면 나무의 잎사귀와 꽃과 열매는 과거라는 뿌리를 통해서만 성취된다. 사람의 과거는 나무의 뿌리와 같다. 그래서 과거의 행적을 잘 검증해야 한다. 그러면 현재와 미래가 어느 정도 보인다. 왜냐하면 과거 없이 현재나 미래가 있을 수 없기 때문이다. 이런 원리나 방식으로 배우자와 사람과 정치인에 대해서 확인하고 검증하면 실수하지 않게 된다. 후회하지 않게 된다. 사람들이 후회하는 이유는 오판하거나 속았기 때문이다. 과거는 조작이 불가능하다. 정치인들은 주로 현재와 미래에 대한 비전만을 달콤하게 주장하면서 자신을 지지해 달라고 간청한다. 이런 모습에 속지 말아야 한다. 선거 때의 공약을 준수한 정치인이 얼마나 있는가. 별로다.

과거에 정직하지 않은 삶을 산 사람은 미래에도 결코 정직하게 살 확률은 별로 없다. 과거에 선거 공약을 지키지 못했던 정치인은 미래에도 공약을 지키지 못한다. 과거에 봉사나 구제활동을 하지 못한 사람은 미래에도 봉사와 구제를 하지 못한다. 과거에 다른 사람을 돕고 살지 못한 사람은 미래에도 그렇게 살 공산이 크다. 무엇이든지 하루아침에 뚝딱 되는 일은 없다. 지식으로 안다고, 마음을 먹었다고 즉시 실천되지 않는 법이다. 습관과 습성이란 하루아침에 이루어지는 것이 아니다. 습관이 되지 않으면 못한다. 입으로만 한다. 물질로 이웃을 사랑해 본 사람만 미래에도 물질로 이웃을 사랑한다. 그러니 제발 배우자나 친구나 정치인이나 어떤 사람의 말만 듣고 판단하거나 믿지 말아야 한다. 과거에 어떻게 살았는지에 대하여 사실에 입각해서 보고서를 써서 보여 달라고 해야 한다. 과거는 숨기거나 포장하기 어렵다. 미래에 대한 예비고사가 아닌 과거에 대한 예비고사를 보아야 한다.

대부분의 사람들은 과거를 보면 미래가 보인다. 이런 부분에서 자신감이 없는 사람들은 자신에게 불리하니 '미래 지향적인 대화만 하자'고 말한다. '과거는 다 지나간 것이니 과거 이야기는 그만하고 미래만 말하자'고 주장한다. 매우 그럴듯하다. 여기에 함정이 있다. 과거가 불편한 자들이기 때문이다. 그래서 과거 개인 역사 이야기를 물으면 침묵하거나 싫어한다. 그런 사람은 또 말장난하는 것이다. 현재와 미래의 역사는 과거를 통해서만 존재하듯이, 정치인들도 과거의 언행, 정치행적을 통해서 미래의 정치를 가늠해 볼 수 있다. 이것 하나만 잘 확인, 검증, 청문회를 하면 인사 검증에 실패할 확률은 대폭 감소할 것이다. 이것이 누구든지 제대로 평가할 수 있는 바로미터라고 할 수 있다. 기독교인들은 교회 안팎에서 이런 원리와 방식을 가지고 평가하기 바란다. 그러면 덜 속게 된다.

제55장

개딸과 태극기 부대와 팬덤 정치

정치는 강력한 지지자들의 희생과 헌신의 도움을 얻어 행하는 것이다. 코어 지지층이 있어야 한다. 다시 말해서 핵심 지지층이 있어야 한다는 말이다. 어느 정당과 정치인들도 다 이런 핵심 지지층이 있다. 건물로 비유하자면 기둥이다. 민주당은 '개딸', 국민의힘은 '태극기부대'가 있다. '개딸'이란 '개혁의 딸'이란 좋은 말이다. 이재명 민주당 당 대표를 지지하는 20~30대 젊은 여성들이 스스로를 부르는 용어이다. '태극기 부대'란 2016년 박근혜-최순실 게이트를 계기로 생겨난 친박 성향의 집회를 말한다.

보통 보수 정당을 열성적으로 지지하는 세력을 말한다. 여야 정당과 정치인 모두에게 있는 '팬덤'(fandom)이란 '누군가 또는 어떤 것을 열광적으로 좋아하는 팬들 집단'이라는 뜻이다. 공통적인 관심사를 공유하는 사람들과 함께 공감과 우정의 감정을 특징으로 하는 하나의 문화이다. 팬덤은 유명한 정치인뿐만 아니라 연예인이나 스포츠 스타들에게도 있다. 팬덤은 자연발생적으로 생기는 것이다. 누가 시켜서 만들어지는 것이 아니다. 누군가를 좋아하는 팬들이 모여서 이루어진 강물이다.

그러니까 '개딸', '태극기 부대', '팬덤' 자체는 아무런 문제가 없다. 잘못된 자들이나 용어도 아니다. 자기의 신념과 성향과 권리에 따라 추구하는 하나의 선택이자 문화이다. 헌법과 법률과 진리에 반하지 않는다. 그런데 어떤 정치인들과 사람들은 이런 용어나 세력들을 불편해하고 혐오한다. 이런 세력들과 단절해야 한다고 주장한다. 왜 그럴까? 이런 것으로 인해 불리함을 받는 자들이기 때문이다. 팬덤은 강력한 지지와 힘을 가지고 있다. 자기에게 유리하다면 거부하지 않을 것이다. 사람은 무엇이든지 유·불리에 따라서 반응이 엇갈린다. 이런 주장은 아무런 명분이 없는 일방적이고 무능한 주장일 뿐이다.

이들이 헌법과 진리와 법률을 위반하지 않는 이상, 불법 집단이 아닌 이상 누구도 비난하거나 공격할 수 없다. 잘못된 용어라고 할 수 없다. 해체하라고 하지 못한다. 이들이 불법을 했을 때만 사안에 따라 책망하고 비판하고 탓해야 한다. 그 외에는 어떤 정치인을 따르든 상관하지 말아야 한다. 민주주의와 법치주의 안에서 자유롭게 자기 의사 표현과 권리를 주장하는데 왜 탓하는가? 있을 수 없는 일이다. 자기는 그런 세력이 없어서 그런가? 왜 자기와 다르면 나쁘다고 하는가? 자기는 자기 방식대로 법 테두리 안에서 정치를 하면 된다.

스포츠 세계와 연예계에는 이런 팬덤 문화가 전 세계적이다. 자기가 좋아하고 지지하는 스타를 추종하고 열렬하게 환호한다. 경기와 집회 때마다 따라다니면서 응원한다. 자기가 좋아하는 스타를 보기 위해서 비행기를 타고 외국에서까지 온다. 일부 사람들은 이러한 모습을 이해하지 못할 것이다. 그래도 존중해 주어야 한다. 자신이 이해가 안 간다고 해서 잘못된 것이 아니기 때문이다. 이젠 유명한 정치인들에게도 팬덤이 형성되어 추종하고 지지한다. 이는 아무런 문제가 없다. 그러니 이런 것에 대하여 비난하지 말아야 한다. 자기의 부족하고 구부러진 인식을 바로 잡아야 한다. 시기 질투도 하지 말아야 한다. 기독교인이라면 더욱 그리해야 한다.

제56장

빚내서 집 사라는 정치인과 정책

통계청과 금융감독원 및 한국은행은 2023년 12월 7일 '2023년 가계금융 복지조사 결과'를 발표했다. 여기서 가구당 평균 부채가 9,200만 원에 육박했다고 밝혔다. 2023년 11월 말까지의 가계 빚은 1,092조이며, 은행 대출의 70% 이상을 차지하는 주택담보대출 잔액은 845조3,000억 원으로 나타났다. 대부분의 빚은 주택담보대출로 은행 빚이다. 자기 집을 소유한 자들의 49%가 은행으로부터 대출을 받은 것이라고 한다. 정부에서 집 없는 자들과 서민들을 위한답시고 장기든 단기든 저금리와 장기상환 정책은 모두 빚이다. 서민들의 빚은 갈수록 증가하고 있다. 이에 반해 은행과 건설사들은 해마다 큰 이익을 취하고 있다. 그 이유는 집값, 즉 분양가가 너무 높고 은행 대출 이자가 높기 때문이다. 집이 없는 자들은 항상 내 집 소유에 대한 욕망과 소원이 있다. 건설사들은 계속해서 비싼 아파트를 짓고 있다. 은행들은 고금리 대출을 준비하고 있다.

이에 정부는 신규 아파트가 쏟아져 미분양이 많으면 경기에 악영향을 미친다고 판단하여 자기 집이 없는 사람들의 욕망을 자극하는 대책과 정책을 내놓는다. 달콤한 정책을 내놓는다. 실례로, '청년·신혼부부용 최장 50년 만기' 등이다. 이유는 단 하나이다. 정말로 서민들을 위한 것이 아니라 미분양 아파트를 해결하기 위함이다. 건설사들의 이익을 위함이다. 그러면 내 집이 없는 사람들은 '이때다' 싶어 은행으로 달려간다. 이런 정책은 박근혜 정부 때도 최○환 경제부총리가 빚을 내서 집을 사라고 독촉했었다. 그 결과 많은 사람들이 빚쟁이가 되었다. 가계부채가 엄청 늘었다. 그리고는 정치인들은 나 몰라라 한다. 그들이 빚을 갚아 주지 않는다. 여든 야든 빚을 내서 집을 사라는 정책은 단기이든 장기상환이든 하수일 뿐이다.

결국 서민들을 빚더미에서 은행과 빚의 노예로 살게 만드는 정책이다. 건설사와 은행만 배부른 정책이다. 금리가 오르거나 경제활동에 변수가 발생하면 아무리 저금리 장기상환으로 대출을 받았어도 엄청난 채무 스트레스에 시달리게 된다. 어떤 빚이든지 쉽지 않다. 살면서 빚만 갚고 살 수 없기 때문이다. 그래서 돈을 번다고 해서 빚을 빨리 갚지 못한다. 자기 집에서 누워 있을지라도 마음이 편치 않다. 그러므로 앞으로 어느 정부가 들어서든지 빚을 내어 집을 사라는 달콤한 정책은 아무리 그럴듯해도 현혹되지 말아야 한다.

정부는 건설사와 은행의 배를 채우는 주택 정책이 아닌 진정으로 서민들과 자기 집이 없는 사람들을 위한 주택 보급 정책을 펼쳐야 한다. 그것은 고령자복지주택이나 다양한 임대아파트처럼, 보증금도 적고 월세도 적은 질 좋은 임대아파트를 대량으로 공급해야 한다. 이런 정책 외에는 집값을 잡을 확실한 수단은 없다. 그리하면 집값이 정상으로 내려오고 안정화가 될 것이다. 집을 가지고 투기나 투자 수단으로 사용하지 못할 것이다. 정부가 할 일은 집은 거주의 목적으로만 사용하도록 만들어야 한다. 두 채 이상의 다주택자들은 중과세를 해야 한다.

사람이 살아가기 위해서와 출산을 위해서는 기본적으로 편히 살 수 있는 자기 집과 직장이 있어야 한다. 이 문제가 해결되지 않으면 결혼율과 출산율은 개선되지 않을 것이다. 그리고 건설사들이 많은 신규 아파트 물량을 생산하여 미분양이 되어 부도, 도산의 말들이 나오더라도 정부는 내버려 두어야 한다. 개입하지 말고 시장이 알아서 돌아가도록 내버려 두어야 한다. 그래야 거품이 빠진다. 그렇게 해서 도산할 건설사는 도산하게 내버려 두어야 한다. 이는 마치 사망과 출생이 자연스럽게 순환되는 원리와 같다. 아파트를 짓기만 하면 정부가 알아서 해결해 주니 건설사들은 아파트를 비싸게 정하여 내놓는 것이다.

정부든 서민이든 아파트 분양가가 너무 높으면 청약을 신청하지 말고 외면해야 한다. 그렇게 시간이 지나면 집값은 자동적으로 내려가게 되어 있고, 건설사들은 스스로 자구책을 내놓게 된다. 터무니없이 비싸게 분양하지 못한다. 2023년 현재 그런 분위기가 형성되었다. 전국적으로 미분양 아파트들이 매우 많이 속출하고 있다. 고가의 아파트들이 수억씩 내려가고 있다. 아직도 멀었다. 향후 수년 동안은 집값이 계속 하락할 것이다. 반값 이하로 내려가야 정상이다. 거품이 너무 심하기 때문이다. 거품이 심한 아파트는 외면해야 한다.

그러면 집값은 자동적으로 하락하게 되어 있다. 건설사들이 반값으로라도 판매하게 되어 있다. 미분양과 재고가 쌓이면 더욱 손해이기 때문이다. 이런 원리와 시장 상황을 읽고 살아야 한다. 그렇지 않으면 건설사와 정부의 봉(먹잇감)이 된다. 내 집이 없는 자들은 조급하지 말고 서두르지 말아야 한다. 서민들은 건설사와 정부와 은행이 아무리 이런저런 달콤한 유혹을 해도 흔들리거나 넘어가지 말아야 한다.

기독교인들은 집을 가지고 폭리를 목적으로 투기나 투자를 하지 말아야 한다. 소득은 정당한 근로를 통해서만 취해야 한다. 기독교인들은 어떠한 형식의 불로소득이든 생각지 말아야 한다. 다주택도 소유하지 말아야 한다. 자기 가족이 거할 목적으로만 주택을 소유해야 한다. 기독교인들은 범사에 본이 되고 이웃과 사회에 도움이 되고 유익한 존재로 살아가야 한다. 사람의 어깨와 목을 압박하는 빚을 지는 것은 신중해야 한다. 성경은 사랑의 빚 외에는 지지 말라고 하기 때문이다.

제57장

정치인이 미워하는 기자

일반적이고 기본적으로 사람들이 좋아하는 사람과 싫어하는 사람은 딱 구분이 된다. 자기에게 항상 좋은 말만하고 유리한 말만 하는 사람은 좋아하고, 사안에 따라 자기에게 불편한 말을 하고 지적하는 사람은 싫어한다. 강아지들도 자기를 예뻐하는 주인을 좋아한다. 정치인들은 여론과 국민 지지를 먹고 사는 자들이다. 4년마다 치열한 선거를 통해서 비정규직의 직장을 연장하는 자들이다. 그러다 보니 자신의 평판에 대하여 매우 예민하게 반응한다. 이러한 평판은 취재 기자에 의해 언론을 통하여 세상에 알려진다. 사람들이라고 해서 다 양심적인 사람이 아닌 것처럼, 기자라고 해서 다 참 기자가 아니다.

어떤 기자는 정치인과 권력자에게 해바라기 역할만 한다. 불순하게 유착되어 있다. 어떤 기자는 단소리도 하고 쓴소리도 한다. 잘한 것은 잘했다고 하고 잘못한 것은 책망과 지적을 한다. 어떤 기자는 팩트가 아닌 내용을 전하지만 어떤 기자는 팩트만 전한다. 정치인들도 자기에게 쓴소리를 하고 팩트를 전하는 기자를 가장 미워한다. 왜냐하면 정치인이란 잘하는 것도 있지만 잘못하는 것도 있기에 사실을 그대로 전하면 자기 명성과 이미지와 평판에 악영향을 미치기에 사실일지라도 자기에게 불편한 기사를 쓰면 기자를 미워한다.

얼마 전에 어느 대통령이 미국에 갔었을 때 '바이든'을 지칭하며 좋지 않은 말을 했다. 이것을 MBC 이기주 기자가 동영상을 확인한 후 방송에 내보냈다. 이에 한국과 미국에서 난리가 났다. 그러자 '바이든'이라고 하면 외교적으로 큰 문제가 일어나기 때문에 바이든이 아니라 '날리면'이라고 말했다고 주장했다. 어법과 문맥상, 음성으로 볼 때 도저히 납득할 수 없는 괴물 용어가 등장한 것이다. '날리면'이라고 한다면 결코 말이 되지 않았다. 이는 누가 보아도 억지였다. 그래서 대통령실 대변인도 야당 의원들을 가리킨 것이라고 황당한 주장을 하다가 나중에 또 '날리면'이라고 했다고 번복한 것이다. 그냥 인정하고 사과하면 될 일을 가지고 일을 더 크게 만들어 버린 것이다.

아직까지도 우기고 있다. 녹음된 음성에 대하여 전문가의 의견은 판정이 불가하다고 나왔다. 그렇지만 녹취 속에 나오는 비속어(새끼)는 맞다고 하였다. 이 장면을 취재하여 보도했던 기자는 온갖 고초를 당했다. 미국에서 귀국할 때 대통령 전용기 탑승도 금지당했고, 대통령실 출입 기자들 사이에서도 왕따를 당하여 6개월 동안 혼자 밥을 먹었다. 결국 6개월 만에 대통령실 출입을 금지당했다. 기자는 기자 본연의 의무를 다했을 뿐이다. 지나온 역사를 보면 정치인이든 기자든 국민이든 누구든지 진실을 말하면 고초를 당했다. 악한 자들은 자신들의 허물과 실수가 드러나는 것을 싫어하고 진실을 가장 미워하기 때문이다. 그래서 참된 증인들이 항상 쥐도 새도 모르게 사라지고 죽었다.

대한민국은 법치주의와 민주주의 국가이다. 헌법에 언론과 출판과 표현의 자유가 보장되어 있다. 특히 기자와 언론에 대해서는 공익적인 차원과 국민들의 알권리 차원에서 각종 의혹 보도와 사실 보도에 대하여 폭넓게 보호한다. 미국은 이런 환경이 잘 조성되어 있다. 설사 오보라고 하더라도 불순하지 않으면 처벌받지 않는다. 일반인이든 기자들이든 언론들이든 권력자들에게 얼마든지 이런저런 보도를 자유롭게 하고 있다. 그런데 우리나라는 그렇지 못하다. 권력자가 검찰과 경찰을 동원하여 자기에게 불편한 기사를 쓰는 기자들과 언론들을 압박하기에 자유롭게 표현활동을 하지 못하고 있다. 권력자의 눈치를 보아야 한다. 정권이나 대통령에게 불리하게 기사를 쓰고 보도를 하면 어떤 식으로든지 트집을 잡아 압수수색을 행한다. 주변 사람들까지 당한다. 회사도 당한다.

털어서 먼지 안 나오는 사람이 없다는 것을 근거로 해서 이것저것을 막 털어서 기소해 버리기에 무서워서 감히 진실 보도, 사실 보도, 쓴소리를 못 한다. 이에 기자들은 자기 검열을 한다. 마음 놓고 사실 보도를 못 한다. 민주주의 국가인데 그렇다. 권력자가 공권력을 남용하고 사적으로 이용하기 때문이다. 이에 인사권자인 대통령이 어떤 암시를 주면 검찰과 경찰 지휘부는 거부하지 못하고 부당한 짓을 행한다. 이래서 법이 아무리 잘 만들어져 있어도 사람이 행하기 때문에 결국 제도도 중요하지만 이를 집행하는 사람이 중요하다고 하는 것이다. 대부분의 사람들은 불이익을 참지 못한다. 그래서 인사권자의 부당한 지시와 명령을 울며 겨자 먹기로 따른다.

이런 일들이 일반 직장 생활에서도 비일비재하다. 총회, 노회, 교회, 직장 등 어디에서나 바른 소리를 하면 다 미움을 받는다. 싫어하고 불편해한다. 이것이 현실이다. 근본 이유는 인간이 악하기에 그렇다. 그래서 어디에서나 진실을 말하고 정의롭게 행하는 자들은 매우 적다. 항상 어려움을 당한다. 왕따를 당한다. 미움을 당한다. 기자들도 그렇다. 이런 연유 때문에 정의로운 기자들의 수가 적은 것이다. 2023년 현재 법조 출입 기자들을 보면 실감한다. 기자들뿐만 아니라 직장에서도 정의로운 자들의 수는 매우 적다.

다수 기자들은 권력자들 손과 발을 마사지하기에 여념이 없다. 언론 기사들을 보라. 어처구니없는 장면과 내용인데도 얼마나 아름답게 포장하고 덧칠해서 기사화하는지 모른다. 헛웃음이 나오는 기사들이 한둘이 아니다. 창피한 기사들이 많다. 제목들이 그렇다. '이런 자들이 기자인가'라는 한탄이 나오기도 한다. 기독교인들은 그러지 말아야 한다. 기독교인들은 항상 정직해야 하고 정직한 말과 지적을 좋아해야 한다. 사람들로부터 '이런 사람도 기독교인인가?'라는 조롱은 듣지 말아야 한다. 하나님은 거룩하신 분이시고 성도란 거룩한 자이기 때문이다. 그렇지 않으면 기독교 인이라고 말하기에 한참 부족하다. 아니면 사이비 기독교인일 가능성이 크다. 과실수는 열매로 알기 때문이다. 우린 언제 죽어도 죽기로 정해져 있다. 사는 날 동안이라도 비겁하고 비굴하게 생명을 연장하지 말아야 한다. 오직 하나님만을 두려워하며 거룩하게 살려고 노력해야 한다.

제58장

검찰·경찰·법원·언론의 부당한 정치 행태

저울이라고 해서 다 저울 대접을 받지 않는다. 소금이라고 해서 다 소금 대접을 받지 않는다. 음식이라고 해서 다 음식 대접을 받지 않는다. 사람이라고 다 사람대접을 받지 못한다. 검찰, 경찰, 법원, 언론이라고 해서 다 인정받고 대접받는 것이 아니다. 정직하고 공정할 때만 인정과 지지와 사랑을 받는다. 만일 불공정하게 수사와 기소와 판결과 보도를 하면 더 이상 신뢰하지 않는다. 짠맛을 잃은 소금처럼 필요가 없는 존재가 되어 외면을 당한다. 지나온 역사를 되돌아보면 이들은 항상 정직하거나 공정하지 않았다.

권력자들의 의도대로, 자기편과 친분대로, 이해관계대로, 권력자들의 압력 여부에 따라 선택적으로 이런저런 결정을 해 왔고 보도를 했다. 그런데 지금도 그런 못된 행태들이 여전하다. 공수처에도 있기는 하지만 수사권과 기소권은 오직 검찰에게만 있다. 누구든지 합리적인 의혹과 혐의가 있으면 주저 없이 수사를 해야 하는데 그렇지 않다. 그래서 원성이 자자하다. 예를 들어서, 누구는 몇만 원 정도의 법카를 사용한 의혹 때문에 전격적으로 압수수색을 당한다.

그런데 대통령 부인의 엄청난 비리 의혹에 대하여는 언론과 야당에서 그렇게 합리적인 증거를 제시하고 수사를 촉구해도 단 한 번의 압수수색도, 수사도, 소환도 하지 않고 있다. 현 대통령은 입만 열면 공정과 상식과 자유민주주의와 원칙을 주장해 왔다. 살아 있는 권력에도 개의치 않아야 한다고 한 사람이다. 검찰총장 재직 시에도 그렇게 말했다. 그래서 문재인 대통령 시절에 검찰총장을 하면서 청와대까지 압수수색을 했다. 그러나 자신이 대통령이 된 이후에는 태도가 돌변하여 실천하지 않고 있다. 검찰도 검찰 가족들의 비위 의혹에 대해서는 매우 소극적이다. 피아를 구분하여 선택적으로 공정과 상식이 적용되고 있다. 강○정, 이○섭 차장검사 처남댁에 의하면 경찰들도 별반 다르지 않다. 법원도 판사에 따라 이해할 수 없는 판결이 이루어지기도 한다. 많은 영역들이 오염되었다.

언론은 말할 것도 없다. 보수와 진보 언론을 막론하고 공정한 언론을 찾아보기란 하늘의 별 따기처럼 어렵다. 정권에 따라, 이해관계에 따라, 자사 언론의 이익 여부에 따라 이중적인 자세를 취한다. 모든 것이 법과 원칙에 따라 행하여지고 처리되어야 하는데 이해관계와 정치적으로 좌우하는 사건들이 너무 많다. 한마디로 공정하지 않다. 생각해 보라. 시장 정육

점에 가서 고기를 사는데 불공정한 저울로 달아서 판매한다면 고객이 수용하거나 납득이 되겠는가? 고깃집 주인이 말하는 대로 따르겠는가? 그렇지 않을 것이다. 다시는 그런 정육점에 가지 않을 뿐만 아니라 신뢰하지 않을 것이다. 상인이나, 검찰이나, 경찰이나, 법원이나, 언론들은 언제나 공정한 저울처럼 공정해야 한다. 정직해야 한다. 일관성이 있어야 한다. 그래야 사람들이 신뢰하고 복종하고 따른다. 기독교인들은 언제 어디서나 무엇을 하든지 공평무사해야 한다. 그것이 참 기독교인이다.

제59장

탈당 정치

더불어민주당 이○민 의원(대전 유성을, 5선)이 2023년 12월 3일 민주당을 탈당하여 국민의힘에 입당했다. 이 의원의 탈당 이유는 이재명 대표가 민주당을 사당화했다는 것이다. 과연 그런가? 전혀 그렇지 않다. 법적으로나 도덕적으로 그런 일이 없다. 주관적인 억지일 뿐이다. 비명계 일부 의원들만 근거 없는 그런 주장을 할 뿐이다. 민주당 당원들 70% 이상은 이재명 대표를 지지하고 있다. 현역 의원 대부분도 지지한다. 법적·객관적으로 볼 때도 아무런 위법이 없다. 오직 탈당한 이○민 의원과 몇몇 비명계 의원들만 그런 주관적인 억지 주장을 할 뿐이다. 민주당 이○연 씨도 탈당과 창당을 언급했다. 민주당 당원들과 의원들은 시큰둥하다. 설득력이 없기 때문이다.

한마디로 차기 총선에서 자신의 입지가 불안하니 객관성이 없다는 궁

색한 이유를 들먹이며 탈당한 것이라고 할 수 있다. 아니면 개인적으로 감정이나 마음이 좋지 않거나 다른 숨은 계획이 있어서 때문일 것이다. 정치인들의 탈당은 새롭지 않다. 종종 있어 왔다. 자기가 속한 정당과 당 대표가 자기 뜻대로 돌아가지 않거나 선거 때 공천을 받지 못하거나 못할 것 같으면 탈당하여 무소속으로 출마하곤 했다. 그러다가 선거가 끝나면 다시 복당하였다. 아무튼 마음이 다른 곳에 있는 정치인들은 이런저런 명분을 만들어 탈당을 시도한다. 부부가 이혼을 할 때도 누구나 인정할 수밖에 없는 배우자의 악행이 있어야 한다. 소소한 일로, 개인감정으로 이혼하지 않는다. 탈당도 그래야 한다.

국회의원인 정치인은 지역구든 비례대표든 유권자들의 지지에 의해 당선이 된 자들이다. 자기 혼자 힘으로 당선이 된 것이 아니다. 입당도 자기와 지지자들이 결정한 것이다. 이 말이 암시하는 바는 자기 마음대로 정당에 출입하지 못한다는 말이다. 국회의원이 되기까지 정당의 도움을 받았고 지역구 유권자들의 도움을 받은 자이다. 탈당을 할 경우 자기가 속한 정당과 절대로 함께할 수 없는 명백한 객관적이고 법적인 이유가 있어야 하고, 정당과 유권자들의 동의를 얻어서 행동해야 한다.

그렇지 않고 정당한 사유도 불분명한 상태에서 자기 마음과 일부 사람들의 뜻을 모아 탈당하는 것은 정의롭지 못한 배신행위이다. 신의를 저버린 못된 짓이다. 이기적인 짓이다. 그런 식으로 탈당을 할 것 같으면 모든 부부들이 이혼할 수 있다. 자기 마음에 쏙 드는 배우자가 거의 없기 때문

이다. 다투지 않는 부부가 없다. 다툴 때마다 이혼하겠는가? 정당에 소속
되고 탈당하는 것은 애들 장난이 아니다. 부부처럼, 일반 직장 생활처럼
쓰든 달든 삼켜야 하는 경우가 많다.

 탈당을 밥 먹듯이 하는 정치인을 가리켜서 철새 정치인이라고 한다. 가
장 대표적인 사람이 국민의힘 안○수 의원이다. 걸핏하면 황당한 명분을
내세워서 탈당하고 신당을 창당했다가 잘 안되면 다른 당에 합류한다. 갈
대 같은 사람, 철새 정치인, 탈당 정치인들이 한둘이 아니다. 왜 이런 신의
가 없는 일들이 반복되는가? 정치인들 중에는 저급한 삼류 정치인들이 있
기 때문이다. 이런 사람들은 지지하지 말아야 한다. 또 언제 탈당하거나
변심할지 모르기 때문이다.

 정치인의 행보와 말은 무거워야 한다. 함부로 어느 정당에 속하거나 탈
당하지 말아야 한다. 한 번 어느 정당에 속하게 되면 어지간해서는 그 당
에 머물러 있어야 한다. 공천을 받지 못한다고 하더라도 배신의 정치는
하지 말아야 한다. 그런 사람이 심지가 곧은 사람이다. 선거철만 돌아오
면 기회주의자로 살아가는 것은 못난 짓이다. 그런 자들은 기대할 것이
없다. 언제 변할지 모르는 자이기에 신뢰할 수 없다. 한 번 변한 자들은 두
번 세 번 변할 가능성이 있다. 기독교인들은 갈대 같은 사람, 철새 정치인,
탈당 정치인으로 살지 말아야 한다.

 어느 교회, 어느 목사, 어느 성도가 자기 마음에 들지 않는다고 교회를

쉽게, 자꾸 옮긴다. 철새 기독교인이 되어서는 옳지 않다. 목사가 설교를 이상하게 한다거나, 이단사상을 주장하거나, 이상한 프로그램을 하거나, 교회가 불법을 자행하거나, 교회가 투명하게 운영이 되지 않거나, 돈과 이성문제가 발생했을 때만 교회를 옮겨야 정당하다. 정치인도 누가 보아도 정당과 당 대표가 정치적·도덕적으로 불법을 행하여 도저히 함께할 수 없을 때만 탈당을 해야 한다. 그러면 누가 뭐라고 하겠는가? 하지만 객관성과 법적 근거 없이 자기의 이해관계와 정치적 셈법에 따라 탈당을 시도하여 다른 당에 합류하는 것은 비겁하고 지지할 수 없는 짓이다. 그렇게 신의가 없는 정치인은 외면해야 한다. 공인이라면 무엇이든지 주관적인 이유가 아니라 법적, 객관적인 명분이 분명해야 납득이 된다.

제60장

검찰의 기소 실패

농부가 밭에 씨앗을 뿌렸는데도 싹이 나지 않는 근본적인 이유는 농부의 농사 기술 부족과 토양의 문제도 있지만 근본적인 이유는 죽은 씨앗을 뿌렸기 때문이다. 농부는 씨앗을 심거나 뿌릴 때 살아 있는 씨앗을 사용해야 한다. 그래야 근본적으로 실패하지 않는다. 수험생이 좋은 점수를 얻지 못하는 근본적인 이유는 공부를 잘 못하는 이유도 있지만 결국 오답을 썼기 때문이다. 좋은 점수를 얻기 위해서는 정답을 써야 한다. 그래야 실패하지 않는다. 검찰의 기소가 실패하지 않기 위해서는 어찌해야 하는가? 본래 사실에 근거한 확실한 물증을 가지고 기소해야 실패하지 않는다. 꼼수기소, 부실기소, 보복기소, 정치적 기소, 누구의 말만 듣고 하는 기소 등은 하지 말아야 한다. 기소는 주로 검찰의 독점 권한이다.

기소(起訴)란 '형사 사건에서 검사가 법원에 공소(재판 청구)를 제기함'

을 뜻한다. 검사는 다양한 형사 사건을 다룬다. 그리하여 어느 정도 수사가 정리되면 법원에 재판을 청구한다. 이것이 기소이다. 검사가 사건을 수사하면 크게 두 가지로 결론이 나온다. 법원에 기소할 것인지 아닌지가 나타난다. 기본적으로 혐의나 범법행위가 없으면, 확실한 물증이 없으면 불기소한다. 문제는 기소할 충분한 근거가 없는데도 기소하는 경우이다. 속내가 불순한 기소라고 할 수 있다. 이런 경우 법원에 의해서 패소당한다. 재판에서 인정을 받지 못한다. 기소가 실패한다. 기소를 당한 사람은 시간적, 물질적, 심리적, 사회적으로 큰 피해를 당한다. 그렇다고 보상이나 배상도 받지 못한다. 이런 사실을 검사들은 잘 안다. 무리하게 기소한 검사들은 아무런 책임도 지지 않는다. 매우 잘못된 것이다. 검사도 일정 부분 책임을 지도록 해야 한다. 그래야 기소가 남발되지 않는다.

그럼에도 불구하고 왜 무리한 기소가 이루어지고 있는가? 한마디로 정리하면 정치적이고 불순한 이유 등으로 기소를 하기 때문이다. 아주 불순한 기소이다. 이런 기소는 농사로 비유하자면 농부가 썩은 씨앗임을 알면서도 씨앗을 밭에 뿌리거나 심는 것이고, 수험생이 정답이 아닌 것을 알면서도 정답지에 오답을 기록하는 것이다. 법원에서의 재판은 증거제일주의로 행한다. 일부 사람의 증언이나 진술만으로, 개연성과 추정만으로는 혐의를 입증할 수 없다. 왜 그런가? 증언, 진술은 얼마든지 조작과 거짓이 가능하기 때문이다. 개연성과 추정은 팩트가 아니기 때문이다. 실제 사례로 볼 때 사건에 따라서는 증거도 조작하는 일이 종종 있다. 거짓 증인을 세우기도 한다. 따라서 물증, 증거가 없는 사건은 기소하면 안 된다.

재판에서 질 수밖에 없다. 물론 정치적인 재판이 아닌 경우이다.

 확실한 물증이 없으면 불기소처분을 내려야 한다. 역사적으로 보면 기소나 재판이 정치적이고 왜곡된 경우가 많았다. 특히 군사독재시대에는 아주 심했고, 지금도 전혀 없다고 말할 수 없다. 특히 정치적이거나 경제사범 사건에 대해서는 진영에 따라 무죄를 받도록 고의적으로 부실하게 기소하는 경우도 있다. 어떤 힘에 의하여 기소가 거래가 되기도 한다. 때론 유죄를 받도록 고의적으로 부풀리고 조작해서 기소하는 경우도 있다. 어떤 기소는 패소할 것을 알면서도 장기간 괴롭히기 위해서 기소를 하는 경우도 있다. 일부러 지기 위한 기소와 재판도 있다. 사법부에서는 별의별 일들이 다 벌어지고 있다. 일반인들의 상상을 초월하는 사악한 일들이 벌어진다.

 이러한 일들이 발생해서는 안 되는데 현실에서는 종종 발생한다. 재판 결과가 잘 증명해 준다. 검사는 유죄라고 기소를 했는데 법원에서 무죄라고 판결이 나오는 경우가 종종 있다. 어떤 재판은 증거가 조작이 되어 기소가 되었는데 재판 과정에서 거짓이 드러나서 검사가 패소하는 경우도 있었다. 사람이란 절대적으로 선하거나 완전하지 않다 보니, 정치와 권력과 돈과 이념에 영향을 받다 보니 양심과 신앙과 법을 어기고 구부러지게 기소하고 판결하는 일들이 종종 발생한다. 전관예우로 진실이 왜곡되어 유무죄가 나온다. 이는 정의도 아니고 재판도 아니다. 불법이다. 이는 법조인들이 법 기술을 부려 장난질을 하는 것이다. 공의로우신 하나님께서는 이런 기소와 재판을 아주 혐오하시지만 악한 인간들은 자기들 마음대로 그리한다.

그래서 현실에서는 억울한 자들이 상당수 발생한다. 가해자와 피해자가 뒤바뀌는 일들도 종종 있다. 아무런 잘못이 없는데 보복을 당하여 범인이 되는 경우도 있다. 죄도 없이 감옥에 간 자들도 있다. 억울한 일들이 한둘이 아니다. 이런 일들이 정치인들에게서 종종 발생한다. 하나의 정치보복 기소이다. 또한 원고가 패소할 결심을 하고 재판에 임하는 경우도 있다. 증인으로 불러 달라고 하는 자가 있어도 원고가 증인 신청을 하지 않고, 한 사람도 증인으로 부르지 않는다. 1차 재판에서 승소한 변호사를 해임해 버린다. 누가 보아도 매우 이상한 경우가 아닐 수 없다. 이런 경우 개인 재판의 건이 아니라 정부 고위직 관계자가 연루된 사건에서 이런 일이 발생한다. 이해할 수 없고 상상할 수 없는 일들이 일어난다.

이런 일들이 과거 못지않게 지금도 일어나고 있다는 사실을 직시해야 한다. 어떤 사람은 그렇게 혐의와 의혹이 많아도 수사나 소환이나 압수수색을 단 한 차례도 하지 않는다. 그가 누구인지 이름만 대면 다 안다. 어떤 정치인은 1년 6개월 가까이 탈탈 털고 있다. 압수수색만 360번 이상 당했다. 일곱 번 소환을 당했다. 그럼에도 불구하고 불의한 물증이 하나도 나오지 않자 수법을 달리하여 별건으로 털고 있다. 시간을 질질 끌고 있다. 아주 대놓고 수사권을 남용하고 있다. 이는 깡패들이나 하는 짓이다. 인간 이하의 짓이다. 기독교인들은 하나님과 심판을 두려워하며 살아야 한다. 언제 어디서나 정직하고 공의롭게 살아가야 한다. 그 어떤 권력, 외압, 협박, 돈, 불이익 등을 당해도 아닌 것은 아니라고 해야 한다.

자기가 살기 위해서, 보복을 위해서 멀쩡한 사람을 죄인으로 만드는 일은 하지 말아야 한다. 협조와 옹호도 하지 말아야 한다. 나중에 반드시 뿌린 대로 거두게 된다. 세상 종말에 하나님의 무서운 심판을 피하지 못한다. 기독교인이라면 교회 안팎에서 항상 정직해야 한다. 공정해야 한다. 어떤 조직과 상관과 사람에게 충성하지 말고 오직 하나님과 진리에만 충성해야 한다. 그런 자가 참 기독교인이다. 정치인 기독교인 중에 참 기독교인을 찾아보기 어렵다. 대부분 정당과 당론과 권력과 사람에게 충성한다. 하나님을 두려워하는 진정한 검사, 진정한 기독교 정치인이 그립다.

제61장

특검 찬반

일반 검사가 아닌 특별 검사를 구성하여 수사와 기소를 하는 특검은 정권이 바뀔 때마다 필요에 따라 종종 있어 왔다. 그 이유는 일반 검사를 전적으로 믿을 수 없는 경우이다. 특검은 법으로 규정되어 있다. 국회의 당연한 권한이다. 특검 요구가 불법이거나 나쁜 것은 아니다. 그런즉 합리적인 특검 자체나 특검 요구에 반대하는 것은 정직한 자의 모습이 아니다. 헌법에 반하는 자이다. 특검이란 특별검사제도(特別檢事制度)의 줄임말이다. 고위공직자의 비리 또는 위법 혐의가 발견되었을 때 그 수사와 기소를 정권의 영향을 받을 수 있는 정규 검사가 아닌 독립된 변호사로 하여금 담당하게 하는 제도를 특검이라 줄여서 말한다. 특검에 관한 법률은 특별검사의 임명 등에 관한 법률(약칭: 특검법)로 제정되어 있다. 제2조(특별검사의 수사대상 등) ① 특별검사의 수사대상은 다음 각 호와 같다.

1. 국회가 정치적 중립성과 공정성 등을 이유로 특별검사의 수사가 필요하다고 본회의에서 의결한 사건. 2. 법무부장관이 이해관계 충돌이나 공정성 등을 이유로 특별검사의 수사가 필요하다고 판단한 사건. 법무부장관은 1항 2호에 대하여는 검찰총장의 의견을 들어야 한다. 제3조(특별검사 임명절차) ① 제2조에 따라 특별검사의 수사가 결정된 경우 대통령은 제4조에 따라 구성된 특별검사후보추천위원회에 지체 없이 2명의 특별검사 후보자 추천을 의뢰하여야 한다. ② 특별검사후보추천위원회는 1항의 의뢰를 받은 날부터 5일 내에 15년 이상「법원조직법」제42조 1항 제1호의 직에 있던 변호사 중에서 재적위원 과반수의 찬성으로 2명의 후보자를 서면으로 대통령에게 추천하여야 한다. ③ 대통령은 2항의 추천을 받은 날부터 3일 내에 추천된 후보자 중에서 1명을 특별검사로 임명하여야 한다.

제4조(특별검사후보추천위원회) ① 특별검사 후보자의 추천을 위하여 국회에 특별검사후보추천위원회(이하 이 조에서 "추천위원회"라 한다)를 둔다. ② 추천위원회는 위원장 1명을 포함하여 7명의 위원으로 구성한다. ③ 위원장은 4항에 따른 위원 중에서 호선한다. ④ 위원은 다음 각 호의 어느 하나에 해당하는 사람을 국회의장이 임명하거나 위촉한다. 1. 법무부 차관 2. 법원행정처 차장 3. 대한변호사협회장 4. 그 밖에 학식과 덕망이 있고 각계 전문 분야에서 경험이 풍부한 사람으로서 국회에서 추천한 4명. ⑤ 추천위원회는 국회의장의 요청 또는 위원 3분의 1 이상의 요청이 있거나 위원장이 필요하다고 인정할 때 위원장이 소집하고, 재적위원 과

반수의 찬성으로 의결한다. ⑥ 추천위원회가 제3조 2항에 따라 특별검사 후보자를 추천하면 해당 위원회는 해산된 것으로 본다. ⑦ 추천위원회 위원은 정치적으로 중립을 지키고 독립하여 그 직무를 수행한다. ⑧ 그 밖에 추천위원회의 구성과 운영 등에 필요한 사항은 국회규칙으로 정한다.

특검은 여야나 당사자 모두에게 매우 민감하고 생사가 걸린 중대사이다. 특검 요구는 주로 야당에서 제기된다. 기존 검찰에 대한 불신이 생기면 특검을 요구한다. 특검 대상은 주로 정치인, 대통령과 대통령의 가족, 고위공직자, 경제사범, 사법부 관계자 등이다. 그래서 여당은 호불호를 떠나서 반대하려고 하고 야당은 관철시키려고 한다. 특검 결과에 따라서 희비가 크게 엇갈리기 때문이다.

여야를 떠나 정상적인 사람들이라면 합리적인 의혹이 있는 부분에 대해서는 당당하게 특검을 하자고 해야 한다. 반대할 이유가 하나도 없다. 무리하게 특검을 요구했을 때 결과가 나오지 않으면 역풍을 맞을 것이고, 특검에서 사실로 밝혀질 때에는 구부러진 것을 바로 잡는 계기가 되기 때문이다. 물론 특검을 하는 것은 안타까운 일이다. 기존 검찰도 유쾌한 일이 아니다. 자신들이 불신을 받고 있기 때문이다. 기존 검찰이 독립적으로 공평무사하게 수사와 기소를 하는 것으로 신뢰를 받는다면 따로 특검은 요구하지 않을 것이다. 그렇지 않고 불신을 받고 있기 때문에 공정한 수사와 기소를 위해서 불가피하게 특검을 요구한다.

그런 측면에서 기존 검찰은 섭섭하게 여길 것이 아니라 각성해야 한다. 이런 사실을 국민들은 바로 알고 있어야 한다. 언론들은 어느 한쪽으로 쏠려서 보도하지 말고 정의로운 편에 서서 기사를 써야 한다. 물론 현 다수 언론은 이미 기울어진 운동장이기 때문에 별로 기대하지 않는다. 이런저런 이유를 불문하고 특검은 필요하다. 그래서 법으로 규정하고 있다. 그런즉 누구든지 특검 요구를 비난하는 일은 없어야 한다. 합법이기 때문이다. 기독교인들은 기존 검찰이든 특검이든 정의롭게 행하는지를 잘 살펴야 한다. 여야나 정치 이념을 떠나 항상 공평무사하게 하는 자들을 지지해야 한다. 그런 자가 참 기독교인이다. 정치 성향과 이념이 다를지라도 기독교인은 언제나 정의로워야 한다.

제62장

2% 부족한 기독교인들

　　과일들 중에는 좋은 과일도 있고 못난 과일도 있듯이, 기독교인들 중에도 깨끗하고 싱싱한 기독교인이 있는가 하면 부족한 기독교인, 못난 기독교인들도 있다. 여기서 못난 기독교인이라는 말은 외적인 조건을 말하는 것이 아니다. 소금으로 비유하자면 못난 기독교인은 짠맛을 잃은 소금이라고 할 수 있다. 정치와 관련하여 못난 기독교인이란 어떤 자인가? 어떤 이념, 어떤 정치, 어떤 정치인, 어떤 정당, 어떤 연고지에 따라 무조건 맹신하고, 맹종하고, 지지하고, 추종하는 자이다. 자기가 지지하지 않는 쪽의 이야기는 듣기를 거부하는 자이다. 성경방식이 아닌 자기 방식대로 사는 기독교인이다. 기독교인이란 예수 그리스도를 추종하는 자를 가리킨다.

　　다르게 말하면 하나님의 말씀인 신구약 계명을 믿고 추종하는 자들이다. 어떤 정치 이념과 어떤 정치와 어떤 정치인과 어떤 정당과 어떤 지역을 신처럼 떠받들고 추종하는 자가 아니다. 그렇게 사는 자들은 참 기독교인들이 아닌 불신자들이다. 그런데 진리가 아닌 정치와 정치인과 이념과 정당을 신앙처럼 추종하고 사는 목사들과 성도들이 있다. 정치와 정치인과 정당과 이념은 진리가 아니다. 부분적으로 부패하고 썩은 것이다. 완전하지 않다. 성경과 충돌되는 부분이 많다. 여야, 진보와 보수, 우파와 좌파 모두 진리에 비추어 볼 때 바르게 할 때도 있고 그릇되게 할 때도 있다. 정당 안에서도 의원들마다 성향이 다 다르다. 그런즉 어느 정당 전체를 매도하는 것은 적절하지 않다.

동성애를 지지하는 자와 그렇지 않은 자, 낙태를 지지하는 자와 그렇지 않은 자, 거짓말을 하는 자와 그렇지 않은 자, 역술인을 따르는 자와 그렇지 않은 자, 우상을 섬기는 자와 그렇지 않은 자, 탐심을 부리는 자와 그렇지 않은 자 등 다양하다. 어느 것은 성경적인데 어느 것은 성경적이지 않기도 하다. 이런 성향과 추이는 여당이든 야당이든 정도의 차이만 있을 뿐 동일하다. 그런데도 정치 이념과 지역과 연고와 정당 지지 여부에 따라서 판이하게 다른 판단을 한다. 다르게 말하면 이념과 정당과 정치인의 친분에 따라 좋게 보기도 하고 나쁘게 보기도 한다. 한마디로 불공정한 판단과 시각이 있다는 말이다. 이는 사람의 수준이 그러하기에 어쩔 수 없는 것이지만 옳지 않은 모습이다.

여기서 못난 기독교인, 공정하지 않은 기독교인, 2% 부족한 기독교인들, 좌우로 치우친 기독교인, 어느 한쪽을 무조건 맹신하고 맹종하는 기독교인은 자기가 지지하는 이념과 정당과 정치인에 대해서는 매우 관대하다는 것이다. 그 반대편에 있는 자들에 대해서는 아주 불편해하고 사납게 주장한다. 어떤 사람들은 사적인 자리임에도 자신이 지지하는 정치인과 정당에 대해서 불리하게 말하면 불편해한다. 말을 못 하게 한다. 화를 낸다. 인상이 틀어진다. 헌법이 보장한 표현의 기본권리를 가로막아 버린다. 그럴 필요가 없는데 말이다. 그런 자들은 이미 한쪽으로 치우친 자들이라고 할 수 있다. 자기가 듣고 싶어 하는 것만 듣고자 한다. 스스로 공정성을 걷어차 버린 자이다.

정치에 대하여 공정하고 건강한 자들은 양쪽의 찬반 의견을 잘 듣고 객관적인 근거를 통해서 설명해 달라고 요구한다. 누구나 자기가 알고 있고 본 것과 들은 것이 항상 진실은 아니기 때문이다. 그리하여 자신이 잘못 알고 있는 부분에 대하여 스스로 교정하는 겸손함이 있다. 무엇이든지 그런 자세를 취함이 아주 바른 것이다. 그러나 정치에 대하여 이미 한쪽으로 치우친 자들, 고집이 센 자들은 합리적인 누구의 말도 들으려고 하지 않는다. 정치 발언을 못 하게 한다. 인상이 달라진다. 신앙생활도 그렇게 한다. 사실 그럴 필요가 없는 것이다. 앞에서도 언급했지만 기독교인은 예수 그리스도와 진리를 추종하는 자들이지 어떤 정치, 정당, 이념, 정치인을 신처럼 추종하는 자들이 아니기 때문이다. 누구나 어떤 정보나 지식에 대하여 잘못 알고 있을 수 있다. 누구든지 자기가 알고 있는 것이 항상 옳지 않다. 그렇기 때문에 더욱 다른 사람의 합리적인 주장에 대하여 귀를 기울여야 한다.

기독교인이고 겸손한 자라면 항상 누구로부터 어떤 말을 들으면 자기가 알고 있는 것과 자기 생각과 객관적으로 비교해 보아야 한다. 그러면 보다 나은 답이 나온다. 그런 사람이 겸손한 사람이고 공의로운 사람이다. 그 외에는 무조건 맹신과 맹종을 하는 사람이라고 해도 과언이 아니다. 참 기독교인이라면 진리 외에는 목숨을 걸고 살 이유가 없다. 흥분할 이유가 없다. 정치 이야기에 대하여 불편해할 이유가 하나도 없다. 누가 이런저런 말을 해도 존중하고 이해하면 그만이다. 받아들이고 안 받아들이는 것은 자기 몫이다. 바다와 같은 마음을 가지고 자기 생각도 말하고 주변 사람들이 어찌 말하는지 들어야 한다.

자기 생각과 정보와 지식과 정치만 옳다고 하는 사람은 답이 없다. 확장성이 없다. 자기 우물 안에서만 살아야 한다. 그런 사람들은 식견이 좁다. 기독교인은 자기 생각과 확신이 얼마든지 틀릴 수 있다고 생각하고 주변 사람들과 대화를 나누어야 한다. 그런 겸손한 자세로 살아가면 그릇이 더 커지고 건강하게 된다. 오판이나 실수를 대폭 감소시킬 수 있다. 그릇된 확신과 주장을 하지 않게 된다. 자동차 타이어 바퀴가 차에서 벗어나 굴러가는 것은 작은 나사가 풀어졌거나 없기 때문이다. 아니면 나사 조임이 2% 부족해서일 것이다. 나사가 풀어지면 사고가 발생한다. 교회 안팎에서 문제를 일으키는 자들은 항상 2% 부족한 기독교인들이다.

제63장

정치인들의 억지와 궤변 주장

선거철이 다가오면 기존의 국회의원들은 매우 민감해진다. 왜 그런가? 공천 때문이다. 공천 가부는 정치인들의 생명이다. 여당이든 야당이든 자기가 속한 정당에서 공천을 받아야 지역구에 나가서 선거운동을 할 수 있고 재선을 바라볼 수 있다. 그러니까 정치 신인이나 기존 정치인이나 공천을 받는 일이 제일 중요하다. 공천을 받는 것은 입사 시험에서 1차에 합격하는 것과 엇비슷하다. 하나의 예선 통과이다. 공천을 받지 못하면 국회의원이 될 수 없고 실업자가 된다. 아니면 당을 떠나 무소속으로 나가야 한다. 그러면 가시밭길이다. 정치를 했던 자들은 다른 일을 하기 어렵다.

정치가 그렇다. 그래서 한 번 정치에 발을 내딛던 자들은 죽기 살기로 투쟁을 한다. 정치권을 떠나지 못한다. 재수, 삼수, 사수까지 한다. 그 출발점이 공천을 받는 것이다. 공천을 받는 방식은 정당마다 다르다. 전략

공천도 있고, 자체 경선도 있고, 공천 시스템에 의한 방식도 있다. 이에 공천을 받지 못할 가능성이 크면 혹은 자체 경선에서 승산이 없으면 떼쓰기, 억지 쓰기, 궤변 늘어놓기, 탈당 엄포, 탈당을 위한 명분 쌓기, 자기 당에 대한 트집 잡기, 자기의 당 대표 흔들기에 들어간다. 당 대표를 사퇴하라고 무리수를 둔다. 그러면서 언론플레이를 한다. 선거철만 돌아오면 이런 모습들이 연출된다. 결국은 국가와 국민과 당을 위해서가 아니라 자기 밥그릇 챙기기에 불과하다.

민주주의 국가는 표현의 자유가 있으니 이런저런 말을 얼마든지 할 수 있다. 그렇다고 무한 표현의 자유를 주지는 않는다. 자유도 한계가 있는 법이다. 표현의 자유 범위에서 이탈하면 법의 제재를 받게 된다. 표현의 자유를 누리되 법 테두리 안에서만 해야 한다. 정치인들이 공천과 관련하여 자기의 소속 당과 대표에게 어떤 비난, 비판, 공세, 주장을 할 때는 주관적인 것으로 그쳐서는 의미가 없다. 객관적인 근거를 가지고 조목조목 주장을 해야 설득력이 있고 지지를 받을 수 있다. 객관적이라 하면 먼저 헌법과 법률에 근거하거나 위반한 사항인가를 보는 것이다. 둘째는 자기가 속한 정당의 당헌당규나 룰이나 정관 등에 근거하거나 어긴 사항이 있는지를 보는 것이다. 혹 그런 것이 있다면 그런 것을 근거로 해서 지적과 비판을 해야 박수를 받을 수 있다. 그런데 이런 위법한 일과 사항이 없는데 자기 주관에 젖어 이런저런 말을 하면서 공격하는 것은 억지, 궤변에 불과한 것이다. 몽니를 부리는 것이다.

그런 정치인은 무능한 자이다. 불순한 자이다. 이기적인 자이다. 법정에서도 개인 주장과 진술만으로 그치는 것은 법적 효력이 없다. 객관적인 근거나 물증을 제시하면서 주장과 진술을 해야 인정과 지지를 받는다. 따라서 유권자들과 시민들은 선거철에 어느 당 소속 어떤 정치인들이 무슨 주장을 하든지 그것이 주관적인지 객관적인지만 잘 살피고 확인하면 의미가 있는지 없는지를 단박에 알 수 있다. 주관적인 시각으로 이런저런 주장을 하면 무시하면 된다. 근거 없이 외치고 주장하면 무시하면 된다. 외면해야 한다.

이런 자들이 자기 사익에 눈이 어두워 정치판을 더럽히는 자들이다. 정치 혐오를 갖게 만든다. 그런 정치인들은 퇴출시켜야 한다. 개인 일이야 자기 주관대로 하면 되지만 공적인 일은 객관성이 있어야 한다. 공사를 구분하면서 주장을 해야 한다. 기독교인들은 정치인들의 이런 모습을 잘 살펴야 한다. 기독교인은 범사에 본을 보여야 한다.

제64장

대통령의 잘못된 기관장·차관 임명

국민일보 2024년 1월 8일 자 보도에 의하면 윤석열 정부가 들어서 고위 직에 검찰 출신을 21명이나 임명했다고 한다. 이명박 정부 때는 5명, 박근혜 정부 때는 6명, 문재인 정부 때는 2명이었다. 검찰 출신들의 세상이 되었다. 검찰 출신들은 만능 선수, 만능 행정가들이 아니다. 오직 수사와 기소만 한 자들이다. 정치와 행정 분야의 전문성이 미천한 자들이 아니다. 걱정스러운 일이 아닐 수 없다. 더불어민주당은 검사의 민간기업 임원 기용사례가 윤 정부 출범 이후 확인된 것만 58건으로 조사 됐다고 밝혔다. 모든 분야를 막론하고 어느 자리나 기관장을 임명하는 데는 기본 상식과 원칙이 있다.

이것은 1+1은 2와 같은 불변의 진리와 같은 철칙이다. 예를 들어서 축구팀을 꾸려 경기를 하는데 공격수(센터포드)로 골키퍼를 세우지 않는다.

공격수를 골키퍼로 포지션을 정하지 않는다. 그런 감독이 있다면 지탄을 받을 것이다. 이는 누가 보아도 있을 수 없는 일이고 전문성을 무시한 처사다. 운동종목에서 선수를 선발하는데 같은 직종의 선수를 선발하지 다른 직종의 선수를 선발하지 않는다. 만약 그런 감독이나 구단이 있으면 정신 나간 자들이다. 축구팀에서는 유능한 축구 선수를 선발하고, 야구팀에서는 유능한 야구 선수를 선발하는 것이 진리와 같은 것이다. 기관장들을 임명하는 것도 동일한 원리가 적용된다.

예를 들어서 방송통신위원장은 지명할 때는 방송과 방송법에 전문성이 뛰어난 자를 내정해야 한다. 그렇지 않은 자를 지명하거나 내정하면 아주 불순한 것이다. 전문성을 무시한 것이다. 다른 정치적인 의도가 있는 것이다. 기관장 임명은 대통령의 고유 권한이다. 대통령의 인사권에 해당한다. 그래서 선거가 끝나고 정권을 잡으면 각 부처 장관을 대통령이 임명한다. 그 외에도 수많은 기관의 장들을 대통령이 임명한다. 임명할 때 가장 최우선 고려 사항은 전문성과 도덕성이다. 대통령이 인사권자라고 기본과 상식과 전문성을 무시하고 기관장을 임명하면 지지와 박수를 받지 못한다. 언젠가는 반드시 사고가 터진다.

그 무엇보다도 전문성을 다투어야 한다. 이는 여야를 막론하고 다툼의 여지가 없는 원리이다. 그런데 윤 정부 들어서 이런 진리와 같은 원리와 철칙이 상당히 무너졌다. 전문성과 상관이 없는 자들이 정부 차관과 기관장에 임명되고 있다. 수십 군데 이상 기관장에 검찰 출신을 임명했거나 임명하려고 한다. 가장 대표적인 사례로 방송통신위원장을 임명하는데 방송과는 무관한 검찰 출신 김○일 씨를 후보자로 지명했다. 사방이 검찰 출신들로 채워지고 있다. 검찰 출신들은 만능인이라고 생각하는 모양이다. 아니면 검찰 출신들만 믿을 수 있다고 생각하는 모양이다.

지금까지 역대 정부들에서는 찾아볼 수 없었던 인사 모습이다. 대통령이 검찰총장 출신이다 보니 인력 풀이나 믿을 만한 자들이 검찰 출신밖에 없는 것 같다. 방송 장악 의도가 아니라면 방송분야를 다루는 방송통신위원장에 비전문가를, 그것도 검찰 출신을 후보자로 내세울 수 없다. 그래서 강한 의혹을 가지는 것은 합리적이다. 이는 마치 축구 시합을 하는데 전문 골키퍼로 골문을 지키게 하지 않고 검찰 출신 일반인을 세우려는 것과 같은 이치이다. 누가 보아도 천부당만부당한 지명이거나 임명이다.

이렇게 전문성이 없는 기관장들이 임명되다 보니 각 기관들이 엉망으로 돌아가고 있다. 이는 당연한 수순이자 결과이다. 진영을 떠나서 생각해 보라. 운전을 잘 못하는 사람에게 고속버스를 운전하게 하면 결과는 뻔하다. 축구팀에 야구 선수를 선발하여 훈련과 시합을 시키면 얼마나 황당한 일들이 벌어지겠는가? 이는 내 편과 네 편의 문제가 아니다. 있을 수 없는 일이다. 그런데 그런 일들이 윤 정부 들어서 사방에서 벌어지고 있다. 이런 상상을 초월한 인사를 임명하는데도 대통령 측근들은 누구 하나 나서서 '아니 된다'고 쓴소리를 하지 못하고 구경만 하고 있다. 그 이유는 크게 두 가지이다. 하나는 대통령의 고집이 너무 완강하여 누구의 말도 듣지 않기 때문이고, 또 하나는 대통령 주변에 간신들만 있기 때문이다. 대통령이 무서워서 누구도 감히 '아니 되옵니다'라고 직언을 못 하는 것이다. 대통령의 눈치만 보면서 권력 주변에 기생하는 것이다.

이런 부당한 기관장 임명으로 피해를 입는 대상은 국가와 국민들이고 해당 기관과 직원들이다. 이런 비전문성 장이 있는 곳은 시간이 지날수록 망가지고 깨진다. 경쟁력이 떨어진다. 퇴보한다. 대통령은 5년 한시직이다. 대통령이 기관 장·차관들을 임명하고 임기를 마치면 그만이지만 그 이후 벌어지는 일들은 끔찍하다. 성벽을 쌓는 데는 많은 노력과 수고와 시간과 비용이 들어가지만 무너뜨리는 데는 한순간이다. 경쟁력을 잃어버린다. 그래서 장·차관을 전문성과 사명이 뛰어난 자를 지명하고 임명해야 한다. 특히 국가와 기관은 대통령의 소유물이 아니기에 더욱 그리해야 한다. 자기 마음대로 하면 안 된다. 현재 대부분의 여론조사에서 나타난 60%가 넘는 다수 국민들은 대통령의 국정 운영을 지지하지 않는다. 현재 60% 이상의 국민들은 비싼 고액 지도자 과외를 받고 있다.

어떤 고액 과외인가? 대통령을 잘 뽑아야 한다는 가장 기본적인 과외이다. 대통령을 지지하지 않고 불신하는 여론이다. 나라가 심각하게 부실화되어 가고 있다. 이를 복원하려면 몇 배의 비용을 들여야 한다. 어떤 것은 복원이 불가능할 것이다. 현재 세계는 엄청난 변화와 경쟁에 놓여 있다. 그런데 우리나라는 거꾸로 가는 정책이 한둘이 아니다. 그중의 하나가 기후변화와 환경 분야이다. 축구팀이든 야구팀이든 감독 하나에 의해서 팀의 운명과 성적이 좌우되는 일들이 종종 발생한다. 가장 대표적인 사례가 베트남 축구팀을 맡았던 박항서 감독이다. 그가 베트남 축구팀을 맡았을 때 베트남은 전무후무한 발전과 성과를 냈다. 그러나 박 감독이 떠나 새로운 감독이 부임한 베트남은 다시 과거 상태로 돌아갔다.

국가도 그렇다. 대통령이 어떤 사람인가에 따라서 국가와 국민의 삶과 형편과 경쟁력이 확 달라진다. 국가는 하나의 큰 배와 같다. 함께 공유하는 배이다. 여야 지지자들이 함께 탄 배이다. 배에 승선한 승객들이 모두가 안전하고 행복한 여행이 되기 위해서는 배가 잘 운행되어야 한다. 그러기 위해서는 배를 안전하게 운행시키는 전문 항해사가 있어야 한다. 어느 팀의 사람이든 항해 전문성이 가장 탁월한 자에게 배의 키를 쥐여 주어야 한다. 대통령이 그렇다. 그런데 우리나라는 서로 갈라져서 선거 때 다수결에 의하여 전문성이 현저하게 떨어지는 자를 대통령(선장)으로 세우고 있다.

그 결과 대통령의 국정 지지율이 30% 선에서 머물고 있다. 국민 열 명 중 일곱 명 정도는 대통령의 국가 운영 전문성이 없고 무능하다고 이야기하고 있다. 점수로 말하면 100점 만점에 30점을 받는 수준이다. 낙제 점수(F학점)이다. 그러면 모두가 불행하게 된다. 실패하게 된다. 국가라는 배가 다른 곳으로 항해한다. 언제 암초에 부딪쳐 좌초될지 모른다. 기독교인들은 이런 사실을 깊이 인식하고 살아가야 한다. 단순히 이념과 정당의 문제로 판단하고 접근하면 후회한다. 어느 지역 사람들과 일부 기독교인들 중에는 무조건 지지하는 자들이 있다. 자기 가족과 자기의 일이라면 그런 식으로 하지 않을 것이다. 아주 꼼꼼하게 살펴서 행할 것이다. 여야를 막론하고 헌법과 법률 안에 있는 전문성이 가장 탁월하고 뛰어난 자를 지도자로 세워야 한다. 그래야 모두가 안전하고 행복하게 된다.

제65장

신당 창당 선언

2023년 12월 현재 더불어민주당(민주당)이나 국민의힘(국힘당)이나 정의당이나 일부 소속 정치인들의 탈당과 창당 선언으로 골치를 앓고 있다. 단합을 해도 부족한 선거판인데 분열하여 새롭게 당을 만들겠다고 하기 때문이다. 여기에 더하여 자당과 당 대표를 공격하고 있다. 자기가 살기 위해서 이런 행태를 보인다. 그래야 명분이 서기 때문이라고 생각한다. 그러나 무엇이든지 잘못 건드리면 역풍을 맞는다. 기본적으로 민주주의 국가에서는 결사의 자유가 있다. 누구든지 창당의 자유가 있다. 하지만 명분과 이유가 객관성이 있고 분명해야 한다. 그렇지 않으면 자기 이익과 기득권과 야망을 위한 탈당과 창당으로밖에 대접받지 못한다.

현재 민주당은 이○연 씨의 신당 창당 공식화로 단단히 뿔이 나 있다. 혁신회의는 "아무런 정치적 명분도, 근거도 없는 신당 창당은 결국 이○

연 전 대표의 헛된 정치적 욕망 때문이라고 생각할 수밖에 없다"며 "이는 민주당의 역사를 부정하는 것이고 이○연 전 대표가 모셨던 김대중, 노무현, 문재인 대통령의 명예를 모욕하는 것이나 다름없다"고 덧붙였다. 이 씨는 민주당 당 대표까지 지낸 자이다. 총리와 도지사도 지냈다. 당내 대통령 경선까지 나간 자이다. 지금까지 줄곧 김대중, 노무현 정신을 추구했던 자이다.

그런데 금년 12월에 민주당을 탈당하여 신년 1월에 창당을 하겠다고 공식화해 버렸다. 민주당 내에서 억울한 일을 당하거나 핍박을 당한 일이 없다. 탈당이나 신당 창당의 명분이 없는 사람이다. 필자가 보기에는 자유를 남용하는 것이라고 생각한다. 더 기막힌 것은 정치 색깔이 맞지 않는 자들도 만날 수 있다고 말한다. 황당하다. 그리하여 금년 4월 총선에서 제1당이 되고 싶다고 포부를 밝혔다. 어림도 없는 희망사항일 뿐이다.

그는 말하기를 "지금 혼란에 빠진 대한민국의 대안이 될 수 있는 것이 최상"이라고 말했다. 그의 이러한 모습은 지난 민주당 내 대선 경선 불복의 모습이 아닌가 하는 생각이 든다. 이에 민주당 소속 의원들과 추종자들은 다 충격을 받았다. 민주당 의원들은 이 씨를 가리켜서 '사쿠라'(변절자), '한순간에 정치꾼 전락'이라고 맹렬히 비판했다. 국민의힘도 처지는 별반 다르지 않다. 국민의힘에서 당 대표까지 지낸 이○석 씨가 탈당하여 '개혁신당'이라는 신당을 창당했다.

이○석 씨의 탈당과 창당 명분은 충분하다. 억울하게 당 대표직에서 쫓겨난 것이나 다름이 없기에 국민의힘에 미련이 없는 것이다. 정의당도 형편은 마찬가지이다. 류○정 의원이 정의당을 나와 신당에 참여하겠다고 밝혔기 때문이다. 류 의원의 탈당과 신당 참여 의사는 명분이 없다. 자기 당에서 핍박이나 억울함을 당한 것이 없다. 자기 발로 정의당에 입당해서 이젠 자기 발로 나가겠다고 말한다. 이는 자기 힘이 아닌 유권자들의 도움으로 국회의원이 되었는데 자기 마음대로 이렇게 결정하는 것은 도의나 신의상 옳지 않다.

민주당 소속 이○연 씨는 지난 대통령 경선에서도 대장동 건에 대하여 확실한 물증도 없이 이○명 씨를 범죄자처럼 맹렬히 공격하고 비난했었다. 지금까지 이○명 민주당 대표가 불법을 했다는 객관적인 증거나 물증이 하나도 나오지 않았다. 검찰이 3백 번 이상 압수수색을 했지만 나온 것은 하나도 없다. 누구로부터 십 원 한 장 뇌물을 받은 것이 나오지 않았다. 그렇다면 이 씨는 이○명 대표에게 사과하고 자숙했어야 한다. 멀쩡한 사람을 TV 토론에서 공개적으로 비난하고 공격했기 때문이다. 다른 사람들로 하여금 공격하도록 빌미를 제공했다.

그런데 지금까지 사과는커녕 도리어 이재명 대표를 공격하고 이젠 민주당을 탈당하여 신당을 창당하겠다고 하면서 지금까지 걸어온 정치 길과 전혀 다른 자들을 만나고 그들과 함께 새로운 정치를 할 수도 있다는 뜻을 밝혔다. 이 정도가 되면 스스로 자기를 지우고 있는 셈이다. 이재명 대표의 사퇴까지 요구하고 있다. 이 씨는 누가 보아도 신당 창당이나 탈당할 명분이 전혀 없다. 민주당 내에서 억울함을 당하거나 이○석 의원처럼 핍박을 당한 것도 없다. 그렇다고 민주당이 도덕적으로 썩었거나 불법을 자행하여 도저히 민주당에 머물 수 없는 처지나 상황도 아니다. 민주당 의원들 누구도 이 씨에게 민주당을 나가라고도 하지 않았다. 순전히 자기 욕심과 야망과 뜻에 따라 탈당과 신당 창당을 밝힌 것이다.

사람이란 아무리 갈대와 같다고 하지만 이런 식으로 갈지자 행보를 하는 것은 지지와 신뢰를 받지 못한다. 스스로 자기 정치 무덤을 파는 것이다. 우리나라 정치문화나 생태계에서 신당을 창당하여 성공하는 것은 연목구어처럼 어렵다. 그것도 명분이 분명하여 다수 국민들의 지지를 받으면 모를까 지금처럼 이해할 수 없는 황당한 행보는 실패를 담보한 것이라고 할 수 있다. 오늘날 이혼하는 부부들이 많다. 이유도 갖가지이다.

이혼 부부들 중에는 이혼 사유가 명백한 자들도 있고 그렇지 않은 자들도 있다. 성경도 이혼 사유가 명백할 때만 허락한다. 그것은 배우자의 불륜이다. 그 외에는 허락을 안 한다. 물론 세상 법인 민법은 이혼 사유의 폭이 넓다. 이○연과 류○정의 탈당과 신당 창당과 참여의 건은 마치 이혼 사유가 되지 않는 것과 같은 무리수 행보라고 할 수 있다. 언제나 선거철이 다가오면 정신이 나간 광인(狂人, 미친 사람)들이 있다고 누군가가 말했었다.

기독교인들은 탈당이나 창당을 고려할 때, 신의를 저버릴 때, 교회와 교단을 떠날 때 반드시 일반적인 분명한 명분과 성경적 명분이 확실해야 한다. 그저 자기 주관적인 설을 풀면서 어찌해야 하겠다고 하는 것은 이기적인 행보에 불과하다. 자기 개인 일은 주관적으로 어떻게 하든지 상관이 없다. 그러나 공적인 일에는 자기 주관대로만 하는 것은 충분하지도 않고 옳지도 않다. 국가 세금이 투입되고, 많은 사람들이 연관되어 있고, 그들에게 영향과 피해가 돌아가기 때문이다. 기독교인이든, 부부든, 정치인이든 쓰든 달든 삼키는 훈련과 자세를 취할 수 있어야 한다. 단물만 빼먹고 쓴물이 나오면 뱉는 방식은 매우 이기적인 자세이다.

다시 강조컨대 탈당과 신당 창당과 신당에 참여하는 것은 자기 주권이지만, 법적, 도덕적, 객관적인 명분이 분명할 때만 해야 지지를 받고 향후 실패하더라도 부끄러움을 당하지 않는다. 그렇지 않으면 역풍과 수치를 당하고 실패할 가능성이 매우 높다. 향후 정치 생명이 끝난다. 유권자들은 침묵하면서도 저들의 언행을 지켜보고 있다. 타당한지 부당한지를 판단한다. 그리하여 선거 때에 표로 심판한다. 기독교인들은 무엇이든지 객관적이고 성경적인 확실한 명분을 가지고 행동해야 한다. 자기 주관적인 확신과 체험과 신앙에 빠져 고집을 부리는 것은 어리석은 자이다. 그런 자들이 이단과 사이비에 빠진 자들이다.

제66장

대통령실 대통령 부인 사진

윤 대통령 정부가 들어서 대통령실 홈페이지에 대통령 부인 사진이 1년 이상 많이 등장했다고 한다. 어느 사람들이 이런 모습에 대하여 부당함을 지적하자 지금은 달라졌다고 한다. 대통령과 함께 찍은 사진 자체는 문제가 없다. 부부이기 때문이다. 문제는 대통령실 홈페이지는 대통령 부인의 홈페이지가 아니라는 것이다. 대통령의 홈페이지이다. 대통령 부인 홈페이지가 될 수가 없다. 대통령 부인은 공무원도 정치인도 아닌 민간인이고 사인이다. 대통령의 아내일 뿐이다. 그런데 국내외 대통령 활동사진만 전시해야 하는 대통령실 홈페이지에 대통령 부인 사진이 많이 걸려 있고, 더 심각한 것은 사진 중심이 대통령이 아니라 부인이 중심인 사진을 많이 전시해 놓았다고 한다. 개인 사진도 걸려 있다고 한다. 필자도 확인했다. 이러한 것은 역대 대통령 부인과 청와대 홈페이지에서는 전혀 없었던 매우 이례적인 모습이다. 상상할 수 없는 일이다.

대통령 부인은 말 그대로 대통령을 보좌하는 자로서 옆자리와 뒷자리가 전부이다. 그림자 내조만 해야 한다. 중심에 나서지 말아야 한다. 이는 남녀 차별이 아니다. 공사 구분이다. 국가 질서이다. 대통령 부인은 대통령이 아니기 때문이다. 어떠한 경우에도 사진에서 대통령 부인이 중심에 서 있고 대통령이 뒤에 나오거나, 측면에 나오거나 작게 나오거나, 신체 일부분만 나오는 사진은 절대로 대통령실 홈페이지에 전시해서는 안 된다. 대통령 부인 개인 사진은 절대로 싣지 말아야 한다. 이는 기본 중의 기본이고 상식 중의 상식이다. 대통령 부인이 중심에 나오는 사진은 대통령 부인이 사적으로 소장하고 있어야 정상이다. 대통령실 혹은 청와대 홈피는 시종일관 대통령 중심이어야 한다. 나머지는 대통령 부인이든 누구든 중심에 나올 수 없다. 그것이 사진이든 기사든 말이다.

대통령 홈피에 대통령 부인이 중심에 서 있거나 홀로 찍은 사진이 버젓이 걸려 있는 것을 본 많은 사람들은 오해한다. 의문을 갖는다. '이 나라는 대통령이 두 분인가?', '이 나라는 대통령과 부인의 공동 정부인가?'라고 말이다. 대통령실 대통령 부인 사진은 이렇게 오해하고 의혹을 갖기에 충분하다. 왜 이러는지 모르겠다. 대통령 측근이나 국민의힘 사람들은 뭐 하고 있는지 모르겠다. 백번 양보하고 이해해도 대통령실의 홈페이지에 대통령 부인의 개인 사진과 대통령과 함께 찍은 사진 중 대통령은 작게 나오고 부인이 중심에 크게 나온 사진을 올릴 이유가 하나도 없다. 아무리 생각해도 납득이 되지 않는다. 이런 것에 대하여 어느 매체가 지속적으로 지적을 하는데도 개선되지 않다가 최근에서야 개선했다고 한다.

이것 하나만 보더라도 국가 질서가 제대로 작동하지 않는 것이 아닌가 하는 의문을 갖게 한다. 도대체 대통령 부인의 힘과 영향력이 어느 정도 길래 이러는가 하는 의문이 든다. 대통령도 알고 있을 텐데 대통령은 이런 황당한 것을 왜 바로잡지 못하고 방치하고 있는지도 매우 의문이다. 예를 들어 삼성이나 현대 회사에 회장이나 사장 사진은 없고 부인 사진이 걸려 있거나, 아니면 회장 사진은 작거나 신체 일부분만 보이고 부인 사진이 중심에 서 있는 사진을 회사에 걸어 놓거나 회사 홈페이지에 올린다면 회사 직원들이 어떻게 생각하겠는가? 누가 보아도 황당한 일이다. 오해할 것이다. 마음이 불편할 것이다.

교회나 회사나 국가나 질서가 있어야 한다. 대통령 부인이 대통령이 아니고 대통령실 중심이 될 수 없는 것처럼, 교회에서 목사 부인은 목사가 아니다. 목사 사모가 교회에서 목사처럼 이런저런 간섭과 월권을 하는 것과 중심에 서는 것은 못난 짓이다. 인기가 있든지 없든지, 어떤 좋은 재능이 있든지 없든지, 잘났든지 못났든지 질서에 따라 목사의 아내로서의 역할만 잘해야 한다. 교회 일에 나서서 좌지우지하는 사모가 있다면 이는 잘난 것이 아니라 교회를 무질서하게 만드는 못난 짓이다. 아무 때나 나서지 말아야 한다. 목사 사모들은 공사 구분을 잘해야 한다. 무질서한 교회, 회사, 국가는 위험하다. 기독교인들은 이런 사실을 바로 알고 어디에 서든지 기본, 상식, 질서에 따라 행동해야 한다.

제67장

당 대표 사퇴 촉구

더불어민주당 일부 의원들이 이○명 당 대표에게 대표직을 사퇴하라고 촉구하고 있다. 이○명 사당화니 사법 리스크니 하면서 사퇴를 요구하고 있다. 당을 개선해야 한다고 말한다. 이는 사실도 아니고 어림도 없는 주장이다. 이들은 하나같이 비명계 의원들이다. 아마 사퇴하지 않을 것이다. 왜냐하면 사퇴할 법적, 도덕적 이유나 책임이 없기 때문이다. 국민의 힘에서도 일부 의원들이 김○현 당 대표에게 사퇴를 촉구한 결과 대통령을 만난 이후 결국 사퇴를 했다. 김○현 당 대표의 경우 이런저런 것을 떠나 본인 스스로 사퇴를 했기 때문에 더 이상 거론할 여지가 없다.

우리가 깊이 상고해야 할 부분은 사퇴를 요구하는 자들이 정당한가이고, 사퇴할 책임이 있는가이다. 표현의 자유는 헌법이 보장하는 것이다. 얼마든지 이런 주장을 할 수 있다. 하지만 자유가 무한 자유가 아닌 것처럼, 사퇴 촉구도 언제나 존중받는 것이 아니다. 어떤 자리든지 사퇴를 할 때는 그럴 만한 법적, 도덕적으로 자기 당과 공동체에 해를 끼친 명백한 사실이 증명되어야 한다. 아니면 스스로 사퇴하면 아무런 문제가 없다. 문제는 외부에서 일부 사람들이 강제로 사퇴하라고 요구할 때이다. 객관적인 근거도 미약하다.

이○명 대표에게 사퇴를 요구하는 일부 의원들의 변을 들어 보면 황당하다. 현재 검찰로부터 수사 대상으로 사법 리스크가 있기 때문에 사퇴를 해야 한다는 것이다. 이런 식이면 검찰로부터 수사를 받으면 모든 직종에 근무하는 자들은 모두 사퇴해야 한단 말인가? 이런 무리하고 황당한 주장이 어디 있는가? 검찰의 수사가 항상 옳고 이기는가? 그렇지 않다. 다른 주제에서도 다룬 것이지만 우리나라는 법으로 '무죄추정의 원칙'이 적용되는 법치주의, 민주주의 국가이다. 헌법이 그렇게 보장하고 있다. 법원에서 최종적으로 확정판결을 받기 전까지는 무죄라는 것이다. 현재 이○명 대표는 아무런 법적 판결이 나오지 않았다. 지금까지 검찰에 의해서 1년 6개월 동안 370번 정도 압수수색을 받았고, 일곱 번의 소환조사를 받았다. 검찰 브리핑과 언론을 통해서 범죄자로 만들어 버렸다.

하지만 위법한 증거나 물증이 하나도 드러나지 않았다. 이○명 본인도 잘못이 없다고 항변하고 있다. 검찰이 하나도 밝히지 못하고 있다. 현재 재판 중이다. 재판도 1심과 2심과 3심이 있다. 현재 이○명 대표는 무죄이다. 죄인이 아니다. 이○명에게 나쁜 자라고 말하는 자들은 다 불법을 행하는 자들이다. 따라서 잘못한 것이 없기에 사퇴할 아무런 이유가 없다. 이○명 대표를 사퇴하라고 공개적으로 주장하는 일부 의원들이 불순하다. 억지를 부리고 있는 것이다.

설득력이 없다. 속이 보인다. 아무리 싫고 미워도 정당한 법적 근거를 가지고 가타부타를 해야 한다. 그렇지 않으면 억지에 불과하다. 무고죄에 해당한다. 자기들 정치적 이득을 위한 불순한 요구에 불과하다. 같은 당 대표에게 법적으로 아무런 문제가 없는데 사퇴하라고 하는 것은 배신행위이다. 기본 윤리와 상도와 정치 도리에 어긋나는 짓이다. 매우 감정적이고 이기적인 짓이다. 막무가내 짓이다. 이○명 사퇴를 요구하는 자들은 하나같이 2024년 4월 총선에서 민주당 내에서조차 경쟁력이 없는 자들이다. 내년 총선에서 민주당 소속 지역대표로 나가기 위해서는 민주당 내에서 경선을 거쳐야 하는데, 현 민주당 공천 시스템 아래에서 공천을 받을 자신이 없으니 공천 시스템과 대표를 흔들어 자신들의 밥그릇을 챙기겠다는 것이 아닌가 하는 강한 의혹을 받고 있다.

이들은 민주당 당원 세계에서 반이○명계로 소문이나 있기 때문에 공천에서 승리하기란 거의 불가능한 상태이다. 민주 당원들의 지지를 받기 어렵다. 왜냐하면 현재 이○명 대표를 지지하는 당원은 70%에 달한다. 여야를 통틀어 차기 대권주자 1위에 올라와 있는 자이다. 이○명 대표는 미주당원들에게 절대적인 신뢰와 지지를 받고 있다. 이런 것을 잘 알기에 무리하게 당 대표 사퇴를 요구하는 것은 어리석은 짓이고 발악이라고 생각한다. 이○명 당 대표가 물러나야 다시 민주당 판을 흔들어 자기들에게 유리하도록 경선 룰을 고칠 수 있기 때문이다. 이○명 대표가 그 자리에 있는 한 현행 공천 시스템으로 가면 자기들에게는 희망이 없다는 것을 잘 안다. 정치인들은 얼마나 교묘한지 모른다. 입으로는 정의와 당과 나라를 위하는 척 온갖 좋은 말을 다 하지만 속내는 자기들 밥그릇을 생각한다.

그리고 더 충격적인 것은 전 민주당 대표와 국무총리까지 했던 이○연 씨가 이재명 대표에게 사퇴와 비대위구성을 요구하면서 탈당과 신당 창당을 언급한 것은 억지와 불순한 요구에 지나지 않음이 객관적인 근거에 의해서 증명된다. 일단 민주당 지지율이 국민의힘보다 높다. 지난 강서구청장 보궐선거에서 압도적으로 승리했다. 당원들의 77.77%의 지지율로 당 대표가 되었다. 차기 주자로 여야를 통틀어 이재명 대표가 앞서고 있다. 이재명 대표 체제에서 이러한데 사퇴하고 비대위를 구성하라고 요구하는 것은 말이 되지 않는다.

아무런 객관적인 근거나 명분도 없다. 그래서 민주당 내 의원들 대부분이 이○연 씨의 주장을 지지하지 않는 것이다. 비명계 의원들조차 이○연 씨의 이런 주장과 자세를 지지하지 않고 있다. 이○연 씨는 지난 대선 민주당 자체 경선에서도 법적인 근거도 없이 이재명 대표를 수도 없이 공격한 자이다. 아무리 정치가 비정하다고 하더라도 이렇게 하는 것은 자기 발등을 찍는 짓이다. 그는 자칭 교회 집사라고 한다. 기독교인들은 최소한의 기본과 상식을 가지고 살아가야 한다. 교회든 어디에서든지 누구에 대하여 사퇴를 요구할 때는 자기 이기심이 아닌 법적, 도덕적, 객관적인 근거를 가지고 주장해야 한다. 그래야 설득력이 있고, 오해를 받지 않고, 지지를 받을 수 있다.

제68장

정당 독립성

국민의힘은 2023년 12월 15일 긴급 총회에서 비대위원장 선출을 놓고 격론을 벌였다. 한○훈 법무부 장관이 적임자라는 의견에 '대통령 아바타(분신)'를 뽑냐며 선거에 져서 대통령이 탄핵당할 수도 있다는 말까지 나왔다. 비상대책위원회 구성을 위한 긴급 총회에 90명 가까운 국민의힘 의원들이 모였다. 총선 승리를 위해 국민적 지지를 받는 한○훈 법무부 장관을 삼고초려해 모셔야 한다는 주장이 먼저 나왔다. 비판도 거셌다. 국민의힘 김○ 의원은 '대통령 아바타' 한 장관을 선임하자는 거냐며 국민의힘이 아닌 '용산의힘'이다, 한 장관을 북한 김정은 국무위원장의 딸 김주애에 빗대며 총선에서 져서 대통령이 탄핵당할 수도 있다는 발언까지 나오면서 고성이 오갔다.

하○경 의원은 "한○훈 찬반이 많네. '참신하고 뭐 지지율 높으니까 하자', '아직 검증이 안 됐다.'"라고 했고, 국민의힘 안○수 의원은 "정치 경험이 있는 분, 어느 정도 독자적인 정당의 목소리를 낼 수 있는 분, 그리고 또 우리 외연을 확장할 수 있는 분"이어야 한다고 했다. 무엇보다 수직적 당정관계를 탈피해야 한다는 비판도 쏟아졌다. "대통령만 바라보는 죽은 정당", "여당이 대통령 직속기관, 대통령 부하 같은 인식을 줬다."는 말들이 나왔다. 국가와 정당과 삼권분립과 부부는 독립성이 보장되어야 한다. 그래서 어느 것은 법으로 확정하고 있다.

정당이란 각 정치집단의 조직을 말한다. 각 정당은 각기 당헌당규에 의해서 운영된다. 제3자나 권력자가 가타부타할 수 없고, 간섭이나 개입을 할 수 없다. 그런데 우리나라 정당에서는 이런 비정상적인 일들이 자연스럽게 일어나고 있다. 그 이유는 권력을 쥔 대통령이 모든 것을 자기 뜻대로 하고자 하는 과욕에 따른 권력의 남용과 탐욕 때문이다. 이런 것을 정치 고관여층은 다 아는 사실인데, 윤 대통령 취임 이후 1년 6개월 동안 국민의힘 당 대표가 두 사람이나 사퇴하는 이례적인 일이 벌어졌다. 세 번의 비상대책위원회가 꾸려졌다. 이는 전무후무한 일로 이례적인 일이 아닐 수 없다. 그런데 자발적인 사퇴가 아니었다. 어느 강력한 힘을 가진 자의 압박에 의한 결과였다. 강제로 물러나지 않으면 안 될 정도로 압박이 심하자 결국 버티지 못하고 사퇴를 했다.

이에 대하여 사퇴한 당 대표들은 몹시 불편해하고 억울해했다. 그래도 대놓고 불만을 토로하지 못했다. 검찰 등을 사로잡고 있는 살아 있는 권력자가 그리하기 때문에 감히 저항하지 못하는 것이다. 만일 저항했다가는 곧바로 보복을 당하는데 검찰을 이용하여 수사와 압수수색을 통하여 기소를 당하기 때문이다. 그뿐만이 아니다. 온 가족과 주변 사람들까지 탈탈 털어서 괴롭힌다는 것을 잘 알기에 불만과 억울함이 있어도 감히 저항하지 못한다. 그러니 외부의 어떤 힘이 작용하고 개입하면 꼼짝을 하지 못하고 복종한다. 소위 당사자들에게 불리한 캐비닛(불리한 약점 보관 서랍)을 통해서 그리한다고 한다.

사실 정부와 정당은 전혀 다른 조직이다. 따라서 서로 간섭과 개입과 월권을 할 수 없다. 만일 대통령실에서 그리하면 대통령이 탄핵감이다. 그럼에도 불구하고 어떤 권력자에 따라서는 정당을 정부에 종속시켜 버려 자기 마음대로 해 버린다. 정당을 정부의 부하로, 수직적인 관계로 설정해 버린다. 그리하면 정당의 독립성이 사라지는 것이다. 말 그대로 대통령실이나 청와대의 하수인 정당이 되는 것이다. 이는 매우 불행한 일이다. 생각해 보라. 결혼한 자녀가 부모의 간섭으로부터 독립하지 못하고 여전히 간섭과 통치를 받는다면 그 부부는 어찌 되겠는가? 행복하지 못하고 불행하게 된다.

당정관계가 분리되지 않고 독립되지 않으면 그리된다. 그러면 정당이 있으나 마나가 된다. 여야 모두 이런 일은 없어야 한다. 그래야 정당이 발전하고 제대로 돌아간다. 그것이 민주주의와 법치주의 정당이다. 어느 대통령은 입만 열면 '자유민주주의 수호'를 외치는데 실제 행동은 정반대로 간다. 자당 국회의원들과 자당까지 캐비닛 통치를 통해서 관리하고 저항하지 못하게 만들어 통치를 한다는 의문이 든다. 이는 권력을 사유화하여 남용하는 독재정치, 검찰정치, 관치정치, 아주 나쁜 정치행위라고 볼 수 있다.

지도자의 사고와 의식과 세계관이 민주화, 법치화되지 않으면 시대가 변해도 여전히 과거 독재시대나 관치시대의 습관에 젖어서 그대로 행한다. 강력한 권력을 쥐고 있으니 누구도 의식하거나 두려워하지 않는다. 무엇이든지 자기 마음대로 해 버린다. 여기서 반대하거나 쓴소리를 하는 자가 있다면 인사권을 사용하여 가차 없이 잘라 버린다. 아니면 검찰을 지배하고 있으니 검찰을 동원하여 사정없이 수사와 압수수색과 기소를 해 버리니 불만이 있어도 무서워서 감히 저항하지 못한다. 과거 군사독재 시절에 그리했다. 그래서 대한민국이 퇴행하고 있다고들 한탄한다. '인사가 만사'라고 한 말이 실감 나는 시대에 살고 있다. 그래서 투표가 얼마나 중요한지 모른다.

아무리 시대가 바뀌어도 이상한 사고를 가진 사람을 지지하고 뽑으면 모두가 고통을 당한다. 국가도 앞으로 나아가지 못하고 퇴보한다. 국제 경쟁력에서 낙오된다. 국민들의 생활은 비참해진다. 민주주의 국가에서 정당 독립성은 없게 된다. 입법, 사법, 행정이 독립적이듯 정당이나 부부들도 독립적이어야 정상이다. 이것이 무너진 나라와 정당은 민주주의 국가가 아니라 독재국가이다. 자유민주주의 국가가 아니다. 기독교인들은 이런 사실을 잘 알고 살면서 투표해야 한다. 무조건 누구를 지지할 것이 아니다.

    일반 사람과 정치인은 자기가 처한 입장에 따라 다르고, 이해관계에 따라 다르고, 오늘과 내일이 다르고, 칭찬만 들었을 때와 책망을 들었을 때가 다르고, 화장실 가기 전과 화장실에서 나온 이후가 다르고, 돈을 빌리기 전과 돈을 빌린 이후가 다르고, 1년 전과 1년 후가 다르고, 당선 전과 당선 이후가 다르다. 가난했을 때와 부자가 된 이후에 다르고, 출세 전과 출세 이후에 다르다. 무시로 다르게 변하는 것이 사람이고 정치인이다. 사람과 정치인을 절대적으로 믿으면 언젠가는 반드시 후회하고 실망하게 된다. 사람이란 나이를 먹고 시간이 흐르면 대부분 좋지 않게 오염되고, 부패하고, 변한다. 특히 사람들의 말과 지식과 주장과 발언과 선거 때 유세와 설교도 이중적인 경우가 있다. 그래서 언제나 절대적으로 신뢰하고 의지할 대상은 하나님과 진리 외에는 없다.

제69장

공포 정치 속내

공포 정치는 주로 왕권시대, 군사독재 정권, 공산주의, 독재국가, 민주화가 되지 않은 국가에서 벌어지는 반인륜적이고 반민주적인 정치 행태이다. 사악한 권력자들은 어떤 식으로 정치를 해야 국민들이 꼼짝하지 못하고 권력자에게 감히 저항하지 못하는지를 잘 안다. 그래서 일부 사람들을 본보기로 강압적이고 폭력적으로 다스린다. 공포심을 심어 준다. 심각한 불이익을 주는 행위를 한다. 그것이 무엇인가? 과거에는 쥐도 새도 모르게 잡아가거나 사라지고 시체로 발견되곤 했다. 아니면 이유를 불문하고 사형을 구형했다.

오늘날에는 어느 날 갑자기 검찰과 경찰을 동원하여 체포, 수사, 압수수색, 기소, 별건 수사, 주변 사람들을 탈탈 털어 버린다. 법적 권한을 남용하여 계속 괴롭힌다. 이런 모습을 방송을 통해서 보여 준다. 그리하면 대부분의 국민들은 공포와 두려움과 무서움에 젖어 버려 감히 정권에 반대하지 못하고 함부로 비판을 못 하는 분위기가 형성한다. 쉬쉬하며 산다. 그러는 동안 무능하고 악한 정권은 자기들이 하고 싶은 대로 해 버린다. 이에 대다수 국민들과 기자들은 자기 검열을 하게 된다. 알아서 침묵을 하게 된다.

그래서 공산주의 정권, 독재정권, 비민주주의 정권 등은 공포 정치를 행한다. 사람들은 힘센 권력에 속수무책이다. 자기가 불이익을 당하는 것을 견디지 못한다. 보신주의가 작동한다. 그런 분위기가 사회 전반에 형성하면 누구든지 감히 정권이 어떻게 하든지 불만과 불평과 비판과 데모, 저항을 하지 않는다. 그저 눈치를 보면서 시키는 대로만 한다. 악한 정권은 이런 사람들의 심리를 잘 알기에 이를 이용하는 공포 정치를 하는 것이다. 하지만 이러한 공포 정치가 언제나 성공하는 것이 아니다. 무엇이든지 작용과 반작용이 있는 법이다. 아무리 봄을 막으려고 해도 때가 되면 봄은 반드시 찾아오게 되어 있다. 우리나라 과거 역사를 보면 군사독재 시절에도 다수 국민들은 위축되지 않았다. 공포와 압박과 핍박이 강하면 강할수록 반작용이 발동하여 더욱 강력한 저항운동이 발생했다. 그것이 독립운동이고 4.19 혁명 등 저항운동이다. 그렇게 해서 결국 독재정권은 무너졌다. 이것이 산 역사이다. 공포정치와 독재정치는 오래 가지 못한다. 박정희와 전두환 등을 통해서 증명이 되었다.

현재 대한민국은 대통령중심제로 5년 단임제도이다. 5년 비정규직이다. 이는 어찌할 수 없다. 무슨 말인가? 아무리 강력한 공포 정치를 한다고 하더라도 5년이면 끝난다. 그 이후에는 국민들에 의해서 공포 정치를 했던 권력자들과 정치인들은 준엄한 심판을 받는다. 이것이 전 세계의 순환역사이다. 그래서 공포 정치는 결국 실패한다. 어리석은 정치이다. 기독교인들은 어느 정부가 들어서서 공포 정치를 한다고 하더라도 위축되거나 두려워 말고 당당하게 살아가야 한다. 육체만 괴롭히는 권력자들을 두려워하거나 무서워할 이유가 없다. 오직 영혼과 몸을 멸하시는 하나님만 두려워하고 살아야 한다. 그런 자들이 거룩하고 당당한 기독교인이다. 3.1 운동에 참여한 핵심 인물 들 중에 개신교인들이 가장 많았다. 천주교인들은 하나도 없었다. 일제의 총칼도 두려워하지 않았다. 그런 자들이 기독교(개신교)인들이다.

제70장

답답한 국제 무역과 외교 정치

국제 외교를 다르게 비유하자면 사업을 하는 것과 비슷하다. 국제 외교는 국제 비즈니스이다. 사업이란 자기와 친한 사람들, 이념이 같은 사람들, 가치가 같은 사람들, 동맹들하고만 하는 사람은 없다. 그렇게 하면 사업을 접어야 한다. 결코 성장이나 발전은 애초에 기대하지 말아야 한다. 사업이란 누구에게든지 상품을 판매하는 것이다. 그렇지 않으면 사업은 필패이다. 그래서 미국도 중국과 적대적이면서도 활발한 무역을 하고 있다. 국제 외교가 그렇다. 그런데 현 정부는 정책과 정치와 외교와 무역이 그렇지 않은 것 같다. 오직 미국과 일본 중심이다. 미국과 일본을 중심으로만 외교와 무역을 하면 다 해결되는가? 그렇지 않다. 우리와 가장 가깝고도 수출 비중이 미국 다음으로 큰 시장이 중국인데 이를 가볍게 여기거나 소홀히 한다.

러시아도 우리나라의 사업 시장으로는 매우 큰 시장이다. 그런데 윤 정부 들어서 러시아와도 관계가 악화되고 있다. 현재 우리나라의 수출 비중은 미국이 13%, 중국이 11% 정도라고 한다. 그런데 2023년 12월 현재 31년 만에 중국과의 무역에서 적자로 돌아섰다고 한다. 이는 한국에게는 불행한 지표나 소식이 아닐 수 없다. 한국 경제와 무역에 빨간불이 들어온 것이다. 한국 경제에 지대한 비중을 차지하고 있는 중국과의 무역에서 적자가 발생하거나 거리를 두면 한국 경제는 매우 어려운 지경에 빠지게 된다. 윤 대통령은 취임 이후 중국이나 러시아와는 멀리하고 미국과 일본 중심으로 외교와 무역을 해 왔다.

지금까지 이런 대통령은 없었다. 왜냐하면 미국과 일본과만 집중해서 무역과 외교를 하면 제한된 시장으로 말미암아 우리나라 경제, 외교, 무역은 뒤로 후퇴할 수밖에 없기 때문이다. 미국도 중국을 늘 견제하고 충돌하지만 무역과 외교만큼은 손절하지 않고 있다. 관계를 지속하고 실리를 챙기고 있다. 그런데 윤 정부 들어서서 중국과 불편한 관계를 유지하고 있다. 미국의 말만 듣고 있다. 중국이 화날 만한 발언들을 하고 있다. 그러면 여러 방면에서 우리나라와 좋은 관계를 유지하기 어렵다. 이는 바보 같은 짓이다. 중국 시장은 미국, 일본, 어느 나라도 이념이나 가치나 친분 여부로 외면하지 않는다. 중국과 속내는 불편해도 외교, 무역은 적극적으로 한다. 자국의 이익을 위해서다. 이것이 국제관계이다. 각 나라들의 속내이다. 국제관계나 무역은 이념, 가치, 도덕, 윤리, 친분 등으로 결정하지 않는다. 시종일관 실용주의와 자국 이익 중심이다.

지금까지 지구상에서 전쟁을 가장 많이 실행한 나라는 미국이다. 전쟁을 행하면 어떤 일이 벌어지는가? 수많은 사람들이 죽고, 장애인들이 발생하고, 생활기반과 건물들이 파괴된다. 사람들이 비참해진다. 온갖 비윤리적인 일들이 일어난다. 미국이 잘하는 일도 많지만 그렇지 않은 일들도 무수히 많다. 한국인들이 몰라서 그렇지 미국이 남미 국가들에게 행한 짓은 상상을 초월한다. 중동의 이라크 등에 행한 짓도 마찬가지이다. 우리나라에게도 경제와 군사적으로 병 주고 약 주는 방식을 행하고 있다. 미국은 우방이든 적국이든 항상 자국의 이익을 위해서 무엇이든지 행하여 왔다. 미국은 그동안 세계경찰 노릇을 해 왔지만 그 반대의 정치도 해 왔다. 미국은 국제 무역과 외교에서 가치, 이념, 정의 등의 외교나 무역을 하지 않는다. 그때그때 국제질서나 자국 이익을 위해서 적국들과도 손을 잡고 때론 테러 국가였던 나라들에게 무기도 공급하곤 했다.

공산주의 국가들과도 활발한 무역과 외교를 하고 있다. 그런데 유독 우리나라 윤 정부만 국제관계의 숨은 속내를 읽지 못하고 순진한 외교, 무역을 하고 있다. 그 결과 집권한 지 2년도 채 되지 않은 시점에서 힘든 시기를 보내고 있고, 그 평가는 일관되게 30%대 지지율만 얻고 있다. 이것이 윤 정부의 현재 성적표이다. 100점 만점에 30점이라는 말이다. 독자들의 자녀들이 초중고대에서 일관되게 30점대를 맞아 오면 좋아하겠는가? 신뢰하겠는가? 이는 무능한 것이다. 공부에 재능이 없는 것이다. 이런 학생은 다른 길로 가게 해야 한다. 국내 정치나 경제, 국제 외교나 무역 등에서 낙제점을 받고 있다. 그런데도 당당하고 자기 마음대로 하고 있다. 전무후무하게 취임한 이후 야당 대표를 정식으로 만나지 않고 있다. 민간기업이나 공직에 검찰 출신들을 대거 등용시키고 있다. 검찰이라고 못할 것이 없지만 그래도 전문성이 다르다.

생각해 보라 검찰 출신을 축구 감독으로 세운다면 경기야 이끌어 가겠지만 제대로 하겠는가? 현재 대한민국이 이런 형국이다. 독불장군이다. 한심한 상황이다. 이렇게 하면 국가와 국민들만 고통을 당한다. 본인이야 돈도 있고, 권력도 있으니 불편할 것이 하나도 없다. 그러므로 지금부터라도 생각, 정책, 외교, 무역, 경제, 대야관계 등 큰 틀에서 변화가 있어야 한다. 대통령실 측근들과 각부 장관들을 진영을 떠나 실력이 있는 자들과 충신으로 교체해야 한다. 그렇지 않으면 결국 윤 대통령 자신과 국민의 힘, 국가와 국민들이 큰 피해를 입게 될 것이다. 윤 대통령은 국가 행정과 운영 전문가가 아니다. 지식도 검찰에 관련된 것뿐이다. 그러면 겸손히 귀와 마음을 열고 전문가들의 조언과 충고와 지혜를 들어서 국정을 이끌어 가야 한다. 주변 간신들의 조언과 본인의 고집과 아집을 버려야 한다. 그래야 희망이 있고 자신과 나라와 국민이 산다.

특히 가치와 이념과 동맹 여부에 따른 국제외교와 국제무역과 국제관계를 하지 말아야 한다. 제발 정신 차려야 한다. 미국과 일본도 그렇게 하지 않고 초지일관 실리외교와 무역을 하고 있다. 미국이나 일본이 시키는 대로 하지 말고 독자 외교와 무역을 실행해야 한다. 우리나라도 국익 중심의 외교와 무역을 해야 한다. 미국과 일본은 중국과 다투면서도 뒤로는 실리를 취하는 외교와 무역을 하고 있다. 우리나라만 순진하게 딴짓을 하고 있어 31년 만에 대중 무역이 적자로 돌아선 것이다. 미국이나 일본과 사이좋게 지내면서도 중국과 러시아와도 잘 지내야 한다. 우리나라는 자원이 부족하여 수출을 통해서 먹고사는 나라이다.

그래서 어느 몇 나라에 치우친 외교는 버려야 한다. 강대국들 사이에서 등거리 외교를 해야 한다. 그래야 우리나라가 산다. 미국도 일본도 다 그렇게 하고 있는데 우리나라만 그렇지 않고 있어 너무나도 답답하고 속상하다. 미국이나 일본이 뭐라고 하든지 우리나라도 국익차원에서 외교와 무역을 해 나가야 한다. 이것이 대통령과 국가가 할 일이다. 누구든지 그럴 자신이 없으면 물러나야 한다. 가치외교니, 이념외교니, 동맹외교니 이런 것은 그만하기 바란다. 이런 실상을 기독교인들은 잘 알고 있어야 한다.

제71장

성공한 쿠데타와 성공한 불법

누군가가 "성공한 쿠데타(군사반란)는 처벌할 수 없다."라고 말했다. 이 말은 1995년 문민정부 시기 검찰에 고발된 신군부 관련 내란죄 등 기소 건에 대해 당시 서울지검 공안1부장 장○석 검사가 이를 불기소 처분하며 밝혔다고 알려진 말이다. 당연히 이 발언은 대중적 공분을 샀고, 이런 여론 등에 힘입어 신군부 처벌은 역설적으로 이뤄지게 된다. 결론부터 말하면 성공한 쿠데타라도 처벌할 수 있다. 통치행위 이론은 정부 범위 내에 있는 적법한 행위에 대하여 다른 기관이 견제해서는 안 된다는 이야기지, 어떤 학자도 군인들의 쿠데타에 통치행위 이론을 적용하진 않는다.

군인은 국방이 본연의 임무이지, 그 어디에서도 군인에게 정치를 하기 위해 쿠데타를 일으킬 권리 따위 주지 않는다. 즉, 군인의 쿠데타는 반란으로 내란죄에 해당된다. 성공과 실패를 막론하고 불법이다. 단지 당시

일개 검사가 전직 대통령들의 조사 및 사법처리라는 행위를 감당하기엔 너무 부담감이 컸기 때문에 이론을 오용하여 기소 유예한 것이다. 쿠데타란 프랑스어로 이를 직역하면 '국가에 대한 일격', 또는 '국가에 부딪침' 정도가 된다. 국어사전에서 쿠데타는 '무력으로 정권을 빼앗는 일'이라고 정의되어 있다.

즉, 쿠데타는 한국어로 말하자면 '군사정변', '군사반란'이라고 이해하면 된다. 아프리카 등 해외에서는 지금도 종종 발생하고 있다. 우리나라에서는 군인 박정희와 전두환이 군사반란으로 정권을 잡은 바가 있다. 박정희는 1960년 5·16 쿠데타를 일으켜 성공하기에 이른다. 그리고 1979년 12·12 쿠데타는 전두환이 일으켜 성공했다. 그러나 두 사람 모두 불행한 결과로 생을 마감했다. 뿌린 대로 거두는 법이다.

'성공한 쿠데타는 처벌할 수 있다, 없다'의 말이 한참 떠돌았고 이것은 우리 사회에 여러 가지 나쁜 사인을 주었다. 어떤 방식과 방법으로 무슨 짓을 하든지 성공만 하면, 잡히지만 않으면, 발각만 되지 않으면, 처벌만 받지 않으면 상관이 없다는 기본 규범과 상식과 법 정신에 반하는 영향을 사회에 미쳤다. 지금도 이러한 나쁜 영향이 지배하는 것이 사실이다. 그래서 은밀하고 교묘하게 온갖 못된 짓들을 다 하면서 잡히지만 않으면 성공한 것이라고 하면서 살아간다. 그러다가 잡히면 '재수가 없어서 잡혔다'라고 말한다. 누군가가 잘못했을 때 처벌, 심판, 징벌은 두 대상에게서 받는다. 하나는 법원이고 또 하나는 하나님이 하신다. 이 땅에서는 불완전하고 가변적인 사람이 하는 것이라 불공정한 처벌과 심판과 징벌이 이루어지지만, 사후에 받는 처벌, 심판, 징벌은 먼지만큼의 죄도 용납하지 않으시는 하나님에 의해 완전하게 이루어진다.

그래서 이 땅에서는 완전 범죄, 성공한 범죄는 있을지 몰라도 현세와 내세를 통틀어 최종적으로는 완전한 범죄, 성공한 범죄나 불법은 절대로 없다. 쿠데타는 잠시 성공할 수 있다. 그러나 어느 정권이나 영원하지 않기 때문에 그다음 정권에 의해 재평가를 받아 역사의 정죄를 받는다. 이런 사실을 어리석고, 교만하고, 탐욕에 물든 인간들과 군인들과 검사들은 보지 못한다. 그저 눈앞의 탐욕과 이익만 생각하고 자기 발등을 찍은 쿠데타를 일으킨다. 여기에 가담하는 자들도 동일한 자들이다. 여전히 군사 쿠데타는 아니어도 불법, 반칙, 범죄, 위법 쿠데타는 우리 사회에서 일상적으로 발생하고 있다. 주로 권력을 가진 자들, 많은 돈을 가진 자들, 법을 배운 자들, 사업을 하는 자들 등이 기술적이고 교묘하게 행하는 쿠데타이다. 돈을 가진 자들은 돈을 가지고 갖가지 불의를 행하는 쿠데타를 일으킨다. 권력을 가진 정치인들은 그 짧은 권력 기간을 통해서 권력을 남용하고 오용하는 별의별 위법 쿠데타를 벌인다.

어리석고 교만하고 탐욕이 강하면 어떤 치유약도 없다. 이런 자들은 브레이크가 없는 자동차와 같아서 계속 달리기만 하는데 자기 발등을 찍는 사고가 발생해야만 멈춘다. 범죄와 불법자들이 그렇다. 설사 어딘가를 들이받고 멈추었다고 하더라도 불법 쿠데타 중독에 걸린 자들은 생명이 붙어 있는 한 기회만 주어지면 또 불법을 저지른다. 이것을 '상습범'이라고 말한다. 성공한 쿠데타와 성공한 불법은 없다. 오직 무서운 처벌만 있을 뿐이다. 그런즉 기독교인들은 그 어떤 불법 쿠데타도 일으키지 말아야 한다. 누가 아무리 그럴듯하게 미혹하고 유혹하고 흔들어도 넘어가지 말아야 한다.

누구든지 일생을 살면서 바르게 살도록 내버려 두지 않는다. 자기 스스로와 타인에 의해서 불법 쿠데타를 하도록 자꾸 흔들어댄다. 이때 중심을 잘 잡고 사는 자는 위기에서 벗어나지만 그렇지 않은 자들은 불법 쿠데타에 빠져 어리석은 짓을 하게 된다. 뉴스만 보면 그런 자들이 날마다 헤아릴 수 없을 정도로 많다. 이들을 반면교사로 삼아야 한다. 기독교인들은 언제 어디서나 항상 성경 말씀대로 순종하는 자이어야 한다. 군대와 일반 직장에서나 가정에서 쿠데타는 생각도 말아야 한다.

제72장

결혼 · 출산 · 소비 증진 정책

현재 대한민국은 몇 가지의 총체적인 위기에 당면해 있다. 빠른 시일 내에 이것을 해결하지 않으면 우리나라의 미래와 운명은 풍전등화의 위기를 맞이할 것이다. 누가 해결해야 하는가? 대통령과 정부와 정치인들이 획기적인 정책으로 돌파해야 한다. 더 이상 지체할 시간이 없다. 무엇이 핵심 문제인가? 그것은 결혼, 출산, 소비이다. 현재 결혼, 출산, 소비율은 대폭 떨어졌다. 우리나라 젊은 청년들의 결혼 계획은 20~30%밖에 되지 않는다. 결혼하지 않고 살겠다고 한다.

그 이유는 이기적인 것도 있지만, 살기가 팍팍해서라고 한다. 자신도 힘들게 살아가고 있는데 결혼까지 하면 더욱 힘들어지기에 혼자 살겠다고 말한다. 출산율은 아주 절망적이다. 전 세계적으로 출산율이 가장 낮은데 0.60명대이다. 가임 여성이 한 아이도 낳지 않는다는 수치이다. 자녀에게까지 가난을 물려주고 싶지 않기 때문이라고 한다. 소비가 엄청 위축되어 내수가 힘든 상태이다. 가게를 운영하는 사람들이 손님이 찾아오지 않아 힘들다고 아우성이다. 폐업이 속출하고 있다. 왜 그런가? 시민들이 소비할 여력이 없기 때문이다.

그렇다면 구체적으로 무엇을 해결해야 하는가? 결혼(結婚), 출산(出産), 소비(消費) 등은 결국 거주 문제, 취업 문제, 채무 문제로 이것이 해결되지 않으면 해법이 없다. 먼저는 **집(주택, house) 문제**이다. 학교를 졸업한 청년 이상은 이유를 막론하고 자기가 거주할 집이 있어야 한다. 우리나라는 집값이 너무 비싸다. 거품이 심하다. 전체 가구의 49%가 자기 집이 없다. 가구 수와 인구에 비해 집은 과잉 공급되었는데 자기 집이 없는 가구가 절반이다. 그러기 때문에 젊은이들이 자기가 거할 집을 마련한다는 것은 불가능하다. 아무리 노력해도 자기 집을 마련하기가 너무 힘든 상황이다. 월세나 전세를 전전해야 한다.

이는 개인들의 잘못이 아니라 국가 정책 실패이다. 정치인들이 잘못한 것이다. 그러니 어떤 젊은 청년들이 결혼할 생각을 하겠는가? 이 문제는 정부가 해결하지 않으면 개인이 결코 해결하지 못한다. 어떻게 해야 하는가? 정부나 지자체가 나서서 고령자복지주택이나 청년주택이나 행복주택 등 저보증금과 저월세 장기 임대아파트나 빌라 등을 대량으로 공급하면 해결된다. 평수가 적으면서 방이 하나나 둘이 있는 집을 짓되 직장 생활을 하는 사람이라면 누구나 입주할 수 있을 정도로 공급하는 것이다.

신축하는 것이 돈도 많이 들고 많은 시간이 필요하다면 사용하지 않고 있는 빌라나 주택이나 아파트나 다양한 건물들을 매입하고 리빌딩하여 공급하는 것이다. 이는 정부가 의지만 있으면 가능하다. 이런 정책을 빨리 실행해야 한다. 그리고 **출산(出産) 문제**이다. 내 집과 직장이 없고 사교육비가 많이 들어가니 누가 출산을 하겠는가? 출산을 마음 놓고 할 수 있는 환경을 국가와 지자체가 만들어 주어야 한다. 결혼한 부부에게 최우선으로 아주 낮은 금액으로 주택을 공급하고 고등학교나 대학교까지 정부가 학비를 책임지는 것이다. 직장도 알선해 주어야 한다. 현재 프랑스나 독일이나 핀란드 등 여러 나라에서 이렇게 하고 있다. 우리나라도 할 수 있다.

출산을 장려하고 나라를 살리기 위해서는 무슨 짓을 못하겠는가? 이대로 가면 출산을 하지 않아 인구가 대폭 감소하여 나라가 사라질 형편인데 말이다. 아니면 출산을 하게 되면 초등학교나 중학교까지 매달 오십만 원이든 백만 원이든 현금으로 지원하는 것이다. 이젠 파격적인 지원책이 없으면 해결되지 않는다. 이런저런 것에 대한 분산 지원이나 찔끔찔끔 지원으로는 어림도 없다. 돈만 지출되고 성과는 나타나지 않을 것이다. 이런저런 모든 지원금을 하나로 통합해서 언제까지 매월 백만 원이든 얼마든 심플하게 지원해야 가임 여성들의 마음을 흔들 수 있고, 표시도 나고, 효과도 나타난다. 그 정도 지원금이면 관심을 보일 수 있다. 이런저런 불만을 이야기하지만 결국 돈 문제이다. 돈이 아닌 신앙과 소신과 신념을 가진 자를 떠나서 모든 것이 돈과 관련이 있기 때문이다. 어느 정도 돈만 해결해 주면 출산율에 변화를 줄 수 있다.

그리고 **소비(消費) 문제**이다. 개인이나 가계가 소비를 하기 위해서는 필수적인 영역을 제외하고 편하게 지출할 수 있는 여유 자본이 있어야 한다. 이렇게 소비나 지출을 하기 위해서는 채무, 빚이 없어야 한다. 그러나 현재 우리나라 가계 빚은 1천조를 상회하고 있다. 가구당 빚이 9천만 원이 넘는다. 소비할 여윳돈이 없다. 그래서 소비를 줄이다 보니 가게들이 힘들다고 아우성이며 문을 닫고 있다. 빈 점포나 가게를 정리하는 곳이 매우 많다. 텅텅 빈 상가들이 늘어나고 있다. 수입이 늘어나고 빚이 없어야 사람들이 가게를 찾아 소비를 한다. 소비를 해야 내수가 살아나서 국내 경기가 활성화된다. 현재는 반대로 돌아가고 있다.

그런즉 채무를 줄여야 한다. 가계의 채무는 대부분 부동산(집) 대출 자금이다. 정부의 책임도 크다. 건설 경기를 위해서 건설사가 아파트만 지으면 정부가 나서서 장기 상환 저금리로 집을 사도록 부추겼다. 내 집이 없는 자들은 정부가 이런 정책을 내놓으면 너도나도 은행으로 달려가서 대출을 받아 집을 마련했다. 그 결과 채무가 눈덩어리처럼 커져서 채무에 시달리고, 고금리가 되니 더욱 어렵게 되었다. 이에 소비는 줄어들 수밖에 없게 되었고 그러자 가게들은 손님이 없어 못 살겠다고 아우성인 것이다. 정부는 국민들이 빚을 지지 않는 정책을 펴야 한다. 그래야 소비가 활성화된다.

결혼, 출산, 소비의 건은 상당 부분 대통령과 정부의 의지와 정치인들의 정치력과 정책에 달려 있다. 이것을 개인의 능력으로 떠밀지 말아야 한다. 정부가 속히 나서서 결단해야 한다. 그래서 내 편과 네 편을 떠나서 유능한 대통령과 정부가 필요한 것이다. 대한민국과 보수와 진보는 한배를 탄 운명 공동체이기 때문에 어느 진영을 막론하고 가장 유능하고 전문성이 뛰어난 자를 대통령과 정치인으로 선발하여 국정을 맡겨야 한다. 그래야 결혼, 출산, 소비가 활성화가 될 것이다. 특단의 조치 없이 이대로 가면 보수나 진보 모두 비참해진다. 침몰한다.

국가 경영은 하나의 전쟁과 같다. 전쟁 지휘는 유능한 군인, 전문성이 뛰어난 군인이 해야 하는 것이다. 무슨 말인가? 행정과 정치에 있어서 전문성이 탁월한 자를 세워야 한다는 말이다. 지금 서로 진영 싸움을 하고 있을 때가 아니다. 부자들 위주로 감세 정책을 펼 때가 아니다. 부자들은 어느 정도 세금을 내도 넉넉하게 산다. 그러나 가난한 서민들은 다르다. 기독교인들은 이런 실상을 바로 알고 결혼, 출산, 소비 전체를 생각하고 각기 최선을 다하며 살아가야 한다.

제73장

공작과 악법이라는 정치성 주장

한○○ 법무부 장관이 재직 중인 2023년 12월 셋째 주간에 김○희(대통령 부인) 여사에 대한 특검법과 디올(Dior) 명품백 수수와 관련하여 기자들의 질문에 이런 말을 했다. **"김○희 특검법은 악법이고, 김 여사님은 몰카에 당했다"**며, 김 여사의 도이치모터스 주가조작 의혹의 건에 대한 특검법은 **"총선을 겨냥한 악법"**이고, 김 여사가 어느 목사에게서 받은 디올백 수수 동영상에 대하여는 **"인터넷 매체의 공작"**이라고 규정 발언을 했다. 객관적인 근거와 물증은 제시하지 못했다. 그냥 주관적인 김 여사 옹호 발언일 뿐이다. 현재 김○희 여사 관련 특검법은 여론조사에서 국민 70% 전후가 지지하고 있다. 제대로 수사하라고 한다. 대통령은 거부권을 행사하지 말아야 한다고 한다. 이러한 한 장관의 주장은 객관적인 사실과 거리가 멀다. 그 근거와 논리는 다음과 같다.

먼저 명품 가방 수수에 대하여 살펴보자. 「서울의 소리」는 김 여사가 지난해 9월 최 목사로부터 300만 원 상당의 명품 가방(디올)이 찍힌 동영상을 지난달 27일 공개했다. 이는 최 목사가 자기가 있는 곳으로 김 여사를 초청하여 찍은 것이 아니다. 최 목사가 사전에 김 여사에게 카톡을 보냈다. 디올이라는 가방을 드리고 싶다며 디올 사진을 찍어 카카오톡으로 보냈고, 김 여사가 카톡 사진을 보고 기지로 들어오라는 연락을 받고 찾아간 것이다. 그곳에 가서 다른 사람도 선물 같은 것을 옆에 두고 기다리는 것을 보고 이상히 여겨 동영상을 찍은 것이다. 그러니까 공작이라고 할 수 없다. 공작(工作)이란 '어떤 목적을 위하여 미리 일을 꾸밈'을 뜻한다.

무슨 공작을 상대방에게 허락을 받고 들어가서 하는가? 공작이 되려면 함정을 파 놓고 몰래 동영상을 찍어야 맞다. 하지만 최 목사는 김 여사를 만나기 전에 명품백을 사진으로 찍어 보낸 후에 들어오라고 해서 허락을 받고 찾아간 것이다. 경호처도 그 가방에 대하여 X-ray를 찍었고 검사에 통과되었다. 무슨 공작을 공작 대상에게 보여 주거나 허락을 받고 하는가? 그런즉 공작이 아니다. 공작이라는 말은 억지에 불과하다. 명품백을 거절했으면 아무런 일도 일어나지 않았다. 따라서 몰카 공작이라는 한 장관의 주장은 논리적으로나, 문맥적으로나, 사실적으로 볼 때 맞지 않다. 이 사건은 함정이니 몰카니 하는 것이 본질과 핵심이 아니라 3백만 원 정도 되는 고가의 명품백을 대통령 부인이 받은 것이 본질이고 핵심이다.

이젠 김 여사의 도이치모터스 주가조작 의혹과 관련한 특검법이 총선을 겨냥한 악법이라는 한 장관의 주장을 살펴보자. 검찰은 2021년 12월에 주가조작 주범 혐의로 권○수 전 도이치모터스 회장을 기소하면서, 이 사건이 2009년 12월부터 2012년 12월 7일까지 5단계에 걸쳐 벌어진 것으로 규정했다. 여기에 관련된 모든 사람들은 모두 구속이 되었다. 그런데 오직 김 여사만 제대로 조사를 받지 않았다. 그동안 야당과 시민단체에서는 김 여사를 제대로 수사하라고 수도 없이 촉구했다. 그러나 검찰은 시간을 질질 끌어왔고 그 흔한 압수수색과 소환 등을 제대로 하지 않았다. 다른 관련자들처럼 조사와 수사를 빠르게 했다면 특검법이 탄생할 이유가 없었다. 기간으로 볼 때 2023년 12월 훨씬 전의 일인 2012년 일이기 때문이다. 경찰이 2012년까지 조사를 완료하여 검찰에 넘겼다. 그런데 검찰이 움직이지 않았다. 10년이 지난 2023년 12월 28일에서야 국회에서 특검법이 통과된 것이다. 검찰은 김 여사에게만큼은 제대로 수사나 압수수색이나 소환을 하지 않았다. 이에 야당은 참다 참다 검찰이 더 이상 움직이지 않자 국회에서 법에 근거하여 특검법을 통과시켰던 것이다.

이런 과정과 시기가 분명한데 한 장관은 이를 총선을 겨냥한 악법이라고 규정해 버렸다. 참 대단한 소설이고 시나리오다. 언제 발생한 사건인데 총선용이라고 하는가? 너무 지나친 논리와 주장이 아닐 수 없다. 그렇게 주장을 하려면 어떤 증거라도 공개하면서 말해야 지지를 받는다. 논리와 근거와 물증도 없는 주관적인 발언에 불과하다. 게다가 왜 악법인가? 법률에 근거하고 국회에서 적법한 절차에 따라 결정했는데 왜 악법인가? 악법이라고 주장하는 한 장관 자체가 초법적인 주장을 한 것이다. 특검법이 법률에 근거하고 정당한 절차대로 했기 때문이다. 이는 법적 발언이 아닌 정치적인 발언이라고 할 수 있다. 만일 절차상 하자가 있었다면 벌써 법원에 가처분 신청을 했을 것이다.

특검법은 시종일관 법대로 처리되었기에 절대로 악법이 아니다. 그러면 검사가 수사하고 기소하는 것도 악법이라고 할 텐가? 법대로 했는데 왜 악법이라고 하는가? 억지 좀 그만 부려야 한다. 여당이 그리했어도 악법이 아니다. 입만 열면 법과 원칙과 공정을 주장하는 자가 이러면 신뢰를 얻지 못한다. 윤석열 대통령은 국민의힘 대통령 후보시절인 2021년 12월 29일 국민의힘 경북선대위 출범식에서 특검과 관련한 발언을 다음과 같이 했다. **"떳떳하면 사정기관 통해서 권력자도 조사받고 측근도 조사받고 하는 것이지 특검을 왜 거부합니까? 죄 지었으니까 거부하는 것입니다"**

2023년 12월 28일 국회에서 '김○희(윤 대통령 부인) 특검법'이 통과되자 곧바로 대통령이 거부권(재요구권)을 행사할 것이라고 말했다. 이는 윤 대통령이 후보시절 자신이 한 발언을 뒤집는 주장이 아닐 수 없다. 말과 행동이 다른 것이다. 그리고 국민의힘 김○현 원내대표는 2021년 10월 3일 특검에 대하여 이런 말을 하였다. **"특검 거부하는 자가 바로 범인이다. 반대하는 자는 공범이다"** 또한 특검법이 추진된 또 하나의 사유는 국민의힘 소속 법사위원장 김○○ 위원장이 그동안 법사위에 심의 안건으로 올리지 않았기 때문이다.

그래서 패스트 트랙(신속처리안건)이 되어 법에 따라 자동적으로 국회에 상정되어 처리된 것이다. 그런데 대통령실 정책실장인 이○섭 씨는 2023년 12월 24일 KBS「일요진단 라이브」발언에서 다음과 같은 황당한 주장을 하였다. **"저희들 입장은 총선을 겨냥해서 어떤 흠집 내기를 위한 그런 의도로 만든 법안이 아닌가, 그런 생각을 확고하게 가지고 있습니다만"**이라고 하였다. 2023년 12월에서야 처리가 된 이유와 배경을 삼척동자도 다 아는 사실인데 대통령실과 국민의힘은 이를 다르게 말하고 있다. 다수 국민들은 개돼지가 아니다. 모든 의혹 사건의 발단은 누가 시킨 것이 아니라 김○희 여사 스스로가 만든 것이다. 그러니 결자해지로 자신이 당당하게 풀어 가야 한다. 특검도, 수사도 적극적으로 기쁘게 받아야 한다.

여야 정치인이나 대통령실이나 검찰은 사건 주장과 언론플레이를 금하고 특검을 통해서 사실을 바르게 규명하는데 협조해야 한다. 떳떳하다면 구차한 변명과 주장은 접어야 한다. 정치인과 언론과 법무부 장관은 아무런 법적 근거도 없는 '악법이니', '공작이니', '총선용이니' 하는 말은 절대로 하지 말아야 한다. 그것은 특검을 통해 법원에서 가리는 것이다. 한 장관이 판결하고 확정하는 것이 아니다. 한 장관도 '만인은 법 앞에 평등하다'고 주장했다. 그렇다면 법대로 통과된 특검법에 대하여 더 이상 가타부타하지 말고 존중하되 특검과 법원의 판단을 기다려야 한다.

그리고 아무리 김○희 여사를 옹호하고 싶어도 정도껏 해야 한다. 향후 대권을 생각할 수 있는 자가 이러면 기대할 것이 없다. 공작이 아니라는 김 여사와 최 목사가 주고받은 카톡 문자와 동영상이 존재하고 공개되었는데 몰카 공작이라고 하면 소들이 웃는다. 옹호와 감싸기를 하려거든 티가 나지 않게 좀 돌아가는 상황과 눈치를 보면서 하기 바란다. 그렇게 대놓고 해 버리면 외면을 당한다. 나중에 어찌 감당하려고 그러는가. 다수 국민들은 개돼지가 아니기 때문이다.

　누구든지 공정한 사람이라면 한쪽으로 치우친 발언은 하지 않는다. '서로 주장이 팽팽하니 수사와 기소와 재판을 통해서 시시비비를 가려냅시다.'라고 해야 정상이다. 운동경기에서는 비디오 판독을 요청한다. 억울하다는 측에서 더욱 비디오 판독과 특검을 요구하자고 하는 것이 정상이다. 특검을 반대하는 것은 자신이 없기 때문이다. 이것이 상식이다. 자기가 재판장이 되어 공작이니 악법이니 하는 발언은 초법적인 자세이다. 말장난과 언론플레이에 불과하다. 하나의 물타기 수법이다. 국정감사나 TV 토론을 보면 뻔한 것인데도 자기 진영과 정당의 편을 드는 억지 주장들을 한다. 높은 수준의 식견이 있는 시청자들이 목도하고 있는데도 그런 식으로 옹호하고 편을 든다. 이는 어리석은 짓이다. 정치인들이, 토론에 나온 패널들이 자기들만 똑똑하다고 생각하면 큰 오산이다. 시청자들은 누가 정직하고 공의롭게 주장하는지 다 체크하면서 보고 있다. 이젠 정치인들과 기타 발언자들의 세치 혀에 놀아나지 않는다.

　그리고 만일 윤 대통령이 부인인 '김○희 특검법'을 거부하면 탄핵을 당할 수도 있다고 한다. 왜냐하면 거부권이 대통령의 고유 권한이지만 헌법적 한계가 있기 때문이다. 무슨 말이냐 하면 판사가 재판할 때 자기의 사건을 판결할 수 없다. 자기와 관련된 재판이면 판사는 스스로 제척, 기피, 회피를 하는 것이 헌법이 말하는 내재적 한계이다. 대통령도 거부권을 행사할 때는 자기 또는 자기 가족과 배우자와 관련된 건에 대해서는 제척, 기피, 회피를 해야 한다. 이해충돌방지법에도 저촉이 된다.

그렇지 않으면 탄핵 사유가 될 수도 있다고 한다. 아무튼 기독교인들은 공의를 강물처럼 흐르게 해야 한다. 누구에게든지 정직하게 대해야 한다. 공평무사해야 한다. 누구를 편들지 말아야 한다. 어떤 사람에게든지 법이 공의롭게 흘러가도록 해야 한다. 말로만 법과 공정과 원칙을 주장하지 말아야 한다. 언행이 일치되어야 신뢰할 수 있다. 좌우로 치우치지 않고 누구에게나 공의롭게 말하고 대하는 자들이 그리운 시대이다. 기독교인들은 친분과 소속을 떠나 항상 그리해야 한다.

제74장

정치인과 고위공직자들의 화법

정치인들이나 고위공직자들에 대하여 정치부 기자들이 취재를 하면 일반인들과 다른 화법을 보게 된다. 일반인들은 있는 그대로 순수하게 말한다. 직접적인 화법을 사용한다. 복선을 깔고 말하는 것이 아니라 '싫으면 싫다고 좋으면 좋다'는 표현을 선명하게 한다. '맞는 것은 맞다고 하고 아닌 것은 아니라'고 분명하게 표현한다. 그런데 정치인들과 고위공직자들은 결코 이런 화법을 사용하지 않는다. 아리송하고, 해석의 여지가 있고, 언제든지 자기 발언에 대하여 빠져나가거나 핑계 댈 화법, 애매모호하고 해석의 여지가 충분한 화법으로 말한다. 그 이유는 책임을 지지 않으려는 꼼수이다. 문제가 발생했을 때 그런 의미가 아니라고 하면서 빠져나가려는 수법이다. 이중 의미 발언, 교묘한 발언, 냄새만 풍기는 발언, 낚시화법, 궤변화법, 선택적 화법, 일관성이 없는 화법, 불공정한 화법을 구사한다.

또한 치우친 화법, 가이드라인 화법, 암시화법, 보신주의 화법, 회칠한 무덤 화법, 형식적인 화법, 아니면 말고 화법, 표리부동한 화법, 복선화법, 간 보는 화법, 책임 전가형 화법, 기억나지 않는다는 화법, 거짓말 화법, 립 서비스 화법, 언행불일치 화법, 자기 멋대로 법과 원칙 주장 화법, 비아냥 화법, 일방화법, 독선화법, 오만방자한 화법, 어이 상실 화법, 상식과 기본이 없는 화법, 깐족거리기 화법, 둘러대기 화법, 조롱화법, 인정하지 않는 화법, 위기모면 화법, 적반하장 화법, 뻔뻔한 화법, 영혼과 뇌가 없는 화법, 도덕 불감증 화법, 상대 무시 화법, 국민들을 개돼지로 여기는 화법, 자기중심적 화법, 고집 화법, 임기응변식 화법, 남 탓 화법, 책임전가 화법, 모욕적 화법, 하대식 화법, 시한부 통첩 화법, 협박과 겁박화법, 말장난 화법 등을 쓴다.

만약을 대비하여 법망에 걸리지 않는 화법, 빠져나갈 화법, 모르겠다는 화법, 꼬리 자르기 화법 등을 사용하면서 직접적인 화법은 사용하지 않는다. 불리하다 싶으면 묵비권 화법을 사용한다. 이는 하나의 말장난, 세치혀 놀음에 불과하다. 시청자들과 국민들을 무시하고 우롱하는 화법이다. 왜 이런 화법을 사용하는가? 당당하지 못하고 자신감이 없기 때문이다. 또한 책임을 지지 않으려는 보신주의에서 나온 행태이다.

이러한 다양한 간접 화법을 매일 정치 뉴스나 토론 등에서 확인할 수 있다. 검찰도 검찰 출입 기자들 앞에서 브리핑을 할 때 이런 모습이 나타난다. 정당 대변인들, 대통령실 관계자들, 정부 관계자들이 이런 화법을 사용한다. 법을 공부한 사법부 관계자들, 여의도 정치에서 잔뼈가 굵은 정치인들이 이런 자세를 취한다. 언론인들도 마찬가지이다. 정직하고 당당한 사람은 직접적이고 선명한 화법을 구사한다. 빙빙 돌려서 애매모호하게 주장하지 않는다. 이렇게 주장하고 발언하는 자들은 신뢰하지 말아야 한다.

특히 정치화된 언론들이 어떤 정치인과 선거에 출마한 후보와 정당을 띄워 주기 위하여 황당한 여론수치 화법(보도, 기사)을 구사한다. 대놓고 속이는 행위이다. 부동산 경기와 주택 매매에 대한 화법(기사)도 마찬가지이다. 여기에 속지 말아야 한다. 권력을 잡은 자들과 정치인들은 이런 방식으로 국민들을 속여 왔고 상당수 국민들은 속임을 당해 왔다. 이 수법은 시대가 변해도 여전한 수법으로 사용되고 있다. 죽고 사는 것이 혀(말, 언론)의 권세에 달려 있기 때문이다.

모든 기사와 보도와 대화와 발언 등을 꼼꼼하게 체크한 이후에 믿어야 한다. 워낙 사람들과 언론들의 말과 대화와 주장과 발언과 기사 등이 오염되었고, 거짓되고, 불순하기 때문이다. 아주 당당하고 뻔뻔하게 속인다. 서민들을 위하는 것 같은데 함정이 있다. 기독교인들은 언제나 사실에 근거해서 선명하게 주장해야 한다. 거짓된 수치와 대화나 말은 절대로 하지 말아야 한다. 그리하여 듣는 청취자들로 하여금 바로 이해하고 오해하지 않도록 해야 한다. 생각해 보라. 설교와 수업과 전쟁에서 이런 식으로 표현을 한다면 어찌 되겠는가? 많은 사람들이 비참해질 것이다. 공인들과 기독교인들은 화법 기술자가 아니라 정직하고 순수한 화법 전달자들이어야 한다.

제75장

정치인과 공직자 발언 신뢰성

　정치인들의 발언은 항상 팩트 체크해야 한다. 왜냐하면 비슷하고 그럴 듯하기는 한데 사실이 아닌 주장과 발언들이 비일비재하기 때문이다. 너무나도 자연스럽고 당당하게 사실이 아닌 발언과 주장들을 한다. 팩트 체크를 하지 않으면 그대로 속임을 당한다. 이런 성향은 경찰과 검찰 브리핑도 마찬가지이다. 대통령도 선거철이 다가오면 유권자들의 표를 의식해서 현실성과 적절성과 실현성이 없는 정책 발언을 남발한다. 뻔한 사실도 다르게 포장해서 말한다. 상당수 언론들도 사실과 다른 보도와 기사를 쓴다. 구부러진 정보, 보도, 기사들이 너무 많다. 이젠 무조건 믿는 시대는 지나갔다. 가짜뉴스들이 사방에 널려 있다. 모두 팩트 체크를 해야 한다. 그래야 이용당하지 않고, 바보가 되지 않고, 오해하지 않고, 멀쩡한 사람을 범죄인 취급하지 않고, 실수하지 않는다.

정치인이나 공직자나 어떤 사람이나 그 사람을 신뢰하는 것은 쉽지 않다. 그 누구라 할지라도 사람 속은 알 수 없기 때문이다. 사람은 자신에 대하여 위장과 포장과 화장과 회칠과 가식을 잘하기에 어떤 사람에 대하여 정확히 안다는 것은 사실상 불가능하다. 하나님은 사람의 중심(마음)을 보시고 판단하시는데, 사람들은 사람의 마음을 볼 수 없기에 주로 그 사람이 하는 말, 겉모습과 스펙, 외적 조건, 설교 등만을 보고 듣고 판단하는 경우가 있다. 그래서 속고, 후회하고, 배신당하고, 이용당하고, 자책한다.

사람의 말, 인상, 스펙, 소문 등은 얼마든지 회칠할 수 있고 조작이 가능하다. 그 사람의 실상과 정체성이 아니라는 말이다. 그렇다면 누가 신뢰할 수 있는 정치인이고 고위공직자고 사람인지 무엇을 확인하고 검증해야 정확히 알 수 있는가? 정확히 알 수 있는 길이 있다. 그 길은 조작이 불가능하다. 속이지 못한다. 그것이 무엇인가? 지금까지 걸어온 과거의 삶, 언행, 행태이다. 지나온 과거, 삶, 언행, 행적도 조작이 가능하지만 그것은 극히 일부 사람에 지나지 않고 99%는 조작이 불가능하여 다 드러난다.

그래서 과거가 좋지 않은 정치인들과 고위공직자들과 사람들은 과거 이야기를 하거나 물으면 불편해하거나 회피해 버린다. 미래지향적으로만 말하자고 말한다. 그러나 현재와 미래는 과거 없이는 불가능하다. 신약성경을 제대로 해석하기 위해서는 구약성경을 바로 이해해야 하는 것과 같은 원리이다. 구약성경이 뿌리이기 때문이다. 그래서 직장에서는 경력자를 선호한다. 과거에 어디에서 근무했는지를 중요시한다. 가장 대표적인 곳이 미국 메이저리그이다.

　2023년 12월 13일에 한국의 키움 히어로즈 프로야구 선수였던 이정후가 미국 샌프란시스코 자이언츠 팀에 6년간 총 1,470억 원에 엄청난 계약을 맺었다. 샌프란시스코 구단이 이정후 선수의 무엇을 보고 이런 거액을 베팅했는가? 현재와 미래의 가능성을 보고한 것이 아니다. 과거 수년간의 관찰과 성적(타율, 수비, 선구안 등)을 평가한 결과로 엄청난 금액을 주고 스카우트 한 것이다. 과거의 성적을 보고 미래에 투자한 것이다. 현재와 미래의 말이나 모습은 검증된 것이 아니기 때문에 평가 대상이 아니다. 정확히 평가할 수도 없다. 아직 가지 않은 길이기 때문이다. 평가 항목은 오직 과거 성적뿐이다. 과거 성적과 행적은 미래에 대한 평가 기준이다.

　학생에 대한 평가는 무엇으로 하는가? 앞으로 잘하겠다고 하는 다짐인가? 약속인가? 이런 약속과 다짐만 보고 대학 입학을 허락하는가? 아니다. 그동안 치른 시험 성적을 보고 실력을 평가한다. 수시전형이 대표적이다. 정시라 할지라도 이미 시험을 본 점수나 등급을 가지고 평가하고 허락한다. '어느 대학교에 입학만 허락해 주시면 열심히 공부하겠습니다.'로 대학교에 들어가지 못한다. 그렇게 해서 학생을 받는 대학교는 하나도 없다. 과거 수학과 영어 점수가 평균 50점이었다면 미래에도 그 정도 점수가 나올 가능성이 제일 크다. 어느 날 갑자기 90점 이상이 나올 수 없다. 실력과 삶이 그렇다. 그래서 서울 대치동 등 어느 정도 수준이 있는 학원들은 무조건 등록을 받지 않는다. 등록을 받는다고 하더라도 사전 레벨

테스트를 통해서 수준에 맞는 반으로 배정하여 가르친다.

"과거의 실력과 성적은 좋지 않지만 고급반에 들어가서 열심히 하겠습니다."라는 말은 절대로 통하지 않는다. 받아들이지 않는다. 과거 실력과 레벨 테스트에서 나온 점수만을 가지고 반을 배정한다. 고급한 삶과 전문성과 도덕성과 실력은 학생이든, 선수든, 정치인이든, 고위공직자든, 기독교인이든, 누구든지 갑자기 확 달라지지 않는다. 사람이란 이미 체득된 습성, 습관, 수준대로 살 가능성이 제일 크다. 출중한 실력이란 많은 시간과 땀과 노력과 투자와 수고를 통해서 얻어지는 것이다. 하루아침에 압축해서 얻을 수 없다.

인생에서 지름길은 없다. 있다면 속임수이거나 불로소득일 것이다. 선거 때만 되면 유세 현장이나 후보자 안내 책자나 홍보지에 각종 공약(약속)과 이력과 경력이 화려하게 기록되어 있다. 고위공직자(장관 등)로 지명이 되면 기자회견을 통해서 앞으로 어떻게 하겠다고 청사진을 밝힌다. 이런 것들은 다 현재와 미래의 모습이다. 전적으로 신뢰할 수 없는 약속들이다. 검증이 되지 않은 공약들이다. 이런 약속과 공약들이 신실하다는 것을 알 수 있는 길은 그 사람의 과거 걸어온 삶이 어떠했는가만 체크하면 답이 나온다.

과거의 삶이 누구에게나 칭찬받는 삶이었다면 앞으로의 삶도 그렇게 살 가능성이 높다. 그러나 과거의 삶이 폭력, 음주운전, 세금 미납, 교통법

규 위반, 위장전입, 부동산 투기, 세금 탈루, 다주택 소유, 거짓말, 상습적인 불법 등의 전력이 있었다면 현재와 미래에도 그렇게 살 공산이 크다. 역사나 사람 습관은 반복된다. 쉽게 고쳐지지 않는다. 이런 사람은 마음과 정신과 습관에서 불법이 습관화된 사람이라고 할 수 있다. 도덕 둔감증이나 불감증에 체질화된 사람일 가능성이 농후하다.

　사람이란 생긴 대로 노는 것이 아니라 살아온 습성대로 살아간다. 착한 마음을 먹는다고 착한 삶이 나오는 것이 아니다. 이것은 마치 공부를 열심히 하지 않는 학생이 어느 날 갑자기 공부를 열심히 해야겠다고 마음을 먹는다고 성적이 상승하게 되는 것이 아닌 것과 같다. 신앙생활도 마찬가지이다. 사람은 이미 굳어진 습성대로 사는데 그것을 루틴(일상 및 행동 습성)이라고 말한다. 선수들을 보면 타자든 투수든 배구선수든 자기 루틴대로 움직인다. 한 치의 오차도 없이 그 습성대로 동작한다. 유심히 관찰하고 있으면 얼마나 신기한지 모른다. 기계처럼 동일하게 동작한다. 누구나 언제든지 확인이 가능하다. 선수가 아닌 정치인과 고위공직자와 사람들도 마찬가지이다. 자기는 잘 모르지만 주변 사람들은 잘 보인다. 일찍 일어나는 사람은 항상 일찍 일어나고 늦게 일어나는 사람은 항상 늦게 일어난다. 사람마다 각기 하루나 일상의 고착된 언행 습성이 있다. 특별한 사람을 제외하고 일생을 자기 습성대로 살다가 죽는다.

　그래서 습관, 습성은 제2의 천성이라고 한다. 다시 강조컨대 사람을 정확히 알 수 있고 평가하는 최고의 길과 방법은 과거의 삶이다. 과거에 어떻게 살아왔는지를 확인하거나 체크하면 그 사람의 미래 모습이 어느 정도 보인다. 현재 그 사람이 어떤 지식과 말을 하고 어떤 위치나 자리에 있다고 하더라도 과거의 모습만이 그 사람의 속마음, 속 모습, 진면목일 가능성이 크다. 말은 말일 뿐이다. 말은 삶이 아니다. 물론 예외적인 사람도 있다. 개과천선한 사람도 있지만 그런 사람들은 매우 적다. 그러므로 선거 때와 TV에서와 방송과 책 등에서 대통령과 정치인을 비롯해서 그 어떤 사람이 어떻게 말하든지 이런 기준을 가지고 평가하면 비교적 정확한 판단을 할 수 있을 것이다. 속지 않고 오판하지 않는다. 어리석고 지혜가 없는 자들은 그 사람의 말, 공약, 설교, 스펙, 외적 조건, 책, 가르침만 듣고 보고 평가해 버린다. 그러면 오판할 가능성이 매우 높다. 실수하게 된다.

과거의 삶을 보아야 한다. 과거에 어떤 일을 행하여 왔는지를 검증하고 물어야 한다. 결혼 대상자에 대한, 배우자에 대한 평가도 동일하다. 자기가 소개받고 만나는 사람(이성)이 정말 괜찮은 사람인지 고민들이 많을 것이다. 간단하다. 결혼 예비고사지를 통해서 체크하고 말로 물으면 된다. 단순히 데이트와 이력서만을 통해서는 온전한 파악이 불가능하다. 이런저런 것에 대하여 과거에 어떻게 행하였는지를 물으면 된다. 예를 들어 부모 공경은 했는지 안 했는지, 했다면 어떻게 했는지 등을 구체적으로 물으면 된다. 전화는 언제 몇 번이나 했는지, 용돈과 생활비는 매달 얼마를 드렸는지 등이다. 이때 부모 공경을 제대로 하지 않았다면 헤어지는 것이 지혜다. 왜냐하면 자기를 낳아 준 부모도 제대로 공경하지 않은 자가 다른 여인, 다른 사람을 사랑할 리가 없기 때문이다.

또한 도박을 했는지 안 했는지를 묻는다. 과거에 도박을 자주 했다면 결혼 이후에도 도박할 가능성이 높다. 씀씀이도 마찬가지이다. 과거에 씀씀이가 자유로웠다면 결혼해서도 씀씀이가 자유로울 가능성이 크다. 예비부부들은 반짝 쇼나 이벤트나 선물이나 감정과 분위기 등에 휘둘리지 말아야 한다. 여러 가지로 과거의 삶에서 하자가 많은 자와 결혼하면 미래는 암울하다. 경험해 보나 마나다. 사람이란 고쳐 쓰기 어렵다. 어느 날 갑자기 좋은 사람으로 변하는 것이 아니다. 막연히 변화를 기대하고 결혼하면 큰코다친다.

기독교인들은 말과 조건만 듣고 판단하지 말고, 조작과 포장이 불가능한 과거의 삶을 통해서 사람을 평가하는 습관을 가져야 한다. 그러면 덜 오판과 사기를 당한다. 가슴을 치고 후회하는 일은 대폭 감소할 것이다. 남녀노소를 불문하고 누구나 외모나 조건만을 보고 가볍고 쉽게 판단하면 큰코다친다. 그 정도로 죄(원죄)로 오염되고, 변질되고, 부패하고, 타락한 사람들은 요물 덩어리이다. 사람은 기본적으로 겉과 속이 다르고, 수시로 무시로 가변적이다. 사람이란 어제 다르고 오늘 다르다. 한 달 전과 한 달 이후가 다르다. 1년 전과 1년 이후가 다르다. 군대 입대 전과 전역 후가 다르다.

그 사람의 말과 발언과 겉모습과 조건과 스펙만 보고 듣고 판단하는 사람처럼 가볍고 어리석은 사람은 없다. 과거 행적을 보고 판단하는 것이 가장 안전하다. 성직자들이라고, 유명하고 훌륭한 사람이라고 맹신했다가는 큰일 난다. 기독교인들은 정치인들과 검찰과 경찰과 언론 등이 거짓, 공작, 조작, 불의, 궤계 등을 꾸민다면 모두 실패하고 다 드러나게 해 달라고 하나님께 기도해야 한다. 동시에 모든 정치인들이, 경찰과 검찰이 사실만 발언하게 해 달라고 기도해야 한다. 특히 언론들의 공정하고 사실 보도를 위해서 기도해야 한다. 너무 심각하다. 세상이 온통 거짓말 공화국이 되었다. 입만 열면 거짓말을 하는 집단들이 있다. 일부 사람들도 마찬가지이다.

제76장

죄와 죄인을 창조해 내는 법과 정치 기술자들

어떤 것을 개발해 내는 자들은 주로 산업 연구원들이다. 여타 연구단지에서 근무하는 자들이다. 창조, 개발, 연구라는 말은 좋은 용어이다. 이는 마치 칼은 좋은 것인 것과 같다. 본래 칼은 좋은 것으로 부엌에서 음식을 만들 때 사용되고, 의사들이 환자를 수술할 때 사용된다. 그러나 이런 선한 칼을 악용하고 오용하는 자들이 있어 칼이 무섭게 느껴지고 부정적인 이미지를 얻게 되었다. 이처럼 정치권과 사법부와 언론들 속에는 선한 칼을 악하게 이용하는 기술자들이 존재한다.

다시 말해서 멀쩡한 사람에 대하여 죄와 죄인으로 창조해 내는 자들이 있다. 순전히 자기의 이익만을 추구하는 자이거나 집단이다. 본래 창조란 무에서 유를 만들어 내는 것을 말한다. 그러니까 죄가 아니고 죄인, 범법자가 아닌데 조작과 공작을 하여 죄라고, 죄인이라고 만들어서 사회적으로, 정치적으로, 개인과 가족적으로 매장을 시켜 버린다. 이런 악한 짓을 어디에서 하느냐에 따라서 사법 살인, 언론 살인, 정치 살인, 사회적 살인, 직장 살인, 종교 살인이라고 말한다.

군사독재 시절에 아주 많았다. 6.25 때도 인민재판이 그리했다. 가장 대표적인 사례가 서울시 공무원 유우성 씨에 대한 간첩조작 사건이다. 이 사건의 전말은 이렇다. 화교 출신 탈북민 유우성 씨는 2011년부터 서울시 계약직 공무원으로 일하다 국내 탈북자들의 정보를 유가려 씨를 통해 북한 보위부에 넘겨 준 혐의로 2013년 기소됐다. 이후 변호사들의 헌신적인 노력 끝에 여동생 유가려 씨의 자백이 허위이고, 국정원의 증거도 조작됐다는 사실이 재판 과정에서 드러나면서 2015년 대법원에서 무죄가 확정됐다.

만약 정의감과 사명이 투철한 변호사들이 나서지 않았다면 유우성 씨는 꼼짝없이 간첩이 되어 감옥에서 비참한 신세가 되었을 것이다. 민주화가 이루어졌는데도 있을 수 없는 일들이 시대를 막론하고 버젓이 벌어지고 있다. 사람들이 악하기 때문이다. 나쁜 정치를 하기 때문이다. 지금도 알게 모르게 상품처럼 죄와 죄인을 창조해 내는 기술자들이 어디에선가 활동하고 있다는 의문이 강하게 든다. 왜냐하면 법으로 무죄추정의 원칙을 따르는 우리나라에서 어떤 정치인들, 어떤 유명인에 대하여 대법원에서 확정판결도 나오지 않았는데 여러 언론들과 일부 정치권과 일부 사법부 안에서 어떤 사람을 죄인으로 매도하여 매장시키려는 일들이 자주 발생하고 있기 때문이다. 특히 선거철이 다가오면 더욱 기승을 부린다.

이름만 대면 다 알 만한 유력한 정치인, 유명한 연예인 등에 대하여 그리한다. 이런 악행들은 보통 사람들은 못 한다. 양심이 굳어 버린 정치 기술자들이 한다. 이런 기술자들은 여의도 정치에도 있고, 언론사들에게도 있고, 사법부에도 있고, 방송사에도 있고, 기자들 사이 등에도 있다. 종교 안에도 있다. 어떤 정치적, 금전적 이득을 얻고 인간 이하의 짓을 한다. 어떤 반대급부를 약속받고 거래를 하거나 뇌물을 제공하여 이렇게 한다. 승진과 자리를 매매하여 행하기도 한다.

분명히 나쁜 짓을 했는데, 불법이라고 판결이 나왔는데도 진급을 하고 좋은 자리로 보직을 받는 사례들이 대표적이다. 불의를 대행해 주는 대가로 어떤 이익을 받기로 한 것이다. 이런 자들은 영혼도, 양심도, 뇌도 없는 자들이다. 사람의 탈을 쓴 짐승들이다. 자기의 배를 채우기 위해서 인정사정없이 무자비하게 아무나 물어뜯는 맹수들이다. 사람 속에 사람이 들어 있으면 이렇게 못 한다. 어찌 멀쩡한 사람을 죄인으로 만들어 버린단 말인가? 정상적인 사람에게서는 상상할 수 없는 일이다. 사람 속에 짐승이 들어 있는 자들이 이런 악한 짓들을 한다.

성경은 한 사람이 천하보다 귀하다고 말한다. 벌과 매는 나쁜 짓을 한 사람에게만 주어져야 한다. 아무런 잘못이 없는 사람에게 죄를 뒤집어씌워 죄인으로 만들고, 죄가 아닌데 죄라고 만든 이후 언론들을 통해서 사정없이 일방적으로 두들겨 패 버린다. 하는 짓이 무도한 깡패와 같다. 그러면 사회적, 정치적으로 죽는다. 이렇게 억울함을 당하고 죽는 자들이 한둘이 아니다. 악인들은 반드시 하나님으로부터 보복을 받는다. 자기가 뿌린 대로 거두게 된다. 이것이 정의와 공의이다. 잠깐이야 처벌을 받지 않았다고, 완전 범죄라고, 작전이 성공했다고 희희낙락 하겠지만 하나님 앞에서 완전 범죄는 없다. 이 세상에서만 잠시 안전할 뿐이다.

사후에 인류최후의 심판이 있는데 이때 인류의 재판장이신 하나님으로부터 완벽한 재판과 심판을 받게 된다. 그래서 현세와 내세에서의 판단은 공정하게 이루어진다. 억울할 것이 없다. 단지 시간이 좀 걸릴 뿐이다. 이러한 악한 기술자들이 활개를 치고 있는데 이들의 기사와 보도와 브리핑 등을 보고 듣고 매를 드는 자들, 정죄하는 자들이 너무 많다. 동일한 깡패들이다.

이제는 더 이상 불순한 자들에게 속거나 이용당하지 말아야 한다. 반복해서 이용당하면 그 사람의 실력과 수준이다. 악한 정치와 법 기술자들에게 속지 않는 비결은 간단하다. 검찰과 언론과 대통령실과 TV 토론과 정당 대변인들 등이 무슨 말을 하든지 대법원에서 확정판결이 나오거나 당사자가 합리적으로 시인(인정)하기 전까지는 다 무시하면 된다. 무죄라고 보면 된다. 명백한 물증, 검증된 증거를 제시하지 않고 하는 브리핑이나 발언이나 주장 등은 모두 무시해야 한다. 그러면 악한 기술자들에게 이용당하지 않는다.

법치주의와 민주주의의 대원칙인 무죄추정의 원칙 하나만 알고 살아도 죄를 짓지 않게 된다. 바보가 되지 않는다. 누가 속이는 자인지, 누가 법과 정치 기술자인지, 누가 잔기술을 부리는지 눈에 선하게 보인다. 노회나 교회에서도 마찬가지이다. 객관적인 근거나 물증 없이 주관적으로 자기주장만 옳다고 하는 목사나 성도들의 말은 무시해도 된다. 이런 자들도 알게 모르게 무엇인가를 자기 뜻대로 관철시키기 위해서 성도들 앞에서 은밀하게 기술을 부린다.

이런 기술은 입(언론, 주장, 대변인)과 돈으로 하는 경우가 많다. 성경대로 항상 말과 돈이 문제이다. 기독교인들은 이런 기본적인 것을 잘 숙지하고 살아야 한다. 그러면 멀쩡한 사람을 죄인으로 만들지 않게 된다. 죄가 아닌 것을 죄라고 단정하지 않게 된다. 정당과 진영과 이념과 신앙을 초월해서 역지사지로 생각해 보면 답이 나온다. 자신과 자신 가족이 귀중하면 다른 사람도 동일하게 귀중한 것이다. 무엇이든지 잘 모르면서 어쩌고저쩌고하는 것은 순수한 것이 아니라 무지한 바보이다. 세상에서 제일 무서운 사람이다.

제77장

정치인들의 사칭 행위

최근 4년간 검사·판사·경찰·국정원 등 공무원을 사칭하는 사건이 매년 늘어난 것으로 나타났다. 2022년 1월 18일 국민의힘 태영호 의원이 경찰청으로부터 제출받은 '2016~2021년 공무원자격사칭죄 발생 건수 현황' 자료에 따르면, 공무원자격사칭죄 발생 건수는 2018년 17건에서 2019년 24건·2020년 26건으로 늘었고 지난해는 28건으로 2018년과 비교할 때 64.7% 증가했다. 사칭(詐稱)이란 '성명·주소·직업 따위를 거짓으로 속여 말함'이다. 주로 약한 자들, 탐욕적인 자들, 이기적인 자들, 악한 자들이 하는 수법이다. 누군가를 속이기 위한 교묘한 기술이다. 사칭은 하나의 범죄행위이다. 공무원자격사칭죄는 형법에 따라 3년 이하의 징역이나 700만 원 이하의 벌금에 처하지만, 관명 사칭죄는 경범죄 처벌법에 해당해 10만 원 이하의 벌금·구류 또는 과료에 처한다.

사칭은 누군가를 거짓으로 속이는 행위이기 때문에 성경에서도 금한다. 참 기독교인이라면 결코 사칭을 할 수 없다. 이러한 사칭을 가장 당당하고 가볍게 하는 자들이 있다. 정치인들이다. 여기에는 대통령도 포함한다. 인류의 유일한 구세주인 예수님을 믿지 않으면서 공예배 때 교회를 찾아가서 예배를 드린다. 이는 신자를 사칭하는 고범죄이다. 선거철이나 기타 성탄절과 조찬기도회 등과 관련하여 대통령이나 정치인들이 어느 집회 장소나 교회를 찾아가서 기도도 하고, 눈도 감고, 헌금도 하고, 찬송도 부른다.

이런 모습을 방송을 통해서 보면 기막히다. 예배가 무엇인가? 하나님을 진실로 믿는 자들이 유일신인 하나님을 찬양하고 경배하는 것이다. 교회는 누구나 올 수는 있지만 예배는 아무나 드리는 것이 아니다. 거듭나지 않은 자, 불신자, 이단자, 우상숭배자, 사이비 신자 등은 하나님께 예배를 드릴 수 없고 하나님이 받지도 않으신다. 믿음으로 드리지 못한 가인의 제사를 받지 않으신 하나님이시다.

그런데 대통령이나 수행원이나 장차관이나 국회의원 등이 주일날, 성탄절 날, 조찬기도회 날 정치적인 목적에 따라 예배에 참석하고 예배를 드린다. 이는 그들이 예배가 무엇인지를 모르기에 용감하게 예배를 드리는 것이다. 모든 것을 정치적으로 접근한다. 신앙까지 그리 이용한다. 다른 종교 행사, 즉 우상을 섬기는 다른 종교행사에 참석하듯이 유일신 하나님을 예배하는 교회에도 찾아와서 예배를 드린다. 이는 기독교인을 사칭하는 범죄이자 하나님을 우롱하는 짓이다.

기독교인들이 잘 알아야 하는 것은 예배와 전도의 마음을 혼동하지 말아야 한다. 불신자들 전도라 하면 아무 때나 프리패스가 아니다. 불신자가 누구든지 교회에 찾아오는 것은 환영해야 한다. 그러나 거듭난 신자들만이 참여하는 예배는 다른 것이다. 아무나 예배에 참여하여 예배를 드린다고 하나님께서 받으시고 인정하는 것이 아니다. 예배는 구별된 자들의 신성한 의식이다. 무질서하거나 더러운 것이 아니다. 거룩해야 한다. 목사와 교회는 예배와 교회가 더럽혀지지 않도록 잘 구분해야 한다.

대통령을 비롯한 정치인들이 교회를 찾아와서 예배에 참석하는 것은 정치적인 목적을 달성하기 위함이다. 하나님을 인정하고 진정으로 예배드리기 위함이 전혀 아니다. 그러므로 교회와 목사들은 신자로 사칭하여 예배를 드리는 자들을 거부해야 한다. 오늘날 정치인들뿐만 아니라 이단자들도 사칭의 전문가들이다. 사실 이단자들이나 사이비들은 기독교인이 아니고 목사도 아니고 교회도 아니다. 그런데 목사와 교회와 신자를 사칭하여 활동한다. 성경을 믿지도 않으면서 성경을 믿는 것처럼 사칭하고, 자기들 단체를 교회라고 사칭하고, 교주를 목사라고 사칭한다. 필연코 하나님의 거룩한 이름까지 사칭한다.

이단들이 불순한 의도로 예배에 참석한다면 전도를 위해서 용납해야 하는가? 그럴 수 없다. 이단자들에 대한 전도와 순수한 예배는 다른 것이다. 불신자 정치인들, 정치적 목적을 달성하기 위하여 예배에 참석하는 정치인들, 우상을 숭배하는 정치인들의 예배 참석도 동일하다. 이들이 예배에 참석하려고 하면 거부해야 한다. 성찬식 때처럼 말이다. 성찬식은 아무나 참여하지 못한다. 그것이 하나님이 정하신 거룩한 질서이다. 불신자들과 우상숭배자들이 예배를 드린다고 하는 것도 마음과 뜻과 목적이 하나님을 예배하기 위함이 아니기 때문에 예배에 참여시키는 것은 잘못된 것이다. 예배는 누구나 참여하는 것이 아니다.

교회와 목사와 성도들은 이런 사실을 바로 알고 누구든지 가짜이면서, 기독교인이 아니면서, 우상을 숭배하면서 예배를 드리겠다고 교회를 찾아오는 자들은 거부해야 한다. 예배가 무엇인지에 대하여 바로 설명해 주고 거듭난 이후에 예배를 드리라고 해야 맞다. 순수한 마음이라도 있어야 한다. 마음에도 없는 예배는 하나님을 모독하고 조롱하는 것에 불과하다. 이는 마치 마음에도 없는 자가 맞선 자리에 나와서 상대방과 그럴듯하게 대화를 하는 것과 다르지 않다. 이는 상대방을 멸시하고 우롱하는 짓이다. 맞선 대상이 아니라면, 맞선에 전혀 마음이 없는 자라면 불순한 의도로 맞선 자리에 나가면 옳지 않다. 불신자 정치인, 우상숭배자 정치인들은 참 하나님을 섬기는 교회를 거짓 신을 섬기는 다른 종교 행사와 동일시하기에 다른 종교집회에 자유롭게 참석하는 것처럼 여기는 것이다. 당당하고 뻔뻔하게 예배를 드리는 것이다. 기독교인들은 이런 사실을 바로 알고 정치인들의 예배 시 출입을 엄격하게 통제해야 한다.

제78장

여론재판

우리나라든 어느 나라든 법치주의와 민주주의 국가에서의 재판은 법원에서 이루어진다. 1심, 2심, 3심의 재판을 통해서 시시비비, 유죄와 무죄를 판결하는 것이 정상이고 기본이다. 아니면 헌법재판소이다. 왜냐하면 각 국가마다 하나님께서 일반은총 가운데 사람들을 재판하는 곳으로 허용하고 인정한 곳은 유일하게 법원이기 때문이다. 그래서 법원에서의 판결은 인정을 하든지 안 하든지 권위가 있는 것이다. 또한 법원에서 확정 판결이 나오기 전까지는 어느 누구도 누구에 대해서든지 죄인, 범인, 나쁜 사람이라고 해서는 옳지 않다. 이것이 법이다. 그런데 교활한 자들, 법 기술자들, 사악한 정치인들, 정치적으로 불순한 자들은 모든 판단을 법원에 맡기지 않고 중간에 언론을 통해서 재판을 해 버린다. 주로 일부 사법부 사람들과 정치인들과 언론인들이 그렇게 한다. 그렇게 하는 이유는 자신이 없거나 정치적으로 타격을 주기 위함이다.

그렇게 하면 판결을 유리하게 이끌 수 있다고 생각하거나, 정적을 제거하거나, 일부 수사와 기소를 하는 자들이 자기들의 의도대로 수사와 기소를 유리하게 이끌거나 여론을 형성하기 위한 꼼수라고 생각하기 때문이다. 그래서 법으로 피의사실공표를 하지 못하도록 되어 있는데 일부 검사들과 경찰들이 수사를 받고 있는 자들에 대한 수사 내용을 기소 직전에 검찰과 경찰 출입 기자들을 상대로 브리핑(설명)을 한다. 이는 불법이다. 이런 경찰과 검사는 즉시 탄핵해야 한다. 불법한 자들을 수사하고 기소하는 경찰과 검사가 현행법을 어기는 것이다. 검사와 경찰은 법을 어겨도 되고 일반인들은 법을 어기면 안 되는 것인가? 법은 만인 앞에 평등해야 한다. 그렇지 않으면 법이 아니다. 이렇게 수사 중인 내용을 중간에 불법적으로 공표하고 이를 짬짜미한 것으로 의심이 되는 기자들과 언론을 통해서 기사화하거나 보도가 된다. 아직 기소도 되지 않았고 재판도 하지 않았는데 이렇게 되면 억울한 자가 발생한다. 이것을 소위 '여론재판'이라고 한다. 언론은 재판 기관이 아니다.

언론은 취재를 통해 사실보도와 공정보도만 하는 곳이다. 확인되지 않은, 불법으로 브리핑한 내용은 보도하지 말아야 한다. 도리어 기자들과 언론들은 그런 자들에게 법으로 금지한 '피의사실공표죄'를 언급해야 한다. 그런데 그렇게 하지 않는다. 그러면 불법의 공범들이다. 그러는 사이 여론재판을 받는 자들은 방어나 변명도 하지 못하고 이미 죄인, 범인이 되어 버린다. 재판을 해야 방어권이 있고 시시비비를 공정하게 다룰 수 있는데 언론을 통해서 여론재판을 당하면 속수무책이다.

이에 심신이 미약한 자들, 자존심이 센 자들, 사회적 지위가 있는 공인들은 견디다 못해 자살해 버린다. 며칠 전 경찰에 의해 마약 수사를 받던 배우 이○○ 씨도 언론(어느 방송)에서 무리하게 사적 영역까지 일방적인 보도를 하고, 포토라인에 자주 서게 만들자 자살을 하고 말았다. 이렇게 해서 누군가가 자살을 하면 기자도, 언론도, 경찰도, 검사도 아무런 책임을 지지 않는다.

이런 것은 여론 살인, 언론 살인, 사회적 살인이다. 천벌을 받을 일이다. 이런 일들이 유력한 정치인과 희생양으로 찍힌 연예인 등을 상대로 종종 벌어지고 있다. 수사와 압수수색을 해서 혐의가 나오지 않으면 수사를 종결하고 무혐의로 처리를 해야 하는데 계속 질질 끌고 간다. 중간에 기술을 부리는데 여론재판을 시도한다. 여기에 같은 편이라고 생각하는 기자들과 언론들은 그대로 받아쓴다. 기사화하고 보도한다. 역으로 경찰이나 검사들에게 날카로운 질문과 비판을 가해야 하는데 그런 일은 하지 않는다. 법적으로 보호를 받아야 할 사람들의 편에 서지 않고 강자들의 편에 서서 기사와 보도를 한다.

그래서 현재 우리나라는 경제와 군사적으로는 선진국이지만 정치와 언론과 일부 특수검사들의 행태는 삼류 수준이다. 정의에 따라 춤을 추는 것이 아니라 권력의 입맛에 따라 춤을 춘다. 오직 승진과 출세에만 혈안이다. 그 결과 억울한 피해자들이 속출하고 있다. 여론재판으로 깡패들처럼 멀쩡한 사람들을 두들겨 패서 비참하게 만들어 버리고 있다. 문제는 국민들이다. 우리 사회가 이런 환경이라는 것을 어느 정도 알 텐데 여론에서 그리 말하면 그것을 믿어 버린다.

　무죄추정의 원칙이나 피의사실공표죄만 상식적으로 알고 있어도 기자, 언론, 정치인, 경찰, 대통령실, 검찰 등이 뭐라고 하든지 이용당하지 않는다. 오직 법원에서 확정판결만 나온 것만 믿으면 되는데 그렇지 않다. 필연코 목사들도 이런 여론재판과 정치인들의 정직하지 않은 말과 검찰 브리핑에 놀아난다. 그래서 법적으로 아무런 잘못이 없는 유력한 정치인과 사람들과 연예인들을 욕하고 단죄해 버린다. 이것은 우리들의 의식 수준이 낮기에 벌어지는 비극이다. 우리나라는 아직 법치주의와 민주주의를 누리기에 턱없이 부족한 나라이다. 무조건 맹신, 맹종하는 일들이 너무 많다. 상고하고, 검증하고, 확인하는 수고를 하지 않는다. 마트에 가서 식재료나 물건 등을 살 때는 그렇게 신중하게 확인한 다음 구입하면서 천하보다 귀한 사람에 대해서는 너무 안일하게 판단한다. 사람들을 너무나도 쉽게 정죄한다. 특히 선거철이 다가오면 더욱 기승을 부린다. 정확하지 않은 여론조사 발표도 그중의 하나이다.

　어떤 정당과 정치인에 대한 인신공격과 허위사실 유포도 그런 것이다. 불법과 비위의 혐의가 확실하다는 물증과 근거가 있으면 언론에 대고 떠들어댈 것이 아니라 은밀하게 재판 기관인 법원에 호소해야 한다. 그런 자가 순수한 자이다. 그렇지 않고 방송과 언론 등에 대고 떠들어대는 자들은 매우 불순한 자들이거나 정치적인 의도를 가진 자들이다. 어떤 사건의 내용도 마찬가지이다. 경찰이나 검찰과 공수처에 고소고발을 하지 않고 먼저 언론에 떠들어대는 자들은 무조건 믿지 않으면 된다. 무시해야 한다. 상식적으로 볼 때 불순하기 때문이다. 한 번 생각해 보라. 화재가 발생하면 즉시 119에 신고를 하는 것이 정상이고 상식이다. 그런데 언론사에 떠벌리는 자가 있다면 정상적인 사람이라고 생각할 수 있는가?

그런 자는 다른 불순한 의도가 있는 자이다. 정치적인 자이다. 화재나 신고를 통해서 어떤 이익을 얻고자 하는 자일 가능성이 크다. 법원에서 확정판결이 나오기 전까지는 언론과 검찰과 정치인들의 입에서 뭐라고 하든지 누구도 누구에 대하여 손가락질하거나 비난하거나 정죄할 수 없다. 그 이유는 우리 각 사람은 재판관이 아니기 때문이다. 항상 법적인 근거를 가지고 가타부타를 하는지, 아니면 자기들 입장에서 주관적인 주장을 하는 것인지를 확인해야 한다.

기독교인들은 이런 사실을 정확히 알고 여론재판에 합세하지 말아야 한다. 비방과 비난이 아니라 옳고 그름을 판단하는 비판 의식을 가지고 모든 것을 대해야 한다. 법원의 확정판결을 보고 판단해야 한다. 기독교인들은 행동거지가 무거워야 한다. 사실도 아니고 근거도 없는 주변의 말에 더불어 춤을 추지 말아야 한다. 여론재판은 법과 진리에 반하는 악이다. 일방적으로 판단하고 공격하고 비난하는 것은 상대방에 대한 심리적 살인, 인격적 살인, 사회적 살인, 타살 행위와 다를 바가 없다.

제79장

정치인 테러

　더불어민주당(민주당) 대표 이재명 씨가 2023년 1월 2일 살인 미수 테러를 당했다. 정부에서는 아직 공식적으로 테러라고 발표하지 않고 있어 매우 이상하다. 이 대표는 지난 2일 오전 부산 가덕도 신공항 부지를 시찰한 뒤 차량으로 돌아가던 중 군중 속에 있다가 다가온 김 아무개(67) 씨가 휘두른 흉기(긴 칼)에 목 왼쪽을 찔려 쓰러졌다. 내경정맥 손상을 입은 이 대표는 부산대병원에서 응급 치료를 받은 뒤 당일 오후 서울대병원으로 이송돼 수술을 받았다. 이젠 퇴원한 상태이다. 이 대표는 왼쪽 목에 1.4cm 자상을 입었으며, 속목정맥(내경정맥 목 안쪽에 분포한 정맥) 절반 이상이 잘렸던 것으로 확인됐다. 수술을 집도한 서울대 의대 민 교수에 따르면, "이 대표는 좌측 목 부위에 흉쇄유돌근이라고 하는 목빗근 위로 1.4cm 길이의 칼에 찔린 자상을 입었다.

근육을 뚫고 그 아래에 있는 속목정맥 60% 정도가 예리하게 잘려져 있었고, 핏덩이가 많이 고여 있었다."며 "다행히 동맥이나 주위 뇌신경·식도·기도 손상은 관찰되지 않았다."라고 말했다. 한마디로 이 대표는 사망 직전까지 갔었는데 천운으로 살았던 것이다. 이에 유튜브나 인터넷에는 가짜뉴스가 떠돌아다녔다. '1cm 열상이니', '종이 칼이니', '나무 젓갈이니', '자작극이니' 하는 가짜뉴스들이다. 아무리 정적이고 자기네 진영 사람이 아니라고 하더라도 사람의 모습을 하고 피습을 당한 자에게 이렇게까지 하는 것은 인간의 도리가 아니다. 금방 사실관계가 다 드러날 것인데 가짜뉴스를 퍼뜨리는 것은 자살골이다. 불순한 의도가 있어 보인다. 가벼운 것으로 치부하기 위함이다.

총리실 산하 대테러 종합상황실발 문자도 문제가 되었다. 문자 제목은 "부산 강서, 이재명 대표 부산 방문 중 피습사건 발생(2보) / 의식 있음"이었고 내용은 다음과 같다. "10:27경 가덕도를 방문 후 차량으로 이동 중인 이재명 대표의 목 부위를 과도로 찌른 불상자(60~70대 노인)를 현장에서 검거. 현장에서 지혈 중(의식 있으며, 출혈량 적은 상태). 소방, 목 부위 1cm 열상으로 경상 추정" 동영상으로 확인된 것으로만 보아도 과도, 열상, 경상이 아니었다. 이와 같은 문자가 총리실 상하 대테러 종합상활실발 문자로 전파되었고 공개되었다. 하지만 사실과 다른 내용이 있었다.

이것이 문제가 되자 대테러센터 종합상황실은 자기들이 작성한 문자는 맞지만 이 문자의 유출 경위는 모른다는 황당한 답변을 하였다. 이해할 수 없는 주장이 아닐 수 없다. 더 이상하고 전무한 일은 살인 미수 사건이 발생한 직후 채 40분도 되지 않아 경찰들이 사건 현장 바닥에 떨어져 있던 피들을 생수로 청소해 버렸다. 이런 일은 절대로 있을 수 없는 일이라고 한다. 상식에도 반한다. 보통 어떤 사건이 발생하면 현장 보존과 폴리스 라인을 치고 사진을 찍고 각종 증거들을 수집하는 것이 정상인데 이런 일이 없었다. 더 이상한 것은 모든 것을 투명하게 공개하지 않고 있다는 것이다. 테러라고 규정도 하지 않고 있다. 관계기관은 단독 범행이라고 말하고 있다. 처음부터 끝까지 명명백백하게 밝혀지거나 공개된 것이 없는데 말이다. 너무나도 이상하고 수상한 사건이 아닐 수 없다.

테러(Terror, 폭력)는 '정치적 반대파를 진압하기 위해 억압된 폭력을 사용하는 행동'을 말한다. 공포를 조장하는 행위라고 할 수 있다. 테러는 주로 이성과 양심이 없는 짐승들의 고유 특징이다. 주로 정치인들에게서 일어나지만, 크고 작은 다양한 테러는 우리 주변과 가정과 학교와 직장과 각종 모임에서 일상적으로 발생하고 있다. 테러가 발생하는 직접적이고 근본적인 원인은 인간의 죄성, 부패성에서 출발한다. 간접적인 원인은 좋지 않은 기분, 억울함, 라이벌, 승패의 일, 적대적 상황과 대상, 보복, 불편한 관계, 이해관계, 돈, 권력 다툼, 재산상속, 시기와 질투, 영역 다툼 등에서 발생한다. 특히 정치인에게 나타나는 현상은 외국 언론들도 지적했지만 양극화도 한 간접적인 요인이 될 수 있다. 그러나 필자는 다른 시각에서 본다.

그것은 자기와 다른 이념, 생각, 주장, 정치 성향, 진영, 상대 등에 대한 존중과 소중함이 없기 때문이라고 생각한다. 그 결과 상대방에 대해 척결과 제거의 대상으로 본다. 함께 공존하고 상생하는 좋은 라이벌로 보지 않고 선악의 나쁜 라이벌로 보는 것이다. 그런 의식과 시각과 확증편향이면 전쟁에서의 적군으로 본다. 반드시 죽여야 할 대상으로 보는 것이다. 자기편이 아니면 다 존재할 가치가 없는 악한 자들로 악마화한다. 그러면 테러는 언제든지 발생할 수 있다.

상대방을 존중하는 마음이 없으면 마음대로 폭력을 행사해도 된다고 생각한다. 테러를 하고도 양심의 가책을 느끼지 않는다. 왜냐하면 악마를 처리했기 때문이라고 자위하기 때문이다. 자기는 좋은 일을 한 자로 생각한다. 천상천하에 누구만 소중한 사람은 없다. 누구만 절대적인 이념이나 정치 성향을 가진 자나 정당은 없다. 누구만 정의롭고 온전한 사람도 없다. 모두가 죄인이고 동시에 천하보다 소중한 존재들이다. 한 사람 한 사람을 소중하게 여겨 존중하면 테러는 발생하지 않는다. 소중하지 않게 여기고 존중하지 않기 때문에 함부로 대하는 것이다. 게다가 법원이 아닌 어느 한 개인이 어느 사람에 대하여 제거할 대상이라고 심판, 폭력, 살인, 처벌하는 것은 있을 수 없다. 불법이다. 개인은 사법기관이 아니다.

테러는 총과 칼로만 하는 것이 아니다. 상당수 사람들이 무시로 하는 테러는 거친 말, 사실이 아닌 말이다. 얼마나 많은 사람들이 인간관계에서 말로 테러를 하는지 모른다. 그러면서 그것이 폭력인지 인지하지 못한다.

그냥 말이라고 생각한다. 거짓말, 거짓 증언, 중상모략, 허위사실 유포, 욕설, 가짜뉴스, 일방적인 말, 비방과 비난, 정죄와 단죄의 말, 겁박, 부당한 지시와 명령, 거짓 자백 유도와 사주, 회유와 협박, 조롱과 멸시, 회칠한 말, 표리부동한 말 등이 다 테러이다. 간접적인 살인행위이다. 언론들도 마찬가지이다.

사실이 아닌 기사와 보도, 공정하지 못한 방송과 취재, 한쪽으로 치우친 방송과 기사, 거짓과 불법에 대한 옹호와 지지 기사와 보도, 시청자들과 독자들과 국민들을 현혹하는 언론 등은 테러이다. 언론 살인이다. 정부 정책도 진정성이 없고 서민들과 집 없는 자들을 꼬드겨서 대출을 받아 집을 사게 하는 것 등은 모두 테러이다. 종교인들도 예외는 아니다. 진리가 아닌 거짓 사상과 신앙을 가르치고 선포하는 것 또한 테러이다.

교회, 노회, 총회에서 진리도 아니고, 객관적인 사실도 아닌데 주관적인 확신을 가지고 누군가를 책망하고 탓하고 잘못되었다고 공격하고 말하는 것도 테러이다. 잘못이 없는 회원에게 다수결을 악용하여 정죄를 하는 것도 테러이다. 자기와 생각과 주장이 다르다고 하여 미워하거나 불편하게 말하는 것도 테러이다. 경찰이나 검찰이 정의롭지 못하게 수사하고, 압수수색을 하고, 기소하는 것 등도 법을 악용한 테러이다. 대통령실과 정당 대변인들이 사실이 아닌 것을 발표하고 대변하는 것도 국민을 상대로 테러를 하는 것이다.

학교나 학원과 가정에서 학생과 자녀들에게 정당성이 없는 체벌을 가하고 심리적 압박을 가하는 것도 테러이다. 일반 직장에서도 상사나 상관에 의한 테러도 일상적이다. 학교 등에서의 선배들에 의한 억압적인 언행도 테러이다. 부부간에도 테러는 종종 발생한다. 폭력은 우리 사회에서 크고 작게 다반사로 벌어지고 있다. 전 세계가 하나의 테러 사회라고 해도 과언이 아니다. 우린 그런 것을 테러로 보지 않고 가볍게 여기고 넘어갈 뿐이다. 누군가를 몽둥이와 칼과 총으로 피습을 해야만 테러로 보는 경향이 있다.

사람이라면, 기독교인이라면 모든 종류의 테러는 금해야 한다. 테러 자체가 정당성이 없는 악이기 때문이다. 테러를 멈추게 하기 위해서는 양극화를 해소해야 하지만, 상대방을 소중하게 여기고 존중하는 자세와 태도를 가져야 한다. 그러면 테러는 대폭 감소할 것이다. 무엇이든지 귀한 것은 함부로 못한다. 그것이 옷이든, 돈이든, 음식이든, 사진이든, 귀금속이든, 자기 작품이든, 자동차든, 집이든 자기가 소중하게 여기는 것은 절대로 함부로 대하지 않는다. 하찮게 여기니까 함부로 대하는 테러를 자행하는 것이다.

자기와 다르다고 해서 틀린 것이 아니다. 자기의 뜻과 반대로 주장하거나 행동한다고 해서 그릇된 것이 아니다. 자기 진영에 있지 않다고 해서 잘못된 사람들이 아니다. 이념이 다르고 정치 성향이 다르다고 해서 틀린 자가 아니다. 세상에 자기만 옳고 상대방은 다 틀렸다는 것은 있을 수 없다. 다른 것과 틀린 것을 잘 구분할 줄 알아야 한다. 설사 틀린 자라고 해도 자기가 법관이 되어 테러를 가하는 것은 범죄이다. 틀린 자와 불법자는 사법부에 맡기면 된다. 우리 각 개인은 재판관, 심판자가 될 수 없다.

모든 사람들은 이념이 다르고, 정당이 다르고, 진영이 다르고, 연고가 다르고, 정치 성향이 다르더라도 무조건 소중하게 여겨 존중하는 자세를 가져야 한다. 그러면 누구에게든지 테러는 하지 못한다. 소중하고 존중하기 때문이다. 지위고하나 남녀노소를 떠나 외모와 조건에 따라 상대방을 함부로 대하는 자들은 테러리스트이다. 드라마나 영화를 보면 권력과 재산과 지위와 학벌 등에 따라 사람들을 천민과 귀인으로 나누어서 대하는 것을 본다. 가장 대표적인 사례가 조선시대에 양반과 쌍놈이고 흑인들에 대한 테러이다. 높은 지위에 있는 자들이, 부자들이, 가게 주인들이, 재벌들이 아랫사람들을 함부로 하대하는데 이 또한 테러이다. 얼굴이 검으면 사람이 아닌가? 양반만 사람인가? SKY 대학교를 나오면 귀인이고 그렇지 않은 대학교나 지방대학교를 나오면 천민인가? 직원은 천한 자인가?

대기업에 다니면 귀인이고 중소기업에 다니면 천민인가? 큰 교회 목사는 귀인이고 작은 교회 목사는 천민인가? 유명하고 인기가 있는 사람들은 귀인이고 무명한 자들은 천민인가? 좋은 집에서 살면 귀인이고 전세나 월세나 임대아파트 등에서 살면 천민인가? 자기 집이 있으면 귀인이고 자기 집이 없으면 천민인가? 부자는 귀인이고 가난한 자들은 천민인가? 이는 지극히 타락한 세속적인 시각이다. 어머니 배 속에서 나올 때 귀인과 천민이 가려지는가? 성경은 모두가 귀인이라고 말한다. 소중한 자들이라고 한다. 그래서 누구나 출생과 사망 시에 동일한 모습으로 왔다가 동일한 모습으로 세상을 떠난다. 그것이 의미하는 바가 무엇인지를 잘 음미해야 한다.

사람은 재산, 학벌, 주인과 직원관계, 지위, 신분, 소속, 규모, 명성, 하는 일 등에 따라 귀인이나 천민이 될 수 없다. 모두가 소중한 존재들이다. 하나님께서는 누구든지 자기 형상(성품)으로 창조한 소중한 사람들이라고 말씀하신다. 이를 죄인이자 못된 인간들이 우열로 나누어 버린 것이다. 자기 마음에 들지 않는다고, 자기편이 아니라고, 자기와 다른 주장을 한다고, 자기와 반대되는 의견을 낸다고, 자기가 좀 돈이 많다고, 지위가 높다고, 선배라고, 나이가 많다고, 담임목사라고 누군가를 함부로 대하는 자들은 스스로 인간됨을 포기하는 자이다. 기독교인들은 누구든지 소중하게 여기고 존중해야 한다. 자기 몸을 사랑하고 소중하게 여기듯이 다른 사람도 소중하고 귀하게 여겨야 한다.

그러면 테러는 사라질 것이다. 모든 사람들은 외모나 조건을 떠나 소중하고 귀한 존재들이다. 사람을 외모나 조건에 따라 등급을 매기는 사람은 지구를 떠나야 한다. 아주 천박한 사람이다. 사람은 아무렇게나 함부로 테러할 대상이 아니다. 정치에 있어서 정치인들도 정당을 떠나 서로 소중하게 여겨야 한다. 대통령도 야당 대표를 범죄자로 여겨 2년 가까이 만나지 않고 있는데 이는 한국 역사에 전무한 일이다. 성경은 말하기를 '대접을 받고자 하는 대로 남을 대접하라'고 한다. 싫든 좋든 서로 선의의 경쟁은 하되 피차 소중한 존재로 알고 만나서 국정을 의논해야 한다. 그런 자가 존중을 받고 큰 그릇이다.

제80장

선거용 정책과 공약과 발언

이○박 전 대통령은 언젠가 인터뷰에서 이런 말을 한 적이 있다. "선거 때는 무슨 말을 못하느냐?" 이는 매우 부적절한 말이 아닐 수 없다. 기독교인으로서 있을 수 없는 발언이다. 매우 정직하지 않은 마음과 자세이다. 정치인들은 조금이라도 선거에 도움이 되는 것이라면 무슨 말이나 무엇이든지 하려고 한다. 일단은 표를 얻고 보자는 계산이다. 지킬 수 없는 약속도 남발한다. 실현 가능성이 낮은 헛된 공약들을 '아니면 말고' 식으로 마구 쏟아 낸다. 최근 가장 대표적인 것이 김포시 서울시로 편입의 건이다. 사실상 물 건너갔다. 김포시 건 외에도 적지 않다. 이런저런 정책과 공약들을 남발하고 있다. 4월 총선이 다가오고 있기 때문이다.

선거철이 다가오면 여야를 막론하고 선거용 정책과 발언들이 한둘이 아니다. 그럴듯하게 포장하지만 대부분 선거용이다. 선거철이 다가오면 어느 정부와 여당이든 국정운영의 칼자루를 쥐고 있는 정당으로써 유리한 위치에 있다고 할 수 있다. 국정운영의 칼자루를 쥐고 있고 예산을 집행할 수 있기 때문이다. 이에 선거와 연관된 이런저런 정치 셈법 꼼수를 부리게 된다. 은밀하게 유권자들을 유혹한다.

유권자들은 자신의 이해관계에 민감하게 반응한다. 자기 호주머니와 부동산에 대하여 유리한 정책을 펴면 지지한다. 자신에게 유리한 정책과 국정운영을 발표하게 되면 마음이 흔들린다. 기본적으로 사람들의 마음과 표심은 자기에게 얼마나 이익이 되느냐에 따라 움직인다. 이것이 일반적인 사람들의 본심이다. 세계 평화와 정의로운 사회를 위해서 크게 고민하거나 노력하지 않는다. 대부분이 자기들의 의식주 문제에 집착한다. 이기적이다. 이런 사람들의 심리를 잘 아는 정치인들은 선거용 정책을 편다. 그래서 선거가 다가오면 여당과 정부는 자신들의 유리한 위치를 이용하여 선거에 조금이나마 도움이 되는 각종 개발과 재건축과 세금 삭감과 각종 규제 완화와 금리 정책과 부동산 정책 등을 실시하겠다고 발표한다. 그것도 선거 전에 그리하겠다고 말한다.

그렇다면 구체적으로 어떤 것들이 있는지 몇 가지만 살펴보자. 노후주택을 안전진단 없이 재건축을 하겠다고, 어느 낙후된 지역을 재개발하겠다고 말한다. 안전진단 없이 한다는 말 자체는 위험한 주장이다. 모든 행위는 사전에 충분한 검토, 절차, 과정, 검증, 진단, 확인을 한 이후 진행하는 것이 상식이기 때문이다. 이는 표심을 자극하기에 충분한 이슈가 될 수 있다. 다른 나라는 50년이나 100년 된 건물을 재개발하는데 우리나라는 30년 된 건물을 재건축하겠다고 말한다. 건축법 개정을 해야 한다. 그러면 그런 지역과 아파트에 살고 있는 주민들은 쌍 손을 들어 환영한다.

아파트 가격이 대폭 상승하기 때문이다. 과거에는 그랬다. 그러나 지금은 아니다. 용적률을 대폭 확대하므로 도리어 재개발 주민들에게 수억 원의 개발비를 부담하게 만든다. 그러면 은행으로부터 수억 원의 대출을 받아야 하고 고금리에 허리가 휜다. 능력이 없는 주민들은 더욱 힘들어진다. 재건축도 상당한 시간이 걸려 그 사이 금리에 대한 상당한 압박을 받게 된다. 게다가 부동산 붐이 폭발적으로 일어났을 때에는 매매를 통해서 큰 이득을 얻을 수 있었는데 그런 분위기도 사라졌다. 결국 자기 빚만 늘어나게 된다. 그래서 마냥 좋아할 수만도 없고 재건축에 동의할 수도 없다.

또한 다주택에 소유자에 대한 중과세 폐지를 발표한다. 돈이 많고 주택을 많이 소유한 자들에게야 더없이 좋은 소식이지만, 자기 집이 없거나 경제력이 여유롭지 못한 서민들에게는 별 도움이 되지 않는 정책이다. 정부는 집이 없는 자들을 위한 것이라고 하지만 속내는 그렇지 않다. 말이 되지 않는 주장이다. 도리어 불이익을 당할 수도 있다. 본래 다주택에 대한 중과세는 내 집이 없는 자들과 서민들을 위한 정책이다. 일부 돈 많은 자들이 주택을 독점해서 소유하지 못하게 하기 위함이다.

그래야 서민들이 자기 집 마련을 더욱 용이하게 할 수 있고 주택을 가지고 장난을 치지 못하게 하기 때문이다. 그러나 다주택에 대한 중과세를 폐지하면 돈이 많은 사람들은 더욱 많은 주택을 소유하게 되고, 서민들은 돈 많은 자들이 주택을 싹쓸이하게 되므로 내 집 마련의 기회가 더욱 어렵게 된다. 다주택 소유자들의 월세나 전세 갑질에 속수무책으로 끌려다녀야 한다. 서민들에게 전혀 이익이 되지 않는다. 그런데 반대로 이야기하면서 다주택 소유자들에게 중과세를 폐지하겠다고 하니 기막히다.

또한 높은 가격의 전세나 월세를 내고 살아야 한다. 아무리 주택을 공급해도 돈 많은 자들이 상당수 주택을 소유해 버리면 시장은 항상 주택난에 시달린다. 주택 가격은 오르게 되어 있다. 결국 다주택자에 대한 중과세 폐지는 가진 자들을 위한 정책이고 서민들에게는 손해 나는 정책일 뿐이다. 그래서 좋아할 만한 정책이 아니다. 그뿐만 아니라 주식 등에 각종 감세 정책을 편다. 이로 인해 세수가 대폭 감소해서 나라 곳간이 비어 가고 있다. 전무후무한 R&D(과학자들의 연구개발비) 예산까지 5조 원 삭감했다.

많은 분야에서 예산이 삭감되어 어려움을 겪고 있다. 작년에만 해도 세수 감소가 수십조 원 가까이 된다고 한다. 하지만 기업이나 부자들에 대해서는 여러 가지 세제 혜택들이 주어지고 있다. 하나의 부자감세정책이다. 사람들은 세금에 민감하기에 즉각적으로 반응이 나온다. 이에 세금감면 정책과 말은 항상 나온다. 향후 세수 부족으로 나라 살림이 어찌 될지 걱정이 된다. 이런 식으로 계속해서 감세정책을 펴면 해마다 수십조 원의 세수 감소로 어떤 분야와 기관과 사람들은 큰 손해를 입게 될 것이다.

이제는 규제완화를 하겠다는 정책이다. 규제는 양날의 칼과 같은 장단점이 있다. 규제가 필요한 경우가 있고 규제를 풀어야 하는 경우가 있다. 규제란 신호등과 같은 것이다. 규제가 필요한 경우가 많다. 규제완화를 신중하지 않게 행하면 심각한 부작용이 발생한다. 가장 대표적인 것이 군사보호구역과 개발제한구역이다. 기타 고도제한 구역이다. 이런 곳에 대하여 여러 정부를 경유하면서 규제를 완화하지 않은 것은 다 그럴 만한 이유가 있어서다. 지역과 형편과 시대와 미래와 상황을 무시하고 규제를 완화해 버리면 국토와 도시는 엉망이 되어 버린다. 개발업자들만 좋아한다. 시민들과 후손들은 별 이익이 없다. 환경만 악화된다. 투기가 일어난다. 난개발이 진행된다.

또한 저금리 지원 정책들이다. 이는 내 집이 없거나 서민들에게는 솔깃한 정책이다. 아파트 분양이 잘 안되면 정부는 경기 부양 정책의 하나로 서민들을 위하는 것처럼 포장해서 갖가지 그럴듯한 이름으로 아파트 분양 정책을 실시한다. 그리하여 건설사들의 부담을 해소해 주고 미분양 아파트를 털어 버린다. 그것은 이런저런 타이틀을 걸어 장기 상환 저금리 지원 정책이다. 결국은 다 서민들의 빚이다. 개인의 빚만 늘어날 뿐이다. 근본적인 주택해소 정책이 아니다. 따져 보면 건설사들을 위한 정책이지 서민들을 위한 정책이 아니다. 더욱 가게 빚만 지게 하는 정책으로 건설업자들만 이익을 보게 된다. 아무리 달콤하게 다가와도 깊이 생각하고 접근해야 한다.

또한 저물가나 물가동결 정책이다. 선거철이 다가오면 정부나 여당이 가장 민감하게 신경을 쓰는 부분이다. 고물가가 되면 민심이 떠나 선거에 매우 불리하게 작용하기에 정부와 여당은 업자들에게 무슨 짓이라도 해서 가격을 동결시킨다. 이는 선거 기간 동안만 잠시 동결하는 것으로 선거가 끝나면 모든 물가는 동시다발적으로 풀어지고 상승하게 된다. 정부와 여당은 선거가 끝났기 때문에 별로 신경을 쓰지 않는다. 시장과 물가는 선거철이든 아니든 강물이 흐르듯 내버려 두어야 한다. 그래야 선거 전후로 물가가 정상적으로 도도히 흐른다. 시장에서 후유증과 부작용이 없게 된다. 시장이 적응하기 때문이다.

하지만 전례에 의하면 선거가 끝나자마자 갑자기 물가가 풀어진다. 이는 고물가 쓰나미가 몰려온다. 그러면 국민들은 적응을 잘 못한다. 당황하게 된다. 그래서 정부는 선거의 유·불리를 따져서 국가 정책을 발표하거나 시행하지 말아야 한다. 또한 상반기에 다수 예산을 집행하는 것이다. 1년 예산의 60% 정도를 선거가 있는 상반기에 집행한다고 말한다. 이 또한 선거용 예산 집행이 아닐 수 없다. 살림살이를 한 주부라면 다 안다. 매달 균형 있고 적절하게 지출을 해야 하는데 상반기에 가게 예산의 60%를 지출해 버리면 하반기는 무엇으로 먹고 사는가? 말이 되지 않는 지출 방식이다. 너무 티가 나는 선거용 정책이다. 기타 이런저런 다양한 정책과 약속을 쏟아 낸다.

유권자들과 국민들은 선거철의 이러한 대선용, 총선용, 지방선거용 정책이나 국정운영에 대하여 판세를 잘 읽을 수 있어야 한다. 그래야 이용 당하지 않는다. 자기에게 이익이라고 마냥 좋아해서는 미숙한 자이다. 특히 기독교인들은 선거철에 시행되는 선거용 정책들에 대하여 좌지우지되지 말아야 한다. 도리어 총선용, 대선용, 지방선거용 정책과 발언을 하면 그런 식으로 국정을 운영하지 말라고 쓴소리를 해야 한다. 그래야 선거철에 불순한 선거용 정책들이 사라진다. 각 정당들은 선거 승리가 목표겠지만, 어느 정부가 들어서든 국정을 잘 운영하는 데에만 집중해야 한다. 각종 선거에 개입하지 말아야 한다. 일관성이 있고 의심을 받지 않는 정책을 펴야 한다. 그래야 오해를 받지 않는다. 오해받을 짓을 하고 오해한다고 서운해하지 말아야 한다.

아무튼 정부나 여야를 막론하고 선거철에 주장하는 달콤한 정책들은 실효성이나 지속성이나 진실성이 별로 없다고 보는 것이 맞다. 입법을 해야 하는 것이 많고, 예산이 구체적으로 뒷받침되어야 실행될 수 있는 것이 대부분이다. 그런데 이런 부분에서 구체적인 대안이 없다. 무조건 질러 놓고 본다. 그런즉 기독교인들은 이런 선거용이라고 의심되는 정책과 발언들에 대하여 현혹되지 말고 평소 각 정당과 정치인들의 정치행위를 보고 판단해야 한다. 부부든 정치든 누구든지 어떤 상황에서만 잠깐 잘하는 것은 속임수일 수 있다. 평소에 일관되게 잘해야 그것이 그 사람의 진정한 모습이다. 유권자들이 자꾸 속아 주고 현혹되고 흔들리면 정치인들은 반복해서 선거용 정책과 발언을 계속할 것이다. 이젠 더 이상 속지 말자. 흔들리지 말자. 이용당하지 말자.

제81장

대통령 부인의 명품백 수수 파문 본질과 핵심

최재영 목사(미국시민권자)가 대통령 부인이 사적으로 받은 명품백 (Dior Handbag)과 기타 여러 정치적인 연관성들에 대하여 폭로한 이후 정치권에 격랑이 일고 있다. 이 폭로는 보통 사건이 아니다. 엄청난 후폭풍과 파장이 일어날 사건이다. 대통령 부인의 불법 사건이기 때문이다. 게다가 윤 대통령은 그동안 입만 열면 공정과 상식을 주장해 왔다. 이젠 이를 적용하고 실천해야 할 시점이다. 그래야 그동안 주장한 것이 빈말이 아니다. 이에 대하여 국민 65% 이상이 문제가 있다고 하면서 수사를 촉구했다.

대통령실과 여당은 사건의 본질을 흐리는 주장을 하고 있다. 공작이나 불법 촬영이라고 주장한다. 최 목사는 사전에 카톡으로 대통령 부인에게 사진을 찍어 보냈고 이를 거부하지 않고 받았다. 최 목사는 공작도 아니고 불법 촬영도 아니라고 주장한다. 사전에 알렸고 공익적이고 애국 차원에서 촬영하고 폭로했다고 말했다. 서로의 주장이 팽팽하지만 본질과 핵심은 단 하나이다. 그것은 명품백을 받은 사실이다.

대통령실 주장대로 몰카나 공작이라고 치자. 몰카고 공작이면 명품백 수수가 합법인가? 절대로 그렇지 않다. 불법 사실은 그 무엇으로도 희석되지 않는다. 이것이 본질이고 핵심이다. 선물을 준 자가 어떤 의도로 주었든지 받은 것이 본질과 핵심이다. 예를 들어, 누군가가 어떤 사람을 성폭행하거나 살인을 저지른 것을 누군가가 불법으로 촬영하여 신고했다고 치자. 공작했다고 치자. 그렇다고 성폭행한 것과 살인한 것이 없던 일로 되는가? 무죄인가? 절대로 그렇지 않다. 이런 것을 대부분의 국민들이 다 아는데 대통령실과 여당은 전혀 다른 주장을 하니 국민들이 더 화가 나는 것이다. 사실 외교 사절로부터 공적으로 받는 것이 아니라면 사적으로 어떤 선물을 받는 것은 불법이다. 누가 사적으로 찾아와서 명품백이든 무엇이든지 주겠다고 하면 즉시 거부하거나 돌려주어야 합당하고 아무런 문제가 되지 않는다.

대통령과 대통령 부인은 그런 자리이다. 이는 법으로 그리 되어 있다. 이걸 모르지 않을 것이다. 대통령 부부는 별의별 사람이나 사기꾼들이 다 접근해서 불순한 의도든 선한 의도든 선물과 뇌물을 주려고 하면 무조건 거부해야 한다. 이걸 모를 리가 없는 분이 받아 버렸다. 법을 모르고 받았다고 하더라도 즉시 돌려주어야 아무런 문제가 발생하지 않는다. 그런데 명품백을 받고 1년 동안 돌려주지 않았다. 이는 무슨 말과 변명을 해도 빼도 박도 못하는 외통수이다. 이에 대통령실과 여당은 인정하고 사과하고 책임을 져야 해결된다. 그런데 자꾸 물타기를 한다.

이젠 대통령 기록물로 이관했다고 한다. 이는 대통령 기록물과 상관이 없는 선물이다. 자꾸 공작이니 몰카라고 우기는데 이 또한 아무런 의미가 없는 변명에 지나지 않는다. 손바닥으로 하늘을 가리는 격이다. 더욱 자기 발등을 찍게 된다. 수렁으로 빠지게 된다. 이미 국민 65% 이상이 수사 대상으로 여기고 있다. 대통령실과 여당이 아무리 엄호 사격을 해도 소용이 없다. 이대로 가면 4월 총선 후에 특검으로 갈 공산이 크다. 무엇이든지 정직한 것이 사는 길이다. 자꾸 물타기, 본질 흐리기, 변명, 억지를 주장하면 더욱 추하게 된다.

그러므로 정치인, 공무원, 대통령, 대통령 부인, 공직자 등은 누구로부터든지 사사로운 선물은 받지 말아야 한다. 법으로 금지한 것은 잘 준수해야 한다. 처신을 정의롭게 해야 한다. 그래야 뒤탈이 없다. 누구든지 준법할 자신이 없으면 아무 공직의 자리도 탐하지 말아야 한다. 그냥 사인(私人)으로 살아야 한다. 공인(公人)으로 살면서 사인처럼 행동하고는 억울하다고 하는 것은 어리석은 짓이다. 사람은 공사(公私) 구분을 명확하게 하며 살아야 한다. 분수에 맞게 살아야 한다. 자기와 어울리지 않는 자리에 있으면서 공사 구분을 못하고 살면 불행과 재앙이 따른다. 사고를 일으키는 것은 시간문제이다.

무엇이든지 다 자기가 뿌린 대로 거두는 법이다. 누굴 탓하지 말고 자기를 탓해야 한다. 언제 어디서든 자기의 행동거지만 잘하면 아무런 문제가 발생하지 않는다. 기독교인들은 누구보다도 준법하고 깨끗하게 살아가야 한다. 결코 물질을 탐하지 말아야 한다. 진리나 하나님보다 돈과 권력을 더 탐하는 기독교인이 있다면 이는 어리석은 자이다. 다 썩어지고 지나가는 것에 불과한 것들에 마음과 생명을 걸고 사는 사람처럼 바보는 없다. 자기에게 주어진 환경에 지족하고 살아야 한다.

제82장

정치인은 어떤 부류의 사람이어야 하나

일반적으로 사람들은 편의상 크게 세 부류로 나눌 수 있다. 첫째는 자기와 자기 가족의 이익을 우선하며 사는 부류이다. 불법만 하지 않으면 나쁘지 않다고 생각한다. 물론 성숙한 자세는 아니다. 사람이란 알게 모르게 서로 도움을 주고받으며 사는 자들이기에 자신의 이익도 생각하지만 타인의 이익도 생각하며 살아야 하기 때문이다. 이런 삶은 이웃을 사랑하지 않으면 할 수 없는 자세이다. 기독교인들은 더욱 그리해야 한다. 애타(愛他)가 성경 말씀이기 때문이다. 둘째는 자기가 속한 조직(회사)을 우선하는 부류이다.

기본적으로 나쁜 자세는 아니지만 자기 조직만을 우선하면 이 또한 성숙한 자세가 아니다. 자기 조직도 생각하면서 다른 사람들도 생각해야 한다. 그렇지 않으면 자기 조직의 이익을 위하여 다른 사람들을 희생시키고 피해를 준다. 셋째는 국가와 국민을 우선시하는 부류이다. 이런 자들은 우리가 역사 교과서를 통해서 배웠던 위대한 애국자들이다. 이순신 장군을 비롯한 독립운동가들 등등이다. 이런 자들은 어느 자리에 있든지 나라와 국민을 먼저 생각하며 산다. 자기와 자기 가족과 조직을 우선하지 않는다. 이런 자들은 많지 않다.

그릇이 작거나 이기적이거나 사리사욕에 따라 움직이거나 사는 자들은 하나같이 자기와 자기 가족과 자기가 속한 조직(회사)만을 우선하며 산다. 이웃이나 국가나 국민들은 어찌 되든지 상관하지 않는다. 자기들만 잘 먹고 잘 살면 그만이다. 기독교인들은 이렇게 사는 자들이 아니다. 혹 사리사욕에 빠져 사는 기독교인이 있다면 그는 성도에 한참 미치지 못한 사람이다. 그렇다면 정치인들은 무엇을 가장 우선시해야 하는 자들인가? 항상 국가와 국민과 공공의 이익을 우선하며 사는 자들이다.

자기와 당리당략만을 우선하는 자가 아니다. 왜냐하면 선거로 뽑힌 정치인들도 비정규직이기는 하지만 임기 동안에 국민들이 낸 세금을 받아 의정활동을 하고 생활하기 때문이다. 이런 자들을 공무원(公務員)이라고 말한다. 공무원이란 '국가나 지방 자치 단체의 사무를 맡아 보는 사람'이다. 그래서 공복(公僕)이라고 부른다. '국가나 사회의 심부름꾼'이라는 말이다. 공무원의 다른 표현이기도 하다. 공무원들도 국민들이 낸 세금을 받고 살아가는 자들이기에 국가와 사회의 일이 우선해야 하는 자들이다.

그럼에도 불구하고 공무원답지 못하게 사는 자들이 있다. 뇌물을 받고 불성실하게 공직을 행하는 자들이다. 자기의 일을 우선하는 자들이다. 불의한 상관의 지시와 명령을 맹종하는 공무원들이 있다. 이런 자들이 각종 공무원 세계와 경찰과 검찰과 감사원과 방통위원과 고위공직자들 속에 적지 않다. 이런 자들은 애초에 공무원이 되면 안 된다. 정치인들 중에도 상당수가 사리사욕과 당리당략을 우선하며 사는 자들이 많아 보인다. 국가와 국민과 헌법과 법률에 충성하는 것이 아니라 자기 조직과 조직의 장에게 충성하는 자들이 있다. 이런 자들을 가리켜서 신분을 망각한 자, 부당한 자, 변질된 자, 사이비라고 부른다.

국가와 국민의 공복으로 살 자신이 없는 자들은 국가로부터 녹(祿, 祿俸의 준말)을 받지 말아야 한다. 공무원이 되어서는 안 된다. 국민 세금으로 월급을 받아서는 옳지 않다. 현재 한국의 정치권과 정치인들을 보면 탄식밖에 나오지 않는다. 어디에서 저런 삼류들을 다 모아 놓았는지 신기할 정도로 정의로운 정치인들은 여야를 막론하고 너무 적다. 중·고등학생들도 정치인의 신뢰도에서 100점 만점에 23점을 주었다. 학생들 보기에도 정치인들 열 명 중 두세 명은 자격 미달이라고 판단을 하고 있다. 이런 자들이 국회에서 입법을 하고 국정을 좌지우지하니 통탄할 일이다. 국가와 국민을 위해서 의정활동을 하겠는가? 자기들 이익과 당리당략만을 추구할 것이다. 국민들에게 엄청난 스트레스만 준다.

이런 형편없는 정치인들을 걸러 내기 위해서는 유권자들이 똑똑해야 한다. 깨어 있어야 한다. 평소에 자기 지역구 의원이든 아니든지 의정활동을 어찌하는지 유심히 살펴보아야 한다. 왜 그리해야 하는가? 불량한 정치인과 국회의원을 지지하면 국가와 국민과 자기 생활에도 나쁜 영향을 미치기 때문이다. 거짓말을 자연스럽게 하는 정치인, 당리당략만 추구하는 정치인, 좋은 정책에 대한 입법을 반대하는 정치인, 욕설과 폭력과 투기를 하는 정치인, 불성실한 정치인, 표리부동한 정치인, 국회에 잘 출석하지 않는 정치인, 4년 내내 한 가지의 입법도 하지 않는 정치인, 철새 정치인, 궤변과 억지를 부리는 정치인, 잘못을 하고도 변명만 하고 사과하지 않는 정치인, 불의를 감싸고 옹호하는 정치인, 말썽만 피우는 정치인, 무능한 정치인, 다른 사람의 눈치만 보는 정치인, 소신이 없는 정치인 등은 4년 혹은 5년마다 하는 선거에서 지지하지 말아야 한다.

다시는 여의도 정치에 발을 내딛지 못하게 해야 한다. 그에 앞서 선거 때에 자세하게 검증해서 지지 여부를 판단해야 한다. 여야를 막론하고 아니다 싶은 후보는 지지하지 말아야 한다. 특히 기독교인들은 일반인들보다 더 혹독한 눈으로 지켜보아야 한다. 성치 성향과 이념에 따라 무조건 지지하고 맹신하는 일은 없어야 한다. 국가와 국민 전체의 이익을 우선하는 시각을 가져야 한다. 그래야 우리 모두가 이익이다. 정치인이라면 세금을 받아 살아가는 자들이기에 국가와 국민을 우선하며 활동해야 한다. 이렇게 살 자신이 없으면 정치판에 들어가서는 절대로 안 된다.

제83장

중·고생들의 정치인 신뢰도

2024년 1월 21일 한국교육개발원과 교육정책네트워크는 지난해 7월 전국의 초중고교생 1만 3863명을 대상으로 실시한 '2023년 교육정책 인식조사' 결과를 발표했다. 이에 따르면 중·고생들의 23.4%만 정치인을 신뢰한다고 했고, 대통령에 대해서는 22.7%만 신뢰한다고 응답했다. 이에 비해 학교 선생님을 신뢰한다는 응답은 86.8%로 응답했다. 중고생들의 눈에도 정치인들과 대통령은 형편없는 수준이었다. 점수로 말하면 100점 만점에 23점과 22점을 받은 것이다. 너무나도 부끄러운 수치가 아닐 수 없다.

사실 양심이 있는 정치인이라면 이 정도 점수 평가를 받는다면 스스로 결단해야 한다. 그럼에도 불구하고 반성과 각성을 하지 않는다. 매일같이 뉴스와 언론 등을 통해서 비춰진 정치인들과 대통령은 무엇을 하겠다고 난리이다. 70% 정도의 국민들은 신뢰하지 않는데도 말이다. 어른들의 눈에도 30%대이다. 대부분의 여론조사 결과가 그렇다. 30점 정도밖에 되지 않는다. 이런 점수 가지고 무엇을 하겠다는 것인지 모르겠다. 이런 정치인과 대통령을 지지하는 자들이 더욱 신기할 뿐이다.

이러한 불신은 정치인들이 스스로 자초한 일이다. 자기들이 자기 수준과 역량을 그리 만든 것이다. 누가 그렇게 만든 것이 아니다. 누구 탓도 못한다. 자업자득이다. 이래서 한국의 정치인 수준은 삼류 혹은 사류라고 하는 것이다. 이러함에도 자기들만 잘났다고 생각한다. 국민들을 개·돼지로 여긴다. 다수 국민들은 신뢰도 하지 않는데 말이다. 오직 정치인들과 어느 지역 사람들만 다른 세상에서 온 자들처럼 맹신하고 맹종한다. 지지한다.

이것도 수수께끼이다. 일부 기독교인들도 맹신하고 맹종하는 자들이 있다. 다수가 항상 옳은 것은 아니지만 객관적인 지표나 현실에 비추어 볼 때 지금은 다수의 평가가 옳다고 생각한다. 사슴은 사슴이라고 하고 말은 말이라고 해야 옳은 것이다. 사슴을 말이라고 맹신과 맹종을 하는 것은 지록위마(指鹿爲馬)에 빠진 사람이다. 독야청청 하는 사람이다. 누가 뭐라고 하든지 자기 마음대로 생각하고 주장하는 사람이다. 이런 사람을 독불장군이라고 부른다.

우리는 양심과 이성을 가졌다. 내 편과 네 편, 이념과 각 정당 지지 여부를 떠나서 최소한의 양심을 가져야 한다. 자유도 남용하면 자유가 아니라 방종이 된다. 이성과 양심과 판단과 주장도 어느 정도 정상적이어야 인정을 받는다. 이성과 양심과 소신도 기본에서 벗어나면 추한 것이 된다. 아무리 자기 부모와 자식이라도 아닌 것은 아니라고 하는 자가 정상이고 가족을 사랑하는 자이다. 기독교인들은 그런 공의심이 있어야 한다. 다른 사람들은 다 이상하게 주장하고 지지해도 기독교인들만큼은 객관적이고 정상적인 주장과 추종을 해야 한다. 그렇지 않으면 짠맛을 잃은 소금과 같다. 바라기는 정치인들과 대통령은 중·고등학생들로부터 60점 이상의 신뢰를 받기 바란다. 이는 국민들의 최소한의 자존심이다. 사람이라면 탁월하지는 못해도 기본 값은 받고 살아야 하지 않겠는가? 부끄럽지 않게 말이다.

제84장

예배시간 특정 정치인 후보 지지나 비방

목회자가 예배 시간 특정 후보를 지지하는 등의 선거운동 행위를 형사 처벌하는 공직선거법 조항이 헌법에 위배되지 않는다는 헌법재판소의 판단이 나왔다. 헌법재판소는 2024년 1월 25일, 서울 송파구 ㄱ교회 이 아무개 목사와 광주 ㅇ교회 박 아무개 목사가 낸 공직선거법 제85조 3항 위헌소원에서 참여 재판관 8명 전원 일치 의견으로 합헌 결정을 선고했다. 두 목사는 지난 2020년 총선과 2022년 대선을 앞두고 예배 시간에 특정 후보를 지지하거나 비방하는 노골적 발언으로 기소돼 벌금형을 선고받은 바 있다.

이런 목사들은 전형적인 정치 목사(Polipastor, 폴리패스터)이다. 서울 송파구의 한 개척교회를 담임하는 이 목사는 2020년 총선을 보름 앞둔 3월 말, 설교 중 "여러분, 2번, 황교안 장로 당입니다. 2번 찍으시고."라는 등의 발언으로 미래통합당과 기독자유통일당 지지를 호소해 벌금 50만 원을 선고받았다. 광주 서구 대형 교회 담임인 박 목사는 20대 대통령 선거를 앞둔 2022년 1월 "이재명 선거 공약을 믿으면 멍청한 것들", "민주당이 되면 우리는 끝난다. 감옥에 가고 다 죽을 것"이라는 발언 등으로 기소돼 지난해 7월 1심에서 벌금 150만 원을 선고받았다.

두 목사의 처벌 근거가 된 공직선거법 제85조 3항은 "누구든지 교육적·종교적 또는 직업적인 기관·단체 등의 조직 내에서의 직무상 행위를 이용하여 그 구성원에 대하여 선거운동을 하거나 하게 할 수 없다."라고 규정하고 있다. 두 목사는 이 규정이 정치적 표현의 자유를 침해하고 있다며, 법무법인 추양가을햇살과 로고스를 선임해 헌법 소원을 청구했다. 헌법재판소는 1월 25일 선고에서 "성직자는 종교 지도자일 뿐만 아니라 경우에 따라서 사회 지도자로도 대우받으며 신도에게 상당한 영향력을 행사할 수 있다"며 "종교적 신념을 공유하는 신도에게 자신의 지도력, 영향력을 기초로 공직 선거에서 특정 인물·정당에 대한 지지 또는 반대를 끌어내려 하는 경우 왜곡된 정치적 의사를 형성할 가능성이 커진다"고 지적했다. 아울러 "선거의 공정성을 확보하고 종교 단체가 본연의 기능을 할 수 있도록 하며, 정치와 종교가 부당한 이해관계로 결합하는 부작용을 방지함으로써 달성되는 공익이 크다."고 덧붙였다.

헌법재판소는 공직선거법 규정이 종교 활동과 종교 단체 내에서의 친교 활동을 위축시킬 것이라는 두 목사의 주장에 대해 "타당하지 않은 우려"라고 일축했다. 목회자의 직무를 이용하지 않고 단순히 친분에 기초해 선거운동을 하는 것은 상관없고, 선거에 관한 단순한 의사표시, 명절 등에 하는 의례적인 인사 등은 애당초 선거운동에 해당하지도 않는다는 것이다. 공직선거법 제85조 3항이 합헌 결정을 받으면서, 다가오는 22대 총선 등 각종 선거를 앞두고 목회자들이 예배 중 특정 후보를 지지하는 등의 행위는 계속해서 제한을 받는다. 공직선거법은 최대 3년 이하의 징역 또는 600만 원 이하의 벌금에 처할 수 있는 규정을 두고 있다(뉴스앤조이, 2024. 1. 25).

목사는 공사 구분을 잘 해야 한다. 누구나 정치적인 발언이나 표현은 할 수 있지만 때와 장소를 가려서 해야 한다. 선거법에 위배되지 않는 범위 내에서만 해야 한다. 특히 누구를 지지하거나 비난 할 때에는 법적, 객관적인 명백한 근거나 물증을 가지고 해야 한다. 특히 무죄추정의 원칙을 기억해야 한다. 언론과 대통령과 정치인들과 대통령실과 각 정당 대변인과 경찰과 검찰 등에서 부정적으로 보도하거나 주장하면 맹신하고 매도하는 경향이 있는데 이는 헌법과 성경에 반하는 섣부른 자세이다. 누구든지 정당하든 정당하지 않든지 수사와 기소와 재판을 받을 수 있다. 이런 과정에 들어선 자라도 100% 유죄는 나오지 않는다.

따라서 3심까지 재판에서 확정판결이 나오기 전까지는 어느 누구도 범죄자가 아니다. 이런 것을 자기 마음대로 판단하고 주장하면 그 사람이 모자란 사람이고 악한 사람이다. 스스로 재판장의 자리에 서는 것이다.

성경과 헌법에서 금한 거짓 증언, 중상모략, 명예훼손, 비난과 비방에 해당된다. 각 정당과 각 정치인을 지지하거나 반대하는 것은 각자의 주권이지만 헌법과 성경 안에서 해야 한다. 특히 목사들은 정확한 사실에 근거해서 정의롭게 주장하고 표현해야 한다. 확증편향과 부정확한 정보나 지식이나 소문만을 듣고 어느 정당과 정치인을 매도하는 것은 매우 어리석은 사람이다. 목사나 기독교인이라면 정치 이념이나 신앙을 떠나 무엇이든지 공의롭게 해야 한다.

기독교인 정치 세계관

ⓒ 장재훈, 2024

초판 1쇄 발행 2024년 3월 5일

지은이   장재훈
펴낸이   이기봉
편집   좋은땅 편집팀
펴낸곳   도서출판 좋은땅
주소   서울특별시 마포구 양화로12길 26 지월드빌딩 (서교동 395-7)
전화   02)374-8616~7
팩스   02)374-8614
이메일   gworldbook@naver.com
홈페이지   www.g-world.co.kr

ISBN   979-11-388-2821-5 (03230)